臺灣史研究名家論集

（三編）

尹章義　林滿紅　林翠鳳

武之璋　孟祥瀚　洪健榮

張崑振　張勝彥　戚嘉林

許世融　連心豪　葉乃齊

趙祐志　賴志彰　闞正宗

蘭臺出版社

作者簡介（依姓氏筆劃排序）

尹章義　社團法人臺灣史研究會理事長、財團法人福祿基金會董事、財團法人兩岸關係文教基金會執行長。中國文化大學民國 106 年退休教授，輔仁大學民國 94 年退休教授，東吳、臺大兼課。出版專書 42 種（含地方志 16 種）論文 358 篇（含英文 54 篇），屢獲佳評凡四百餘則。

赫哲人，世居武昌小東門外營盤（駐防），六歲隨父母自海南島轉進來臺，住臺中水湳，空小肄業，四民國校、省二中、市一中畢業，輔仁大學學士，臺灣大學碩士，住臺北新店。

林滿紅　專攻歷史學，國立臺灣大學歷史學系學士與碩士、國立臺灣師範大學歷史研究所博士、美國哈佛大學歷史與東亞語文研究所博士；1990 年之後擔任中央研究院近代史研究所研究員與國立臺灣師範大學歷史學系教授，2008-2010 年間曾任中華民國國史館館長，2015 年迄今擔任中央研究院與陽明醫學大學合開人文講座課程兼任教授，2021 年轉任中央研究院近代史研究所兼任研究員；研究課題包括：近代中國或臺灣的口岸貿易與腹地變遷、晚清的鴉片觀與國內供應、十九世紀中國與世界的白銀牽繫、亞太商貿網絡與臺灣商人（1860—1961）、亞太歷史與條約：臺海，東海與南海等。

林翠鳳　臺灣彰化人。國立中山大學中文研究所博士，國立臺中科技大學應用中文系教授。曾任國立臺中科技大學應用中文系主任。主要研究方向：臺灣文學、民俗信仰等。著作：《陳肇興及其陶村詩稿之研究》《黃金川集》《鄭坤五及其文學研究》《施梅樵及其漢詩研究》等專書。主編《臺灣旅遊文學論文集》《宗教皈依科儀彙編》等十餘種。擔任《田中鎮志》《大里市史》《媽祖文化志》《登瀛書院簡史》等史志單元編纂。已發表期刊論文數百篇。

武之璋　河南孟縣（現孟州市）人，1942 年生，1949 年七歲隨父母赴台，淡江大學外文系畢業，曾經營紡織、營造業多年，從商期間自修經濟學，常發表財經論文，為當局重視，曾擔任台北市界貿易中心常務董事、行政院經濟改革委員會務顧問，多次參與台灣財經政策討論，後從商場退休，專心治學，範圍遍及中國近代史、台灣史及儒家學說，曾經出版《二二八真相解密》、《策馬入林》、《中庸研究》、《解剖民進黨》、《台灣光復日產接收研究》、《二二八真相與謊言》、《原來李敖騙了你》、《武之璋論史》、《外省人的故事》等書，近年

致力兩岸和平統一，強力反對民進黨文化台獨，並組織「藍天行動聯盟」，從文化、思想各方面與民進黨展激烈戰鬥。

孟祥瀚　國立中興大學歷史學系兼任副教授，國立臺灣師範大學歷史系博士，曾任臺灣古文書學會理事長。研究領域為臺灣區域史、臺灣原住民史、台灣方志學與台灣古文書研究等。主要關注議題在於清代與日治時期國家力量對於地方與族群發展的影響，如清末至日治初期，國家政策對於東台灣發展的形塑，清代封山禁令下番界政策對於中台灣東側番界開發的影響等。方志與古文書的研究，則是企圖透過在地生活的豐富紀錄，以思考與探討台灣基層社會運作的實際面貌。本書所收各篇，大致回應了上述的學思歷程。

洪健榮　臺灣臺南市人，籍貫澎湖縣。省立臺南一中畢業，輔仁大學歷史學系學士、清華大學歷史碩士、臺灣師範大學歷史博士。曾任僑生大學先修班、臺師大歷史學系、明志科大通識教育中心、中央大學歷史研究所、臺北科大通識教育中心、輔大歷史學系兼任教師、國立故宮博物院圖書文獻處助理研究員，現職國立臺北大學歷史學系教授兼海山學研究中心主任。主要研究領域為臺灣社會文化史、臺灣方志學、臺灣區域史、臺灣族群史，著有《龍渡滄海：清代臺灣社會的風水習俗》、《西學與儒學的交融：晚明士紳熊人霖《地緯》中的世界地理書寫》，發表相關學術論文五十餘篇，另曾主編《五股志》、《延平鄉志》、《新屋鄉志》、《續修五股鄉志》、《續修新竹縣志卷九‧人物志》。

張崑振　1970 年生於台北木柵，成大建築系畢業，成大建築博士，現任北科大建築系副教授，兼文化部、台北市及地方政府文資委員。曾擔任北科大創意設計學士班創班主任 2005-2008、北科大建築系主任 2016-2019。專長為建築史與理論、傳統建築與風土、遺產與都市保存，二十多年來一直從事台灣文化資產的保存、修復研究工作，主持六十餘件古蹟、聚落、文化景觀、產業遺產、遺址等類型文化資產調查研究計畫，近年也擔任古蹟修復設計及再利用策展工作。近年著有 2020《再尋冷戰軌跡-臺糖南北平行預備線文化資產價值研究》、2016《找尋曾經艱困的時代輪廓》、2015《傳家—新埔宗祠的故事》、2015《關渡宮—宮廟與文化景觀》等書。

張勝彥　臺灣大學歷史學學士、碩士，日本京都大學博士。先後任東海大學歷史系教授、日本京都大學文學部外國人招聘教授、中央大學歷史研究所教授兼所長、日本私立關西大學經濟學部外國人招聘教授、臺北大學歷史系教授兼民俗藝術研究所所長、及人文學院院長等教職。此外曾任臺灣歷史學會會長、內政部古蹟評鑑小組委員、臺中

縣志總編纂、續修臺中縣志總編纂、續修臺北縣志總編纂等職。現為臺北大學兼任教授、續修新竹縣志總編纂。已出版之學術著作有《南投開拓史》、《清代臺灣廳縣制度之研究》、《認識臺灣（歷史篇）》、《臺灣開發史》、《台中市史》、《臺灣史》等著作。

戚嘉林　**Dr. Chi Chia-lin**，中國統一聯盟前主席，1951 年生於台灣（原籍湖北沔陽/仙桃），輔仁大學商學士、中國文化大學經濟研究所碩士、南非首都比勒陀利亞大學（University of Pretoria）國際關係學博士。台灣外事人員特考及格，任職駐外單位、退休后曾任中國統一聯盟主席、並在世新大學授課。現為《祖國》雜誌發行人兼社長，社團法人台灣史研究會理事長，著有《台灣史》《台灣二二八大揭秘》《李登輝兩岸政策十二年》《台灣史問與答》《謝南光-從台灣民眾黨到中國共產黨》，及主編《坎坷復興路》等書。

許世融　雲林縣口湖鄉人，1966 年生，臺灣師範大學歷史學系博士，現任臺中教育大學區域與社會發展學系副教授兼系主任。先後於嘉義農專、國空大、建國科大、清華大學歷史研究所擔任兼任講師、助理教授；陸續進行過科技部諸多專題研究案。2011-2013 年並參與京都大學經濟學部堀和生教授主持的「東アジア高度成長の史的研究―連論から東アジア論へ―」跨國研究計畫。主要學術專長：臺灣經濟史、社會史、族群史等。博士論文〈關稅與兩岸貿易（1895-1945）〉曾獲得彭明敏文教基金會臺灣研究最佳博士論文獎。

連心豪　福建省仙遊縣人，1954 年 3 月生於安溪縣文廟廖厝館，旋移居泉州市區。廈門大學歷史學碩士，歷任廈門大學歷史學系教授，廈門大學中國海關史研究中心主任，福建省連橫文化研究院院長，福建省文史研究館研究館員，中國海關博物館顧問。專攻中國近代海關史，兼治閩臺關係史、閩南民間信仰與譜牒學。著有《近代中國的走私與海關緝私》、《水客走水》、《中國海關與對外貿易》，主編《閩南民間信仰》、《福建連氏志》、《仙遊鳳阿阿頭連氏譜牒》等書。

葉乃齊　1960 年出生於嘉義。1982 年自文化大學建築系畢業，1987-1989年曾就讀於台灣大學土木研究所交通乙組，1989 年曾於文化大學造園景觀系兼任執教，1990-1993 年服務於行政院文建會，從事古蹟保存業務。1993 年就讀台灣大學建築與城鄉研究所博士班，2002年 7 月獲台大城鄉所博士學位，曾擔任南亞技術學院建築系專任助理教授及華梵大學建築學系專任助理教授。2005 年 8 月接任華梵大學建築學系主任、所長，於 2008 年 1 月卸任。曾參與王鴻楷教授主持之研究案有《澎湖天后宮之彩繪》等五案。及夏鑄九教授主

持之研究案有《新竹縣三級古蹟新埔褒忠亭整修計畫》等七案。專業研究規劃案有近二十五本著作，個人代表著作有博士論文《台灣傳統營造技術的變遷初探--清代至日本殖民時期》，碩論《古蹟保存論述之形成──光復後台灣古蹟保存運動》及近百篇論文與著述。

趙佑志　1968 年，臺北人，臺灣師範大學歷史系學士、碩士、博士。現任新北高中教師兼任學務主任、清華大學歷史研究所兼任助理教授、真理大學人文與資訊學系兼任助理教授、淡江大學師培中心兼任助理教授，曾參與《沙鹿鎮志》、《梧棲鎮志》、《桃園市志》、《續修臺北縣志》、《高中歷史教科書》的編纂。著有：《日據時期臺灣商工會的發展(1895─1937)》、《日人在臺企業菁英的社會網絡(1895─1945)》、《續修臺北縣志》卷八文教志、〈躍上國際舞臺─清季中國參加萬國博覽會之研究〉等近百篇論文。

賴志彰　臺灣彰化人，逢甲建築系學士，國立臺灣大學建築與城鄉研究所碩、博士，長期參與文化資產保存工作，從最早的內政部到目前幾個市縣的文化資產諮詢委員，深入研究霧峰林家的歷史與建築，研究臺灣地方民居（包括新北、桃園、苗栗、臺中縣、彰化、嘉義市等），碩博士論文攢研臺中市的都市歷史，研究過新莊迴龍樂生療養院、臺灣古地圖、佳冬蕭宅、彰化縣志的公共藝術與工藝篇等。目前服務於國立臺南大學文化與自然資源學系臺灣文化碩士班，担任副教授，指導超過 180 篇以上的碩士論文。

關正宗　1961 年出生於臺灣嘉義，成功大學歷史學博士。1985 年起年從事新聞編採工作，進而主持佛教出版社、雜誌社。長年從事佛教寺院及文物的田野調查，二十餘年間完成有關佛寺、人物田野調查專著、合著十餘冊。1996 年起先後出版《臺灣佛寺導遊》九冊、《臺灣佛教一百年》、《臺灣佛寺的信仰與文化》、《重讀臺灣佛教──戰後臺灣佛教（正續編）》、《臺灣佛教史論》、《中國佛教會在臺灣──漢傳佛教的延續與開展》、《臺灣日治時期佛教發展與皇民化運動──「皇國佛教」的歷史進程（1895-1945）》、《臺灣佛教的殖民與後殖民》、《臺灣觀音信仰的「本土」與「外來」》等學術著作。除臺灣佛教史研究之外，研究領域尚延伸至臺灣宗教、中、臺、日三邊佛教交涉、日本文化等研究領域。曾任法鼓佛教學院、玄奘大學宗教研究所兼任助理教授，現任佛光大學佛教學系副教授。

《臺灣史研究名家論集》——總序

《臺灣史研究名家論集》即將印行，忝為這套叢刊的主編，依出書慣例不得不說幾句應景話兒。

這十幾年我個人習慣於每學期末，打完成績上網登錄後，抱著輕鬆心情前往探訪學長杜潔祥兄，一則敘敘舊，問問半年近況，二則聊聊兩岸出版情況，三則學界動態及學思心得。聊著聊著，不覺日沉西下，興盡而歸，期待半年後再見。大約三年前的見面閒聊，偶然談出了一個新企劃。潔祥兄自從離開佛光大學教職後，「我從江湖來，重回江湖去」（潔祥自況），創辦花木蘭出版社，專門將臺灣近六十年的博碩士論文，有計畫的分類出版，洋洋灑灑已有數十套，近年出書量及速度，幾乎平均一日一本，全年高達三百本以上，煞是驚人。而其選書之嚴謹，校對之仔細，書刊之精美，更是博得學界、業界的稱讚，而海峽對岸也稱許他為「出版家」，而不是「出版商」。這一大套叢刊中有一套《臺灣歷史文化叢刊》，是我當初建議提出的構想，不料獲得彼首肯，出版以來，反應不惡。但是出書者均是時下的年輕一輩博、碩士生，而他們的老師，老一輩的名師呢？是否也該蒐集整理編輯出版？

看似偶然的想法，卻也是必然要去做的一件出版大事。臺灣史研究的發展過程，套句許雪姬教授的名言「由鮮學經顯學到險學」，她擔心的理由有三：一、大陸學界有關臺灣史的任務性研究，都有步步進逼本地臺灣史研究的趨勢，加上廈大培養一大批三年即可拿到博士學位的臺灣學生，人數眾多，會導致臺灣本土訓練的學生找工作更加雪上加霜；二、學門上歷史系有被社會科學、文學瓜分，入侵之虞；三、在研究上被跨界研究擠壓下，史家最重要的技藝——史料的考訂，最後受到影響，變成以理代証，被跨學科的專史研究壓迫得難以喘氣。另外，中研院臺史所林玉茹也有同樣憂慮，提出五大問題：一、是臺灣史研究受到統獨思想的影響；二、學術成熟度仍不夠，一批缺乏專業性的人可以跨行教授臺灣史，或是隨時轉戰研究臺灣史；三、是研究人力不足，尤其地方文史工作者，大多學術訓練不足，基礎條件有限，甚至有偽造史料或創

造歷史的情形，他們研究成果未受到學術檢驗，卻廣為流通；四、史料收集整理問題，文獻資料躍居成「市場商品」，竟成天價；五、方法問題，研究者對於田野訪查或口述歷史必須心存警覺和批判性。

　　十數年過去了，這些現象與憂慮仍然存在，臺灣史學界仍然充滿「焦慮與自信」，這些焦慮不是上文引用的表面問題，骨子裡頭真正怕的是生存危機、價值危機、信仰危機，除此外，還有一種「高平庸化」的危機。平心而論，臺灣史的研究，不論就主題、架構、觀點、書寫、理論、方法等等。整體而言，已達國際級高水準，整個研究已是爛熟，不免凝固形成一僵硬範式，很難創新突破而造成「高平庸化」的危機現象。而「高平庸化」的結果又導致格局小、瑣碎化、重複化的現象，君不見近十年博碩士論文題目多半類似，其中固然也有因不同學門有所創見者，也不乏有精闢的論述成果，但遺憾的是多數內容雷同，資料重複，學生作品如此；學者的著述也高明不到哪裡，調研案雖多，題材同，資料同，析論也大同小異。於是乎只有盡量挖掘更多史料，出版更多古文書，做為研究創新之新材料，不過似新實舊，對臺灣史學研究的深入化反而轉成格局小、理論重複、結論重疊，只是堆砌層累的套語陳腔，好友臺師大潘朝陽教授，曾諷喻地說：「早晚會出現一本研究羅斯福路水溝蓋的博士論文」，誠哉斯言，其言雖苛，卻是一句對這現象極佳註腳。至於受統獨意識形態影響下的著作，更不值得一提。這種種現狀，實在令人沮喪、悲觀，此即焦慮之由來。

　　職是之故，面對臺灣史這一「高平庸化」的瓶頸，要如何掙脫困境呢？個人的想法有二：一是嚴守學術規範予以審查評價，不必考慮史學之外的政治立場、意識形態、身分認同等；二是返回原點，重尋典範。於是個人動了念頭，很想將老一輩的著作重新整理，出版成套書，此一構想，獲得潔祥兄的支持，兩人初步商談，訂下幾條原則，一、收入此套叢書者以五十歲（含）以上為主；二、是史家、行家、專家，不必限制為學者，或在大專院校、研究機構者；三、論文集由個人自選代表作，求舊作不排除新作；四、此套書為長期計畫，篩選四、五十位名家代表

作，分成數輯分年出版，每輯以二十位為原則；五、每本書字數以二十萬字為原則，書刊排列起來，也整齊美觀。商談一有結論，我迅即初步擬定名單，一一聯絡邀稿，卻不料潔祥兄卻因某些原因而放棄出版，變成我極尷尬之局面，已向人約稿了，卻不出版了。之後拿著企劃書向兩家出版社商談，均被婉拒，在已絕望之下，幸得蘭臺出版社盧瑞琴女史遞出橄欖枝，願意出版，才解決困局。但又因財力、人力、市場的考慮，只能每輯以十人為主，這下又出現新困擾，已約的二十幾位名家如何交代如何篩選？兩人多次商討之下，盧女史不計盈虧，終於同意擴大為十五位，並不篩選，以來稿先後及編排作業為原則，後來者編入續輯。

　　我個人深信史學畢竟是一門成果和經驗累積的學科，只有不斷累積掌握前賢的著作，溫故知新，才可以引發更新的問題意識，拓展更新的方法、理論，才能使歷史有更寬宏更深入的研究。面對已成書的樣稿，我內心實有感發，充滿欣喜、熟悉、親切、遺憾、失落種種複雜感想。我個人只是斗膽出面邀請同道之師長友朋，共襄盛舉，任憑諸位自行選擇其可傳世、可存者，編輯成書，公諸同好。總之，這套叢書是名家半生著述精華所在，精彩可期，將是臺灣史研究的一座豐功碑及里程碑，可以藏諸名山，垂範後世，開啟門徑，臺灣史的未來新方向即孕育在這套叢書中。展視書稿，披卷流連，略綴數語以說明叢刊的成書經過，及對臺灣史的一些想法、期待與焦慮。

卓克華

2016.2.22 元宵　於三書樓

《臺灣史研究名家論集》——推薦序

《臺灣史研究名家論集》這套書本身就是一種臺灣史研究。其性質與意義，可以我擬編的另一套書來做說明。

相對於大陸，臺灣學界個性勝於群性，好處是彰顯個人興趣、自由精神；缺點是不夠關注該學科的整體發展，很少人去寫年鑑、綜述、概括、該學科的資料彙編或大型學人論著總集。

所以我們很容易掌握大陸各學科的研究發展狀況，對臺灣則不然。比如哲學、文學、社會學、政治學都各有哪些學派、名家、主要著作，研究史又如何等等，個中人也常弄不清楚，僅熟悉自己身邊幾個學校、機構或團體而已。

本來名家最該做這種事，但誰也不願意做綜述、概括這等沒甚創見的勞動；編名家論集嘛，既抬舉了別人，又掛一漏萬得罪人，何必呢？

我在學生書局時，編過一些學科綜述，頗嘗甘苦。到大陸以後，也曾想在人文與社會學科中，每學科選二十位名家，做成論文集，以整體呈現臺灣二十世紀下半葉的學術成果，遷延至今，終於未成。所以我看卓克華兄編成的這套《臺灣史研究名家論集》特有會心、特深感慨。

正如他所說，現在許多學科都面臨大陸同行的參與，事實上也是巨大的壓力。大陸人數眾多，自成脈絡。臺灣如果併入其數量統計中去，當然立刻被淹沒了。他們在許多研究成果綜述中，被視野和資料所限，也常不會特別關注臺灣。因此我們自己的當代學術史梳理就特別重要、格外迫切。

《臺灣史研究名家論集》從這個意義上說，本身就是一種臺灣學術史的建構。所選諸名家、各篇代表作，足以呈現臺灣史這個學科的具體內容與發展軌跡。

這些名家，與我同時代，其文章寫作之因緣和發表時之情境，讀來歷歷在目，尤深感慨。

因為「臺灣史」這個學科在臺灣頗有特殊性。

很多人說戒嚴時期如何如何打壓臺灣史研究，故臺灣史尠有人問津；

後來又如何如何以臺灣史、臺灣文學史為突破口，讓臺灣史研究變成了顯學。克華總序中提到有人說臺灣史從「鮮學變成顯學」，然後又受政治影響，成了險學，就是這個意思。

但其實，說早年打壓臺灣史，不是政治觀點影響下的說詞嗎？卷帙浩繁的《臺灣風物月刊》、《臺北文獻季刊》、《臺灣文獻季刊》、臺灣銀行《臺灣文獻叢刊》等等是什麼？《臺灣文獻季刊》底下，十六種縣市文獻，總計就有四億多字，怎麼顯示五十年代到八十年代中期政府打壓了臺灣史的資料與研究？我就讀的淡江大學，就有臺灣史課程，圖書館也有專門臺灣史料室，我們大學生每年參加臺灣史蹟源流會的夏令營，更是十分熱門。我大學以後參與鄉土調查、縣誌編撰、族譜研究，所感受的暖心與熱情，實在不能跟批評戒嚴時期如何如何打壓臺灣史研究的說詞對應起來。

反之，對於高談本土性、愛臺灣、反殖民的朋友所揭櫫的臺灣史研究，我卻常看到壓迫和不寬容。所以，他們談臺灣文學時，我發現他們想建立的只是「我們的文學史」。我辦大學時，要申辦任何一個系所都千難萬難，得提前一兩年準備師資課程資料及方向計畫去送審；可是教育部長卻一紙公文下來，大開後門，讓各校趕快開辦臺灣史系所。我們辦客家研討會，客家委員會甚至會直接告訴我某教授觀點與他們不合，不能讓他上臺。同樣，教師在報端發表了他們不喜歡的言論，各機關也常來文關切……。這時，我才知道有一個幽靈，在監看著臺灣史研究群體。

說這些，是要提醒本叢刊的讀者：無論臺灣史有沒有被政治化，克華所選的這些名家，大抵都表現了政治泥沼中難得的學術品格，勤懇平實地在做研究。論文中匕鬯不驚，而實際上外邊風雨交加。史學名家之所以是名家，原因正要由此體會。

但也由於如此，故其論文多以資料梳理、史實考證見長。從目前的史學潮流來看，這不免有點「古意盎然」。他們這一輩人，對現時臺灣史研究新風氣的不滿或擔憂，例如跨學科、理論麾指史料、臺灣史不盡

為史學系師生所從事之領域等等，其實就由於他們古意了。

　　古意，當然有過時的含義；但在臺灣，此語與老實、實在同意。用於臺灣史研究，更應做後者理解。實證性史學，在很多地方都顯得老舊，理論根基也已動搖，但在臺灣史這個研究典範還有待建立，假史料、亂解讀，政治干擾又無所不在的地方，卻還是基本功或學術底線。老一輩的名家論述，之所以常讀常新，仍值得後進取法，亦由於此，特予鄭重推薦。

　　　　　　　　　　　　　　　　　　　　　龔鵬程

《臺灣史研究名家論集》——推薦序

　　臺灣，在許多大陸人看來是一個地域相對狹小、自然資源有限、物產不夠豐富、人口不夠眾多且孤懸於海外的一個島嶼之地。對於這座寶島的歷史文化、社會風貌、民間風俗以及人文地貌等方面的情況知之甚少。然而，當你靜下心來耐心地閱讀由臺灣蘭臺出版社出版的《臺灣史研究名家論集》（已出版三編）之後，你一定會改變你對臺灣這個神奇島嶼的認知。

　　《臺灣史研究名家論集》到目前為止，已經輯錄了近五十名研究臺灣史的專家近千萬字的有關臺灣史的研究成果。這些研究成果大都以臺灣這塊獨特的地域空間為載體，以發生在這塊神奇土地上的歷史事件、人物故事、社會變遷、宗教信仰、民間習俗、行政建制、地方史志、家族姓氏、外族入侵、殖民統治、風水習俗以及建築歷史等等為研究內容，幾乎囊括了臺灣的自然與社會生活的方方面面。例如，尹章義的《臺灣移民開發史上與客家人相關的幾個謎題》，林滿紅的《清末臺灣與我國大陸之貿易型態比較（1860-1894）》，林翠鳳教授的《臺灣傳統書院的興衰歷程》，武之璋先生的《從純史學的角度重新檢視二二八》，洪健榮的《明鄭治臺前後風水習俗在臺灣社會的傳佈》，張崑振的《清代臺灣地方誌所載官祀建築之時代意義》，張勝彥的《臺灣古名考》，戚嘉林的《荷人據台殖民真相及其本質之探討》，許世融的《日治時期彰化地區的港口變化與商貿網絡》，連心豪的《日本據臺時期對中國的毒品禍害》，葉乃齊的《臺灣古蹟保存技術發展的一個梗概》，趙佑志的《日治時期臺灣的商工會與商業經營手法的革新（1895—1937）》，賴志彰的《台灣客家研究概論—建築篇》，闞正宗的《清代治臺初期的佛教（1685-1717）——以《蓉洲詩文稿選集》、《東寧政事集》為中心……

　　上述各類具體的臺灣史研究，給讀者全面、深刻、細緻、準確地瞭解臺灣、認知臺灣、理解臺灣、並關注臺灣未來的發展，提供了「法國年鑒學派」所說的「全面的歷史」資料和「完整的歷史」座標。這套叢書給世人描摹出一幅幅臺灣社會、文化、經濟、生態以及島民心態變遷

的風俗畫。它們既是臺灣社會的編年史、也是臺灣的時代變遷史,還是臺灣社會風俗與政治文化的演變史。

《臺灣史研究名家論集》在史學研究方法上借鑒了法國年鑒學派以及其他現代史學流派的諸多新的研究方法,給讀者提供了新的研究視角,使得史學研究能夠從更加廣闊、更加豐富的空間與視角上獲取歷史對人類的啟示。《臺灣史研究名家論集》的許多研究成果,印證了中國大陸著名歷史學家章開沅先生對史學研究價值的一種「詩意化」的論斷,章開沅先生曾經說過,「**從某種意義上說,史學應當是一個沉思著的作者在追撫今夕、感慨人生時的心靈獨白。史學研究的學術的價值不僅在於它能夠舒緩地展示每一個民族精神的文化源流**,還在於它達到一定境界時,**能夠闡揚人類生存的終極意義,並超越時代、維繫人類精神與不墮……**」

閱讀《臺灣史研究名家論集》,能夠讓讀者深切感受到任何一個有限的物理空間都能夠創造出無限的精神世界,只要這塊空間上的主人永遠懷揣著不斷創造的理想與激情。我記得一位名叫唐諾(謝材俊)的臺灣作家曾經說過,由於中國近代歷史的風雲際會,使得臺灣成為一個十分獨特的歷史位置。「**在很長一段時間裡,臺灣是把一個大國的靈魂藏在臺灣這個小小的身體裡面……**」,的確,近代以來的臺灣,在某種程度上來講成就驚人。它誕生過許多一流的人文學者、一流的史學家、一流的詩人、一流的電影家、一流的科學家。它曾經是「亞洲四小龍」之一。

臺灣之所以能夠取得如此驚人的文化成就,離不開諸如《臺灣史研究名家論集》裡的這些史學研究名家和**臺灣蘭臺出版社**這樣的文化機構以及**一大批「睜眼看世界」的仁人志士們**持之以恆的辛勤耕耘和不畏艱辛的探索。是這些勇敢的探尋者**在看得見的地域有限物理空間拓展並創造出了豐富多彩的浩瀚精神宇宙**。

為此,我真誠地向廣大讀者推薦《臺灣史研究名家論集》這套叢書。

王國華 2021 年 6 月 7 日於北京

《臺灣史研究名家論集》——編後記

　　我在〈二編後記〉中曾慨嘆道，編此《論集》有三難：邀稿難、交稿難、成書難。在《三編》成書過程中依然如此，甚且更加嚴重，意外狀況頻頻發生，先是新冠肺炎疫情耽誤了近一年，而若干作者交稿、校稿拖拖拉拉，也有作者電腦檔案錯亂的種種問題，也有作者三校不足，而四校，五校，每次校對又增補一些資料，大費周章，一再重新整理，諸如此類狀況，整個編輯作業延誤了近一年，不得已情商《四編》的作者，將其著作提前補入《三編》出版，承蒙這些作者的同意，才解決部分問題。

　　如今面對著《三編》的清樣，心中無限感慨，原計畫在我個人退休前將《臺灣史研究名家論集》四輯編輯出版完成，而我將於今年（2021）七月底退休，才勉強出版了《三編》，看來又要耗費二年歲月才能出版《四編》，前後至少花了十年才能夠完成心願，十年，人生有多少個十年？！也只能自我安慰，至少我為臺灣史學界整理了乙套名家鉅作，留下一套經典。

卓克華　　于三書樓

2021.6.7

戚嘉林

臺灣史研究名家論集

蘭臺出版社

目　錄

荷人據台殖民真相及其本質之探討
The Historical Truths and Nature of Taiwan
（Formosa）
under Dutch Colonization

十七世紀中期，荷蘭擴張其商業據點，自南非經印度至遠東，並曾於 1624 至 1662 年佔據臺灣（福爾摩沙）。然而，那段荷人佔據併殖民臺灣的歷史真相及其本質為何？時下中外學者論點各異。所幸，由於荷人保存了大量其殖民臺灣時期的原始檔案，並感謝近百年來中外學者的努力，上述大部份原始史料已被譯為中文，而使本文得以廣泛研析該相關史料。

本文研究顯示，荷人曾以殺戮及將不服各社土番屋舍糧倉燒成灰燼的殘酷方式，征服各社部落，強迫簽訂讓渡其所有土地的降約，從而取得當時歐洲文明認知下的臺灣土地所有權。然後，荷人鼓勵在臺漢人拓墾稻蔗田園，並也分隔漢番，且實施「一地兩制」，即對土番免稅，對漢人則不但實施利潤最大化的橫征暴歛，甚至徵收「人頭稅」，從而榨取巨額利潤以輸供荷蘭母國。1652 年，漢人郭懷一率漢人起義事件，荷人更是屠殺三、四千名漢人（當時在臺漢人僅約 15,000 至 20,000 人之間）。

回首十七世紀中期，檢視荷人在臺灣殖民的那段歷史真相與本質，就是一部殘酷屠戮與橫征暴歛壓榨交錯的殖民血淚史。

In the middle of the seventeenth century, the Dutch expanded their commercial posts from Europe through South Africa and India to the Far East, where they occupied Taiwan （Formosa） from 1624 to 1662. However, what are the historical truths and nature of that period of Dutch colonization？Different scholars have different views. Fortunately, the Dutch keep a huge collection of original material concerning their colonization at Taiwan. Furthermore, thanks to the efforts of scholars over the last one hundred years, much of this material has been translated into Chinese, which has allowed this study to make a comprehensive analysis.

This study shows that the Dutch conquered Taiwan's aborigines by slaughtering them and setting fire to their houses and food supply, then forced them to sign surrender agreements and relinquish all their lands. Europe civilization thus deemed that the Dutch possessed the "territorial rights" to Taiwan. Subsequently, the Dutch encouraged Chinese immigrants to till rice and sugar fields, while keeping them segregated from the aborigines, through the implementation of "one area, two systems," which basically meant aborigines didn't pay taxes, but they levied taxes on the Chinese. The Dutch exploited the Chinese with maximum-profit taxes and even collected "head taxes", and were thus able to send huge profits back to their motherland. In 1652, the Dutch massacred three or four thousand Chinese in the uprising of Kuo Huai-yi （there were only between fifteen and twenty thousand Chinese immigrants in total at that time）.

Looking back on the middle of the seventeenth century in a review of the historical truths and nature of Taiwan under Dutch colonization, it was a brutal, bloody and exploited chapter in Taiwan's history.

臺灣有文字紀錄以來的早期歷史，可說是一部漢人移民臺灣、漢人拓墾與漢番互動的歷史。期間荷人據台雖僅三十八年（1624-1662），然而其統治的本質為何？兩岸學者有持否定觀點者，認為是荷人重稅盤剝漢族移民[1]；但亦不乏學者持肯定觀點，認為荷人在臺建立商品化經濟，將臺灣納入世界貿易體系，引進基督新教，設立學校，帶來西式教育[2]。至於外國學者，則提出了另類的肯定觀點，例如Tonio Andrade認為荷據臺灣時期是荷人與中國人在臺的「共同殖民（Co-colonization）」，是「荷蘭人統治下的中國人殖民地（a Chinese

---

[1] 楊彥杰，《荷據時代台灣史》（台北：聯經出版事業公司，2000 年），pp.313-314.

[2] 薛化元、戴寶村、周美里，《台灣，不是中國的》（台北：財團法人群策會，2005 年），pp.44-48

colony under Dutch rule）」[3]。Pol Heyns 認為荷人殖民當局與中國企業家在臺灣的經濟活動特色是一種「非正式的合作（informal cooperation）」，因為中方企業家並未以正式地位參與荷殖民當局的統治運作[4]。Robin Ruizendaal 則說得更美好，稱當時在熱蘭遮城（Zeelandia）（今臺南市安平區）附近，「荷蘭人、中國人、日本人等等，大家互相結婚、做生意、打仗、交朋友」[5]。然而，荷人據台的統治本質究竟為何？所幸，由於荷人的努力而保存了大量其殖民東方、包括臺灣地方的原始檔案，從而使吾人能瞭解荷人殖民臺灣的歷史真相。此外，也拜當時科技不發達，沒有電話，人類通訊僅能依賴文書的傳遞，因此留下荷人心中對殖民地人民的真實感受及所行政策的目的，從而使吾人更能深入瞭解諸荷人殖民政策的真正意圖。因此，本文試就此課題，藉學術求真求實的方法，探求荷人據台時期的統治真相，因惟有瞭解荷人當時的歷史真相，才能客觀評論荷人統治臺灣的本質。

一、荷據臺灣時期之研究成果豐碩

關於荷據臺灣時期的歷史研究，最困難者有二，一是史料的發掘、二是語言文字的障礙。前者由於是研究荷人佔據臺灣期間的歷史，故其原始素材自然是以當時的荷文檔案為主，而這些檔案主要是存放在荷蘭本土，取閱不易。後者則由於荷蘭語不像英語、法語、西班牙語等，是使用較廣泛的外國語，很難吸引國人願意投入學習，況且三百多年前的荷蘭語又尚未有統一的寫法和語法規則[6]。因此，一般漢文學

---

[3] 韓家寶（Pol Heyns）著，鄭維中譯，《荷蘭時代台灣的經濟、土地與稅務》（台北：播種者文化有限公司，2002 年 5 月），p.12：22：25：188.見 Tonio Andrade，Commerce，Culture，and Conflict：Taiwan under European Rule，1624-1662（Yale university：Ph. D. Dissertation，Rough Draft，28 September 2000），abstract.

[4] 同註 3，pp.188-191.

[5] Robin Ruizendaal（羅斌）、葉姿吟（Sarina Yeh），《FORMOSA 一座島嶼的故事》（台北：台原出版社、台原文化藝術文化基金會，2000 年），p.11.

[6] 程紹剛譯註，《荷蘭人在福爾摩莎》（台北：聯經出版事業公司，2000 年 10 月），p.XI.

者是無法使用荷據時期的荷文原始檔案做研究。

　　然而，由於歷經百年來中外學者不斷投入荷據時期此一領域的研究，攻克前述重重障礙，成果已頗豐碩，其中不乏中文珍貴史料被發掘，以及許多重要荷文史料的譯成中文，例如 C.E.S.所著記敘荷人抵抗鄭成功大軍及其投降離台的「被遺誤之臺灣（ 't Verwaerloolsde Formosa）」[7]、Philipus Daniel Meij van Meijensteen 於鄭成功攻台期間滯留臺灣時所寫的日記[8]、及 Albrecht Herport 所撰「爪哇、臺灣、前印度及錫蘭旅行記」中有關臺灣部份[9]。此外，甘為霖（William Campbell）牧師所著「荷蘭人佔據下之福爾摩沙（Formosa under the Dutch）」乙書則分別由林偉盛[10]與李雄揮譯成中文[11]。興瑟（W. Ginsel）的荷蘭萊頓大學博士論文「臺灣改革宗教會-聯合東印度公司轄下的商業教會沿革（De Gereformeerde Kerk op Formosa of de lotgevallen eener handelskerk onder de Oost-Indische-Compagnie, 1627-1662）（Leiden, 1931）」也由翁佳音譯成中文[12]。荷據時期荷人在臺頒布的「告令」集，則由韓家寶（Pol Heyns）與鄭維中君譯成中文[13]。至於荷人「東印度事務報告（程紹剛博士中譯）」中有關臺灣的部份、「熱蘭遮城日誌（江樹生教授中譯、已出版一、二、三冊）」與「巴達維亞城日記（村上直次郎博士日譯、程大學中譯）」有關臺灣部份等荷文原始檔案的中譯，可說相當程度地掀開荷人據台時期的神秘面紗；其中「東印度事務報告」是荷蘭「聯合東印度公司」東印度總督與評議會定期

---

[7] C. E. S.著、周學普譯，〈被遺誤之台灣（Verwaarloosde Formosa）〉，《台灣經濟史》，三集（台灣研究叢刊第 34 種-以下簡稱『研叢 34』））（台北：台灣銀行經濟研究室，1956 年 4 月），pp.37-111.

[8] 江樹生譯註，《梅氏日記》（台北：漢聲雜誌 132 期，2003 年 3 月）.

[9] Albrecht Herport 著，周學普譯，〈台灣旅行記〉，《台灣經濟史》，三集（研叢 34），pp.112-127.

[10] 甘為霖（Rev. William Campbell）英譯、林偉盛中譯，散見《台灣文獻》，47（2）-52（4）.

[11] 甘為霖（Rev. William Campbell）英譯、李維揮中譯，《荷據下的福爾摩沙（Formosa under the Dutch）》（台北：前衛出版社，2003 年 6 月）。

[12] 興瑟（W. Ginsel）著、翁佳音譯註，〈荷蘭時代台灣教會史（一）（二）（三）〉，《台灣文獻》，52（1）、52（2）和 52（4）.

[13] 韓家寶（Pol Heyns）、鄭維中譯著，《荷蘭時代台灣告令集婚姻與洗禮登錄簿》（台北：曹永和文教基金會，2005 年 8 月）。

就該公司在亞洲活動（含福爾摩沙/臺灣部份）向公司荷蘭總部所提的報告[14]，該報告可說是從宏觀（Macro）的角度，記敘並分析當時臺灣的經貿與政情，讀者可自該報告中窺見荷人殖民臺灣的真實想法與意圖。「熱蘭遮城日誌」則可說是從微觀（Micro）的角度，如流水帳般地記敘有關熱蘭遮城與福爾摩沙（臺灣本島）的記錄，讀者可自該日記中細膩地瞭解當時臺灣社會動態，甚至可獲取相關具體的數據。也正是由於上述荷據臺灣時期原始檔案與相關資料的大量中譯，我們方有能力較深入地研究荷人殖民臺灣時期的歷史真相及其本質。

二、荷人登陸臺灣

1622 年，荷人為打開與中國的貿易大門，東印度總督 Coen 派遣一支由八艘船艦和 1,024 名兵員組成的龐大艦隊遠征中國[15]。1622 年 4 月 10 日，司令官 Cornelis Reijersen 奉令率領該艦隊自巴達維亞港出發（途中有四艘船隻加入）。艦隊於 6 月 2 日駛抵澳門近海，24 日進攻澳門，結果因葡萄牙頑強抵抗而終告失敗。是役，荷人陣亡 136 人、負傷 126 人。隨後，司令官 Reijersen 乃令三艘船艦留置於澳門外海，二艘船艦前赴廈門近海以截捕自馬尼拉回航的中國船隻，本隊則轉往攻佔澎湖，並於同（1622）年 7 月 11 日登陸澎湖[16]，旋於澎湖挖土築堡。當時澎湖是一處既無綠樹也無草叢的荒涼地方[17]，居民總數約百人[18]。

---

[14] 同註 6，pp.IX-XIII.

[15] 包樂史（Leonard Blusse）著，莊國土、程紹剛中譯，《中荷交往史》（路口出版社，1989年），p.42.

[16] a.村上直次郎日譯、郭輝中譯，《巴達維亞城日記》，第一冊（台北：台灣省文獻委員會，1989 年再版），pp.6-8.
　　b.林偉盛譯，「雷爾生司令官日誌」《台灣文獻》，54（3）：140-141：163-165.

[17] a.同註 13，p.43.
　　b.同註 14a，p.37.

[18] a.包樂詩（Leonard. Blusse），〈明末澎湖史事探討〉，《台灣文獻》，24（3）：49.原引自 Crocpneveldt，W. P. "De Nederlanders in China 1601-1624." Leiden 1900，p.362.

（一）荷人澎湖屠殺

1623 年春夏，荷艦三桅大帆船（夾板船）Zierikzee 號及 d'Engelcen Beer 號，在馬尼拉沿岸截擊二艘中國戎克船，掠貨虜人，並縱火焚燒其船，返航澎湖途中再截擊一艘戎克船，計共俘虜 800 名中國人。此外，Groeningen 號三桅大帆船也於澎湖附近劫獲一艘中國帆船，虜獲 200 名中國人；是年夏，澎湖共有中國俘虜 1,150 人，荷人將其役死過半，另 571 人則於同（1623）年被送往巴達維亞，途中死亡 473 人、航抵巴達維亞後又有 65 人因飲水中毒喪生。也就是說，那些被荷人武裝俘虜的 1,150 名中國人，在短短的一年間，僅 33 人倖存[19]。然而，那些 1,150 名中國商旅、船員或水手，他們的父母妻子親人，今生今世也不知道他們的兒子或丈夫，已遭荷人毒手，慘死他鄉。當然，荷人的殘暴非僅如於此。例如上（1622）年 11 月 26 日，荷人攻擊福建沿岸的鼓浪嶼，除搶劫絲織物品之外，並將島上兩座美麗村莊的許多漂亮房舍、及港邊的大貨船與戰船等，均焚燒殆盡[20]。

荷人對自己的殘暴殺戮行徑也知道是不對的，當時曾任荷蘭班達（Banda）長官與福爾摩沙（臺灣）大員長官的 Martinus Sonck 就坦稱，通過在中國沿海的活動，我們（荷蘭人）在別人眼裡成為殺人兇手、海盜、暴力者。對中國採取的武力行動，依我之見，過於強硬與殘忍，這樣我們永遠也無法獲得與中國的貿易[21]。

（二）荷人登陸臺灣旋強行徵稅

荷蘭人徵稅的觀念很強[22]。荷人於抵福爾摩沙（臺灣）大員（約今臺南市安平區、那時大員是一個連接臺灣本土的狹長小島）的第二

---

b. 同註 14b，p.362.

[19] a. 同註 6，pp.29-30.

b. 同註 14b，p.270.

[20] 同註 6，p.18.

[21] 同註 6，p.47.原引自 F. Valentijn，Ouden nieuw Oost-Indien，IV，tweede stuk，p.49.

[22] 江樹生譯註，《熱蘭遮城日誌》，第一冊（台南：台南市政府，2000 年 1 月），p.5.

年（1625），就在該地設立大員商館。當時（1625）在大員 Oranje 堡壘（正在建築中的簡易城堡、後改名為熱蘭遮城）與 Deft 號船上的荷人，總共才 250 人[23]，居然就向來大員的其他商船（主要是一些中國商船和二艘日本帆船）徵收船貨的出口稅[24]，其行徑如同強盜至陌生地方，佔山為王，據地強收買路錢。

　　然而，荷人在大員徵稅與否，是視被徵稅者的實力強弱而定。例如荷人在大員徵稅的舉措，引起停泊日船日人的反彈，荷人就允暫免收稅。（1625 年時有兩艘日本帆船攜帶約 70,000 兩的資金來大員貿易，荷人欲向其徵稅。日商抗議並拒絕納稅，結果荷人同意暫免徵稅）[25]。1627 年續決定不向日人徵收關稅，但次（1628）年又決定要向在大員貿易的日人徵收費用[26]。

　　對於土番，荷人初抵大員（1625），為避免與福爾摩沙（臺灣）本島的土番為敵，荷人乃與他們保持友好往來[27]。當時，荷人還用十五匹花布（Cangan）向新港土番購買赤崁地方（Saccan、今臺南市一帶）建立市鎮（即普羅汶蒂亞市鎮）[28]。也就是說，承認土番的土地所有權。當時巴達維亞方面曾要求大員長官向蕭壠等社課稅。但因土番經濟情況不佳（處於原始生活狀態），故大員商館反對向土番徵稅[29]。

---

[23] a.同註 3，p.42.原見 VOC 1093，folio 342-343

　　b.同註 6，pp.54-62.

[24] 同註 6，pp.51-62.

[25] 同註 6，pp.51-52.

[26] 同註 6，pp.75-85.

[27] 同註 6，p.55.

[28] a.村上直次郎著、石萬壽譯，「熱蘭遮城築城始末」，台灣文獻，26（3）：116-117.原見 1625 年 1 月 14 日澎湖台灣會議記錄及 1625 年 9 月 22 日星期一評議會之決議。

　　b.Cangan 布，原指印度東北岸 Coromandel 附近盛產的一種粗製棉布，後來荷蘭人對其他地區生產的類似棉布，也就稱為 Cangan 布。見同註 20，p.11.

　　c.興瑟（W. Ginsel）著、翁佳音譯註，「台灣基督教奠基者康德牧師-荷蘭時代台灣教會史（一）」，《台灣文獻》，52（2）：.289.

[29] 翁佳音，「地方會議，贌社與王田-台灣近代初期史研究筆記（一）」，台灣文獻，51（3）：266.原見 Missive， G.F. de Witt- G. Generael P. de Carpentier. VOC 1087， fol. 391v-392r.

（三）荷人在臺實力不足

　　1626 年時，荷蘭東印度公司駐守在東印度（遠東）的白人，美洛居（Moluccas Is 印尼東部之摩鹿加群島）約 400 人、安汶（Ambon）357 人、班達（Banda）300 人、巴達維亞（Batavia 印尼首都雅加達）有士兵 360 人（商人和手工匠等除外）。以如此薄弱的人力，佔領如此遼闊的地區，荷人也自知是力不從心[30]。是（1629）年底，荷人在大員的水陸人數總計僅 240 人，這些人除需派駐守衛城堡外，還需配置在三艘船上。故荷人在向其荷蘭總部上呈的「東印度事務報告」中，就坦言該人力遠不足以保護公司在大員地區的安全，並要求增派白人[31]。此外，更何況公司（大員商館）當時還面臨：

　　1.中國沿海海盜猖獗，致對中國貿易難以展開。

　　2.西班牙人於 1626 年佔領福爾摩沙（臺灣）北部。

　　3.濱田彌兵衛事件（1628）所衍發的荷日嚴重貿易糾紛。

　　等三大困境，故那時公司是陷於極為不利的處境[32]；由於荷人當時在福爾摩沙（臺灣）的實力不足，處境不利，而公司（大員商館）鄰近大社如新港（臺南縣新市鄉）、蕭壠（臺南縣佳里鎮）、目加溜灣（臺南縣安定鄉）與麻豆（臺南縣麻豆鎮）等土番是各自為政，互不隸屬。故荷人乃利用其間恩怨，拉一社，打一社，分化周旋於各社土番的衝突紛爭中[33]。

　　1629 年 6 月，麻豆社襲擊殺害至該地搜捕中國海盜的 52 名荷人士兵，並視此次襲擊為無上光榮，且向其他各社誇示武勇。那時，公司雖痛感應懲罰該社，但因實力不足遠征麻豆，乃轉而於同（1629）年 11 月 23 日派出 230 名武裝人員攻擊目加溜灣，並放火將該社大部份燒毀。是役，間接震懾麻豆社，故麻豆與目加溜灣兩社旋於 12 月 2

---

[30] 同註 6，p.57.

[31] 同註 6，pp.72-73.

[32] 同註 20，pp.12-14.

[33] Tonio Andrade 著、白采頴譯，〈最強大的部落-從福爾摩沙平原之地緣政治及外交論之（1623-1636）〉，《台灣文獻》，50（4）：133-141.

日派員向荷人請求和好[34]。

此外，為報復小琉球人曾殺害荷人一事〔荷蘭東印度公司船隻金獅號於 1622 年 10 月在小琉球島（Lamey、屏東小琉球）遇難，約 50 名船員登陸上岸，與該地島民纏鬥兩天，殺死該地土番約 40 人，但最後也全部遭小琉球土番所殺[35]〕，大員長官 Hans Putmans 於 1633 年 10 月 22 日在福建金門料羅灣被明鄭水師擊敗[36]，旋於次（11）月率殘兵征伐小琉球。因島民逃入山穴，荷軍僅將島上小屋、園地及少量糧食焚燒破壞後離去。當時除麻豆外、蕭壠、新港及大員等地土番均曾隨荷軍出征，故荷人認為麻豆社不派人參與該役之舉，及其前曾殺害 52 名荷人士兵一事，均大為損害荷人在大員地區的威信，乃商議出兵征討，但因兵力不足作罷，並決定待巴達維亞援軍抵大員後再行征討[37]。

四、荷人征服全島

1934 年時，公司在東方的巴達維亞約有士兵 600 名、美洛居 500 名、班達 350 名、安汶 500 名、大員 200 名、科羅曼德爾（Coromandel）150 名，總計 2,300 名士兵。由於兵力不足，使公司在東方力不從心[38]。1635 年，在福爾摩沙（臺灣）的大員，中國人絡繹不絕地大量湧入，大員長官 Putmans 為持公司在福爾摩沙的殖民地位，特別要求增加兵

---

[34] a.莊松林，〈荷蘭之台灣統治〉，《台灣文獻》，10（3）：7.

b.曹永和，〈環中國海域交流史上的台灣和日本〉，《台灣風物》，41（1）：35.

c.同註 31，p.138.

d.同註 6，pp.104-106.

e.同註 20，p.5.

[35] a.同註 20，p.234.

b.林偉盛譯，〈R. Junius 給東印度公司阿姆斯特丹商館諸董事的報告-1636.9.5〉，《台灣文獻》，47（2）：83-84.詳見其註 6。

[36] 戚嘉林，《台灣史》，一冊（台北：自刊，1998 年 8 月三版），pp.150-151.

[37] a.同註 14a，pp.100：126.

b.同註 20，pp.135-137.

[38] 同註 6，p.163.

力，因為馬尼拉中國人的反抗仍使荷人記憶猶新[39]。

（一）殘酷征伐土番

　　1635 年　荷蘭巴達維亞當局於 1635 年夏派 475 名士兵增援福爾摩沙（臺灣）[40]。大員商館在巴達維亞的援軍抵達大員後，因荷人實力驟增，乃立即變臉，露出猙獰面目，以其所持步槍等先進武器，開始其對臺灣土著長達八年的殘酷殺戮征服。就在荷人準備展開其曾延滯數年的征伐麻豆計劃時，麻豆、蕭壠與目加溜灣等社突然流行天花疫疾（新港社及其周遭各社則無），其中蕭壠社有 200 戰士疫亡，麻豆社也約有 200 至 300 名戰士疫亡[41]。

　　1635 年 11 月 23 日，長官 Putmans 派 500 名白人士兵（新港人隨軍出征）攻打大員附近最大部落的麻豆社（據荷人 1639 年的報告，當時新港社人口共有 1,047 人、目加溜灣有 1,000 人、蕭壠有 2,600 人、麻豆 3,000 人、大目降有 1,000 人[42]）。當時除殺戮 26 名麻豆人（男人和小孩）外，並放火將麻豆整個村落燒成灰燼[43]，全面摧毀麻豆人的生存空間，使麻豆人無家可歸。麻豆人遭此空前浩劫，隨即於 12 月 18 日請降，與荷人簽約稱「……我們將所有的一切獻給荷蘭聯邦共和國的執政官，包括我們的祖先流傳下來和我們現在麻豆社以及平原地帶的管轄區的所有財產，東至高山、西至大海，南北至我們的轄地」、「一旦長官先生與其他村社村民發生戰爭，我們永遠自願與荷蘭人一同作戰」、「我們對所有在魍港和其他地方燒石灰的中國人，以及在平原地帶進行鹿皮等貿易的中國人不予以任何擾亂和傷害，隨其所願任他們通行，……」[44]。四天後（12 月 22 日），荷蘭 500 名白人士兵和

---

[39] 同註 6，p.169.

[40] 同註 6，p.167.

[41] 同註 31，p.142.

[42] 林偉盛譯，〈荷據時期教會工作史料選譯（三）〉，《台灣文獻》，50（3）：43.譯自 Formosa under the Dutch.

[43] 同註 20，p.222.

[44] 同註 6，1636 年 2 月 11 日記載。

約 400 或 500 名新港人的大軍，接著攻打大員東南方不遠處的搭加里揚。次（1636）年 1 月 8 日，續攻打大員附近第二大部落的蕭壠社。荷人均以同樣的殘酷手段，將塔加里揚與蕭壠兩部落的屋舍全部燒毀。故蕭壠、塔加里揚（Takareiang），甚至其他未遭荷人攻打的下淡水、大木連（Tapoliang）與搭樓（Zoatalau）等社，都隨即依照麻豆社與荷人締約的條件，與荷人簽約[45]。換言之，荷人就是直接要各社部落獻上一切所有。而土番願與荷人一同作戰的應征參戰條款，則是荷人藉部份土番之力，以征服其他的土番各社部落的手段。

　　1636 年　同（1636）年春夏，荷人對小琉球島的土番，進行種族滅絕式的屠殺。據荷人自己的紀錄，小琉球島約有島民 1,200 人，其中遭荷人殺戮者超過 400 人，被虜獲的小琉球島人中，能幹健美強壯的男女小孩計 191 人，則分批送往巴達維亞，餘則送到福爾摩沙（臺灣）本島，男人為奴（兩個兩個的以鐵鍊相互銬住）、女人與小孩則配予新港人[46]。此一殘酷屠滅小琉球整個部落的事情，多年後輾轉為公司最高領導機構「十七人董事會」獲悉。該董事會知道此事後，相當吃驚。「十七人董事會」於 1648 年致函巴達維亞總督，要求總督從現在開始，不要那樣嚴厲對待福爾摩沙（臺灣）的倔強部落，像這樣的懲罰，意味著「這些樸實之民的血流得太多了，…他們很樸實，不應一次要他們學太多東西，因為他們不了解我們的要求」[47]。

　　1637 年　1637 年 10 月，荷人攻打虎尾壠社（Vavoralang），1638 年 11 月再攻打虎尾壠社，及 1641 年 11 月續攻打東螺社（Davole）與虎尾壠社的三次征戰中，荷方均動員麻豆、蕭壠、新港、目加溜灣等社的戰士，每次都出動約共 1,400 名土番偕同征戰。每次征戰，除取

---

[45]　a.同註 20，p.223.
　　b.同註 6，p.175.

[46]　a.同註 20，p.242.
　　b.同註 6，pp.180：298.

[47]　包樂史（Leonard. Blusse）著、林偉盛譯，〈懲罰與悔恨：早期福爾摩沙的政教關係〉，《台灣文獻》，49（4）：281.原見十七董事的信，1648 年 3 月 28 日，在荷蘭東印度公司 317，fol. 102.

對方部落人頭首級外，都是將對方部落全村屋舍糧食燒成灰燼，不留
對方部落生存餘地；以虎尾壠社為例，為了報復虎尾壠社對公司的敵
對行為（例如阻攔漢人在他們地上狩獵，無視狩獵者持有長官發放的
許可證），公司議會建議征伐該社並將其住家、米倉與貨物燒成平地。
1637 年 10 月 25 日，大員長官 Johan van der Burg 率 300 多名荷人士兵
征伐北方大社虎尾壠（該社據云約有居民 3,500 人），牧師 Robertus
Junius 則令新港、目加溜灣、蕭壠、麻豆和諸羅山等出動共約 1,400
人與荷人會合。大隊人馬於 10 月 30 日上午進抵該村，當時約有 800
名虎尾壠戰士欲抗荷軍，但他們一遇荷軍發射槍彈，即行逃逸（是役
荷方取得 22 顆敵人首級）。於是，荷人放火燒屋，虎尾壠社村落有
2,200 座屋舍，儲滿稻子和黍。當天，從上午 11 點鐘到下午約 4 點鐘，
荷人忙著放火（從風頭放火）燒毀屋舍和糧食。是晚，虎尾壠人返回
村落，當看到他們的房舍、稻子、大麥和其他東西都被燒成灰燼時，
虎尾壠的男人、女人和小孩都大聲哀嚎悲慘痛哭。荷軍於 11 月 1 日返
抵大員。此役，荷人在其報告（東印度事務報告）中，得意地自稱，
相信虎尾壠人及其同夥很快就會俯首稱臣皈依基督教，並稱這些人是
福爾摩沙最易征服的人，因為他們的武器衹有弓和箭。果如荷人所料，
一個多月後的 12 月 15 日，虎尾壠社及附屬該社的較小村社 Heiankan
（今雲林縣麥寮鄉）與 Vasikan（貓兒干、今雲林縣崙背鄉）的五名
主要首領來到大員，將他們的土地與財物獻給公司（荷蘭政府）[48]。

　　1638 年　1638 年底，虎尾壠人殺死三名殺傷七名已向公司納稅並
持有公司打獵許可證的漢人，並將所有漢民獵人從虎尾壠社的野地趕
到魍港去。公司為維持其威信並避免其他番社模仿。長官 Burg 於 11
月 27 日親率 210 名荷蘭士兵征伐虎尾壠社，途中並與牧師 Junius 已
約好的新港、目加溜灣、蕭壠、麻豆、諸羅山等社共約 1,400 名人會
合，前往虎尾壠社，放火燒燬該社 150 座屋舍及 200 處米倉。荷軍於

---

[48] a.同註 20，pp.351-367.
　　 b.同註 6，pp.191-194.

12 月 4 日返回大員[49]。

　　1641 年　1641 年 11 月 20 日，長官 Paulus Tradenius 親率 400 名荷蘭士兵與水手、及中國人，搭乘中國人的舢舨，出征東螺社及虎尾壠社，軍隊於 23 日在笨港溪口上岸。晚間，牧師（傳教士）Junius 率 1,400 土番加入征伐行列。25 日下午，大隊人馬行抵東螺社，該社村民雖在田野裡列隊反抗，終不敵荷人武力，於陣亡約 30 人後便潰逃他處。荷人乃將該社 150 間屋舍及 400 座穀倉悉數焚燬，並砍倒村社裡的全部果樹。由於參與征伐的土番為分贓而互相爭吵，長官 Tradenius 祇得將其中的 1,200 人遣返，然後率餘眾於 11 月 27 日襲擊虎尾壠社（該社當時有 400 座屋舍與 1,000 處穀倉），大肆放火。大火一直燒到第二天，該社幾乎全部化為灰燼。荷軍於 12 月 2 日返抵大員。此次荷人對東螺社與虎尾壠社的殘酷鎮壓，使周圍各社土番大為恐怖[50]。

　　1642 年〔在東部探險金礦及招撫土番的荷人 Marten Wesseling，於 1641 年 9 月左右在大巴六九社（Tammacalauw、今台東縣卑南鄉）遇害，使前項工作招致打擊〕。1642 年 11 日，長官 Traudenius 率隊 353 人（其中荷人 225 人、中國人 110 人、爪哇人及廣南人 18 人），親自到福爾摩沙（臺灣）東部探金並討伐大巴六九社。途經卑南社（Pibamba、今台東市），於 24 日抵大巴六九社，與該社土番接仗（荷方陣亡一人、大巴六九社陣亡 27 人）。當荷人繼續逼近高山上的大巴六九社，村社奮起抵抗不敵，荷人乃將大巴六九社燒成灰燼。隨後，荷人收兵卑南，並在附近尋探金礦，仍無結果，最後於次（1643）年

[49] a.同註 20，pp.415-421.
　　b.同註 6，p.206.

[50] a.村上直次郎日譯、郭輝中譯，《巴達維亞城日記》，第二冊（台北：台灣省文獻委員會，1989 年再版），pp.347-349.
　　b.同註 13，pp.55-57.
　　c.同註 6，pp.232-233.
　　d.江樹生譯註，《熱蘭遮城日誌》，第二冊（台南：台南市政府，2002 年 7 月），pp.10-11.
　　見巴達維亞日誌 1641-1642，97-101，長官 P. Traudenius 於 1641 年 11 月 17 日在大員寫給總督 A. van Diemen 的書信。

2 月 23 日返抵大員[51]；在長官 Traudenius 不在熱蘭遮城期間的 2 月 14 日，曾有數名虎尾壠地區的頭目至大員，向荷人歸順並簽訂降約[52]。

　　無論是麻豆、蕭壠、搭加里揚、小琉球、東螺、虎尾壠社或大巴六九社，荷人在臺灣這片陌生的土地上，大肆屠戮燒焚征服，手段十分慘酷。尤其是對不肯俯首就範的虎尾壠社而言，短短五年，荷人三次鎮壓。荷人當時也洋洋得意地紀錄下前述屠戮燒焚慘狀，栩栩如生。例如 1637 年 10 月之役，將名社 2,200 個房子及其儲藏糧食燒成灰燼。荷人紀錄稱，虎尾壠人當晚返回村落見狀，男女小孩均哀號痛哭。試想，當時臺灣天氣即將入冬，約 3,500 名虎尾壠人缺糧無屋，如何過冬？難怪虎尾壠人見狀，連小孩也大聲哀號。但次（1638）年 11 月，荷人又放火燒燬該社 150 座屋舍及 200 處米倉（這顯示去年虎尾壠社慘遭荷人摧殘，雖事隔一年，但仍遠無法恢復元氣，僅能再建房屋 150 間及 220 個米倉），但又遭荷人放火焚燒。三年後的 1641 年 11 月，荷人再次鎮壓，又將虎尾壠人重建的 400 座屋舍及 1,000 處穀倉化為灰燼。換言之，荷人就是要壓迫使土番虎尾壠人，迫使其完全臣服為止。

（二）建立南北部落「地方集會」制度

　　自 1635 年起，歷經荷人十年對土番的殘酷血腥鎮壓，福爾摩沙（臺灣）各社土番大體相繼被迫同意將其土地及其所有獻予荷蘭，並表示

---

[51]　a.同註 48a，pp.370：376.

　　b.同註 32a，pp.253-260.

　　c.中村孝志著、許賢瑤譯，〈村落戶口調查所見的荷蘭之台灣原住民統治〉《台灣風物》，40（2）：99.

　　d.同註 13，p.57.

　　e.同註 6，p.232.

　　f.同註 48d，pp.13-15.原見巴達維亞城日誌 1641-1642，97-101，97-101，長官 P. Traudenius 於 1641 年 11 月 17 日在大員寫給總督 A. van Diemen 的書信。

[52]　a.同註 48a，pp.375-376.

　　b.同註 6，p.233.

　　c.同註 48d，pp.14-15.原見巴達維亞城日誌 1641-1642，146-153， 97-101，長官 P. Traudenius 於 1641 年 3 月 16 日在大員寫給總督 A. van Diemen 的書信。

臣服。為進一步加強對各社土番的控制，大員長官 Francois Caron 乃於 1644 年三、四月在福爾摩沙（臺灣）赤崁舉行首屆北路部落地方集會（Landdag）與南路部落地方集會，往後大致每年舉行一次[53]。

　　至於集會方式，以 1644 年首屆南北部落地方集會為例，3 月 21 日在赤崁舉行北部部落集會，荷人由 60 名士兵護衛，以新港語宣達政令，由諸羅山人翻譯成山地語言。4 月 19 日則舉行南路部落集會（程序如北路部落集會），荷人以新港語另併請人分別譯成大木連語、Tarrokey 語、Tacabul 語、卑南語，用以宣達政令。當時北路 20 餘社南路 30 餘社等代表，均偕同隨員出席。在集會上，各出席代表對公司表示效忠與服從，荷人也授與各代表象徵權力標幟並刻有公司徽章 V.O.C. 的銀冠權杖及其他物品[54]。

　　荷人的南、北部落地方集會，自 1644 年起至荷據末期，除 1649 年外，每年都分別於赤崁各自舉行一次。1652 年，荷人在卑南覓舉行首屆東路部落地方集會，隨後曾舉行數次；荷人另也曾於 1653 與 1654 年舉行二次的淡水部落地方集會[55]；每次召開部落地方集會之前，公司駐各地的政務官與通事等，大體上常會巡迴各個番社，提醒頭目（酋長或長老）或代表前往參加，屆時他們會翻山涉溪地前往與會。荷人勞師動眾大張旗鼓分別舉行南、北部落地方集會，除令各社土番臣服，親眼目睹荷人威儀外[56]，並藉機一再確認公司與各社部落間的從屬協

---

[53] 同註 27，p.264.

[54] a.連溫卿，〈荷蘭時代之台灣〉，《南瀛文獻》，3（1.2），pp.3-4.
　　b.同註 48a，p.411.
　　c.同註 49c，p.91.
　　d.同註 27，pp.264：275.
　　e.同註 6，pp.263-264.
　　f.同註 48d，pp.6：247-252：260-263.

[55] a.中村孝志著、吳密察、許賢瑤譯，〈荷蘭時代的荷蘭番社戶口表〉，《台灣風物》，44（1）：233.
　　b.同註 6，pp.263-438.
　　c.鄭維中，《荷蘭時代台灣社會》（台北：前衛出版社，2004 年 7 月），pp.26-31.

[56] a.同註 27，p.264.
　　b.林偉盛譯，〈荷據時期教會工作史料選譯（三）〉，《台灣文獻》，50（3）：61-62.譯自 Formosa under the Dutch.原書摘自高級商務員 Johan Verpoorten 從 1644 年 12 月 2 日到 1645 年 12

約（降約）關係、部落應盡義務、及任命各社部落的頭人。公司藉任命各部落頭人的派任制度，變相建構各部落內部的權力結構，佈建其在各社部落的行政人員[57]；也就是說，荷人藉每年召開的「地方集會」，將荷蘭大員當局與其被征服各社部落間所締結的各自協約（降約）關係，擴張到整個各社部落之間，每年重新確認荷人統治的正當性[58]，從而強化其對各社部落的統治權威。

（三）荷人統治土番威權之沒落

經過長年征伐，荷人終於以武力在福爾摩沙（臺灣）西部平原建立其統治權威。1646 年部落地方集會時，據統計當時歸順者共 219 個部落、61,696 人[59]。

上述臣服於荷人的土番戶數與人口的數據，是荷人利用每年一度部落地方集會的機會，向與會各社部落頭目（酋長或長老）或代表蒐集資料，然後彙整所得的數據。大體而言，以今日臺南為中心的南北附近海岸平原地區土番人口數據較詳細。北部淡水與雞籠便較粗略，因該地通譯被殺害，地方集會也僅舉行兩次，尤其是噶瑪蘭 36 社的宜蘭地方，往後便無通譯報告該地情況，故記錄便完全不準。至於桃園、新竹甚至大甲方面，因土番兇暴，荷人似頗棘手。此外，荷人對卑南覓地方的統治力相當薄弱，故此地人口數據也非常不完整[60]。

1650 年前後是荷人在福爾摩沙（臺灣）權威最盛的時期，當時（1650）福爾摩沙（臺灣）全島向荷人歸順的土番計達 315 個部落、68,675 人；然而，1654 年時驟減為 272 個部落、49,324 人；1656 年更

月 1 日，由本島送致巴達維亞的信件蒐集-巴達維亞城，1644 年.

[57] a.康培德，〈荷蘭時代村落頭人制的設立與西拉雅社會權力結構的轉變〉，《台灣史蹟》，第 36 期，pp.118-128.

　　b.同註 6，pp.263-264：285-286.

[58] 鄭維中，《荷蘭時代台灣社會》（台北：前衛出版社，2004 年 7 月），p.31.

[59] 同註 6，p.305.

[60] 同註 53a，p.223.原刊南方文化，第 20 輯，1993 年 11 月，pp.170-203.

降至約 162 個部落、31,000 人[61]。此一數據似也反映 1652 年荷人於郭懷一抗荷事件屠殺三、四千名漢人[62]、及 1652-1655 年間謠傳鄭成功計畫進攻福爾摩沙（臺灣）[63]的情勢下，參與地方集會的各社部落頭目（酋長或長老）或代表的人數銳減，及荷人在福爾摩沙（臺灣）統治力量的日趨沒落。

五、荷人對土番之宗教思想改造

荷蘭東印度公司佔據福爾摩沙（臺灣）的主要目地是以獲取商業利潤為主要目的，也就是希望在可能的範圍內，以最小代價獲致最大成果，故乃命渡臺的傳教士兼任政務員，利用彼等卓越語言能力以利其統治[64]〔直至 1651 年 9 月以後，在福爾摩沙（臺灣）的教會神職人員方不再兼負政務[65]〕。

（一）傳教士 Candidius 和 Junius 殘酷征伐的傳教宏觀策略

在荷據時期福爾摩沙（臺灣）殖民傳教的歷史中，Candidius 與 Junius 兩位不但是血腥的開拓性傳教士，而且是荷人的卓越特務。關於傳教，Candidius 明言，他來福爾摩沙（臺灣）的目的就是要介紹基督教信仰，以取代土番的原有信仰[66]。

就 Candidius 與 Junins 傳教個別對象的微觀（Micro）策略而言，

---

[61] a.同註 53a，p.197-199.原刊南方文化，第 20 輯，1993 年 11 月，pp.170-203.
　　b.同註 6，pp.325-423.

[62] 同註 6，p.358.

[63] 同註 7pp.44-46.

[64] 中村孝志著、賴永祥、王瑞徵共譯，〈荷蘭人對台灣原住民的教化〉，《台灣史研究-初集》（台北：自刊，1970 年），p.83.

[65] 興瑟（W. Ginsel）著、翁佳音譯註，「政治與教會-荷蘭時代台灣教會史（三）」，《台灣文獻》，52（4）：170-171.

[66] Campbell，Rev. Wm. 1903. Formosa Under the Dutch Described from Contemporary Records. Reprinted（Taiepi，Southern Materials Center，INC.），　p.22.

無外是威逼與利誘。早在荷人據台初期的 1629、1630 年時，Candidius
就曾寫信直接給東印度總督，認為公司應使用武力，征服那些不順從
的土番部落，使他們承認公司權威。此外，他也建議公司應儘快地引
進法律，處罰不上宣教課的土番，以阻止福爾摩沙（臺灣）人的異教
習慣，使其皈信基督教。換言之，就是藉用政治暴力進行改變土番信
仰的改宗（改變宗教）運動。但長官 Nuyts 與 Putmans 認為在尚屬文
明未開化的新港社，實施嚴刑峻法，恐怕新港土番負荷不起。故當時
大員荷人當局對曠（宗教）課的土番，僅科以輕量刑罰[67]。荷人據台
晚期的 1654 年時，對曠課的土番，則是罰其繳納一張鹿皮，然而當時
土番們多是窮得家裡甚至沒有足夠的米來添飽肚子。故對土番而言，
那是非常嚴厲的懲罰[68]；另一方面，荷人則是施以利誘。例如 1639 年
時，Junius 在新港、目加溜灣、蕭壠、麻豆和大目降等社部落，就以
贈送稻米與花布（Cangan）的方式，鼓勵土番將自己的小孩送到學校
去上學[69]。

　　至於推行改變土番宗教信仰的宏觀（Macro）策略方式，就是憑
藉武力殺戮征服為後盾。在這方面，Candidius 和 Junius 二人的觀點是
一致的。例如 1631 年初大員荷人當局雖征伐麻豆失敗，然而依
Candidius 和 Junius 的意見，征伐是擴張基督教在新港和其他村落的最
有效方法[70]。且 Cnadidius 與 Junius 二人與公司對福爾摩沙（臺灣）土
番的殘酷殺戮征服是不可分割的。二人深入土番部落瞭解其內部詳
情，例如 Candidius 抵達福爾摩沙（臺灣），在與臺南附近的西拉雅

[67] a.同註 63，pp.165-166. 原註見 1.Candidius 呈 J.P. Coen 函， 1630-3-27， VOC1100， fol.
　　6v， 函中提到他無法說服阻止當地人墮胎殺嬰之事.2.Nuijts 呈 J.P.Coen 函， 1629-2-4，
　　VOC 1096，未標頁碼.函中有云：「吾人不能施行刑罰，否則將使吾國在此招致重大危險」。
　　b.同註 26c，p.279.

[68] 林偉盛譯，〈荷據時期教會工作史料選譯（五）〉，《台灣文獻》，52（4）：188.原見 101 前長
　　官 Verburg 對台灣傳教的報告，1654 年 3 月 10 日。

[69] a.林偉盛譯，〈荷據時期教會工作史料選譯（二）〉，《台灣文獻》，48（4）：25-26.原見 39
　　由大員帳冊-下列為牧師 Junius 在蕭壠、麻豆、目加溜灣、大武壠、大目降，特別是新港
　　販賣狩獵執照所得及支出的報告。度議會的信-大員，1639 年 11 月 4 日。

[70] 林偉盛譯，〈荷據時期教會工作史料選譯〉，《台灣文獻》，48（1）：231. 原見長官 Putmans-
　　總督 J. Specx-在 Wieringen 船上，於廈門漳州河。1631 年 2 月 22 日。

平埔族相處年餘後，即於 1628 年 8 月 20 日寫信呈荷人的巴達維亞總督 J.R. Coen，提供麻豆人和目加溜灣人都是新港人不共戴天仇人的情報[71]；同（1628）年 12 月又撰寫了一份有關新港、麻豆、蕭壠、目加溜灣、大目降等平埔族人、作物、組織、戰鬥、宗教、法律與生活方式的詳盡報告[72]。以現在的觀點來說，就是一份有關臺灣的極其珍貴情報；1634 年 5 月 14 日，Candidius 寫信呈大員長官 Putmans 時，更深入地分析稱，如果福爾摩沙（臺灣）土番們經常互相爭鬥，將對我們荷蘭人有利，因為

1.土番將會因互鬥而消耗他們的精力。

2.這些部落之間，彼此將會越來越仇視，故未來我們荷人可利用這樣的情勢，讓某個部落站在我們這邊，進行對其敵人的報復。

3.這些被羞辱的部落將會尋求我們荷人的庇護[73]。

此外，1637 年 10 月 10 日，Junius 就從新港至大員，向荷當局提供麻豆、蕭壠、目加溜灣等社的人，會合了約 600 名戰士，欲與福爾摩沙（臺灣）北部的虎尾壠社人作戰的情報[74]。

此外，Candidius 和 Junius 更是以隨軍行動的方式，實際參與對土番的征服殺戮。例如，Candidius 奉長官 Putmans 與議會的決定，於 1636 年 4 月隨荷軍征伐小琉球島；Junius 則參與 1635 年 1 月征服麻豆之役、12 月征服搭里加揚之役，1636 年 1 月征伐蕭壠之役、同年夏征伐小琉球（之前置偵察作業）[75]、1637 年 10 月征伐虎尾壠社之役、1638 年 11 月再征虎尾壠社之役、1641 年 11 月征伐西螺社與虎尾壠社之役。故 Junius 可說是幾乎無役不與，其中 1637 年 10 月征伐虎尾壠社前，Junius

---

[71] 林偉盛譯，〈荷據時期教會工作史料選譯〉，《台灣文獻》，48（1）：226. 原見 Formosa Under the Dutch， p.96.

[72] 甘地紐斯（George Candidius）著，葉春榮譯註，〈荷據初期的西拉雅平埔族〉，《台灣風物》，44（3）：193-228. 原見 Rev. William Campbell. "Account of the Inhabitants，"Formosa Under the Dutch（Taipei：Southern Materials Center，Inc，1903）， pp.9-25.

[73] 林偉盛，〈荷據時期的史料介紹〉，《台灣文獻》，53（4）：270-271.見「荷蘭統治下的台灣」座談會紀錄。

[74] 同註 20，p.349.

[75] 同註 20，pp.228-230.

還和隊長 Jan Jurianese 偕 25 名士兵搭乘舢舨前往笨港溪，探查該溪河道情形[76]，也就是從事戰爭前的特務情報偵察活動。另外，此役與 1638年 11 月征伐虎尾壠社、1641 年 11 月征伐西螺社與虎尾壠社的三次征伐中，Junius 每次都召喚（動員）新港、目加溜灣、蕭壠、麻豆、諸羅山等社，每次都共出動約共 1,400 名土番，與荷軍會合，併肩征伐。且每次征伐，除殺戮外，並都放火燬燼對方部落的全部房舍與穀倉[77]，也就是不予土番部落老弱婦孺的任何生計空間，手段可說極其殘酷。更諷刺的是，在對土番從事殘酷殺戮與夷為灰燼的行動前，Junius 還向士兵講道。例如 1637 年 10 月 30 日征伐虎尾壠社前的黎明，Junius 還向士兵講道，但當天上午十一點鐘到下午約四點鐘，荷士兵忙著放火和破壞，將虎尾壠社 2,200 座屋舍，儲滿稻子和黍，全部燒成灰燼。當晚，虎尾壠人返回村落見狀，男人、女人和小孩均哀嚎悲慘痛哭[78]。Junius 所參與荷軍征伐土番的手段，與他宣揚神愛世人的基督教教義，實不相符。然而，Junius 卻似無役不與地積極參與荷軍對福爾摩沙（臺灣）土番的反覆征伐。

至於殘酷屠滅整個部落的小琉球島之役，Junius 於 1643 年返回荷蘭，次（1644）年與同鄉前大員長官 Putmans 向荷蘭東印度公司最高領導機構「十七人董事會」報告有關征伐小琉球一役之事。該董事會聽到荷人對小琉球島的殘酷行徑，相當吃驚，他們於 1648 年寫信給巴達維亞總督，要求總督從現在開始，不要那樣嚴厲對待福爾摩沙（臺灣）的倔強部落，像這樣的懲罰，意味著「這些樸實之民的血流太多了，……他們很樸實，不應一次要他們學太多東西，因為他們不了解我們的要求」[79]。這說明了，牧師 Candidius 與 Junius 在福爾摩沙（臺灣）從事的殘忍事情，連遠在萬里歐洲有良知的荷蘭人自己也難以接受。

---

[76] 同註 20，p.351.

[77] a.同註 20，pp.353：417.

  b.同註 6，p.233.

[78] 同註 20，pp.254-255.

[79] 同註 45，p.281.原見十七董事的信，1648 年 3 月 28 日，在荷蘭東印度公司 317， fol. 102.

（二）剷除傳教的核心阻力，流放土番的神職領袖放

至西拉雅平埔族內，扮演與神靈世界溝通的尪姨（Inib、女祭司），是土番傳統文化的承襲者，其所代表的土番宗教信仰，在荷人眼中，是其傳播基督教文明的障礙。因此，Candidius 與 Junius 都要求大員長官 Putmans 將這些尪姨驅逐出去[80]；1641 年時，公司將臣服於該公司部落裡的 250 名尪姨放逐至諸羅山（Tirosen、今嘉義市）一帶（其中麻豆社 70 人、蕭壠社 56 人）。直至 1652 年，因這些尪姨要求荷人，在她們臨死之前，允許她們回到故鄉，能與友人或親戚住在起。荷人始赦准這些尪姨遷回故鄉麻豆、蕭壠、新港、目加溜灣與大目降等五個部落。當時，已有 202 人因年老或窮困而死亡，生還的尪姨僅 48 人，且荷人令她們答應於獲釋後，保證不得再從事西拉雅族原有的信仰活動[81]。

在荷人如此威逼利誘與屠戮征服的強勢改宗下，歷經三十年，但仍無法全面改變土番的宗教信仰。因此，1658 年，荷人對仍堅持荷人所謂「偶像崇拜」的土番，施以嚴酷的懲罰。荷人宣稱「偶像崇拜者」最高將被判處公開鞭撻及遭驅逐住地。荷人並將宣告翻譯成許多部落語言，公開張貼於學校與教會[82]。當然，荷人自己也知道，例如福爾摩沙（臺灣）大員前長官 Verburg 在其 1654 年 3 月 10 日的報告中，就稱信奉宗教是需其自身熱忱的接受，有誰是被武力逼迫而信奉某些

---

[80] a.同註 45，pp.274-277.

　b.同註 28c，p.277.

[81] a.同註 55a，pp.127-128. 原見 1.包樂史（Leonard Blusse）1999 "The Eclipse of the Inibs：the Protestant mission in 17th century Taiwan and its persecution of native priestesses，"《台灣原住民國際研討會》，5 月 1 日-5 月 3 日，中央研究院民族學研究所、順益台灣原住民博物館主辦，pp.7-11. 2.Campbell， William （ed.）1903 Formosa under the Dutch： descriptions from contemporary records. London： Kegan Paul， Trench， Trubner & Co. pp.288-289.

　b.林偉盛譯，〈荷據時期教會工作史料選譯（五）〉，《台灣文獻》，52（4）：183.原見 Formosa under the Dutch. 97.福爾摩沙議會給總督及印度議員-熱蘭遮城 1652 年 10 月 30 日。

　c. 興瑟（W. Ginsel）著、翁佳音譯註，「政治與教會-荷蘭時代台灣教會史（二）」，《台灣文獻》，52（1）：461.

[82] 林偉盛譯，〈荷據時期教會工作史料選譯（五）〉，《台灣文獻》，52（4）：202.原見 Formosa under the Dutch.112.十七董事給印度總督及議會的信-阿姆斯特丹，1660 年 4 月 16 日。

宗教的[83]？故回首荷人在福爾摩沙（臺灣）的傳教事業，就個別對象的微觀策略而言，是以威逼利誘的方面傳播基督教；就整體傳教的宏觀策略而言，可說是以武力殺戮征服為後盾的宗教思想改造。

六、漢人移民拓墾臺灣

福爾摩沙（臺灣）原就生產稻米與甘蔗[84]，荷人認為其天然環境頗適於栽種甘蔗[85]，故希望能在福爾摩沙生產其整個東印度公司亞洲駐地人員所需的米與糖[86]，甚至也能生產茯苓（World China）與生薑，從而使福爾摩沙（臺灣）成為荷蘭殖民地的糧倉[87]。

（一）荷人鼓勵在臺漢人種植甘蔗稻米

在荷蘭大員當局的鼓勵下，漢人於 1633 年將甘蔗從中國大陸引進大員，這可說是漢人首次在臺灣栽種甘蔗[88]。1635 年 2 月，荷人估計該年將有 300 名漢人在福爾摩沙（臺灣）栽種甘蔗[89]；1634 年時，荷人也鼓勵在福爾摩沙的漢人種稻，但初未成功，第二年就無人繼續種稻[90]。當時（1634、1635），荷公司也在赤崁推動種植棉花、大麻、靛青、茯苓、生薑、煙草、小麥等農作物[91]。

---

[83] 林偉盛譯，〈荷據時期教會工作史料選譯（五）〉，《台灣文獻》，52（4）：188.原見 Formosa under the Dutch.101 前長官 Verburg 對台灣傳教的報告，1654 年 3 月 10 日。

[84] 陳第，〈東番記〉，見沈有容，《閩海贈言》，文叢 56（台北：台灣銀行，1959 年 10 月），p.26.

[85] 同註 3，p.57.見 J. E. Heeres，Dagh-register gehouden int Casteel Batavia vant passerende daer ter plaster als over geheel Nederlandts-India. Anno 1624-1629（'s-Gravenhage： Martinus Nijhoff，1896），p.23.

[86] 同註 3，p.58. 見 VOC 1116，folio 319-322；J. A. Grothe，Archief voor de Geschiedenis der Oude Hollandse Zeuding（Utrecht：C，van Bentum，1886），vol 3，pp.86-87.

[87] 同註 6，p.179.

[88] 同註 3，p.57. 見 VOC 1116，folio 319.

[89] 同註 3，p.59. 見 VOC 1116，folio 257；VOC 1116，folio 372；VOC 1131，folio308；VOC 1131，folio 743-748.

[90] 同註 3，p.61. 見 VOC 1116，folio 257.

[91] 同註 3，pp.45：57. 見 VOC 1116， folio 372：VOC 1116，folio 257：VOC 1116，folio 319-321；

　　當（1635）時，荷人一方面為報復麻豆人在六年前曾襲殺荷士兵，一方面則為贏得對土番的威望，保護在大員從事農墾的中國人，荷蘭巴達維亞當局乃決定增兵大員，俾長官 Putmans 征服麻豆等社土番，從而希望公司（聯合東印度公司）能在極短的時間內，獲得一片富庶的殖民地。因為福爾摩沙（臺灣）氣候宜人，土地肥沃，遠非錫蘭（Ceylon）所可比擬。至於勞動力，荷人認為北港（Pakan 指臺灣全島）的土番，貧窮、懶惰、無所奢求、愚昧無知。然而流亡至大員的中國貧民，則勤勉、認真、耐勞、好勝。由於當（1635）時漢人絡繹不絕的大量湧入，其數目之多，完全可以滿足荷人的需求。因此，荷蘭巴達維亞當局相信，在征服麻豆後，福爾摩沙（臺灣）的特別巨大變化，將指日可待[92]。

　　另一方面，1625-27 年間，在對岸福建泉州同安地方，發生嚴重旱災，饑莩載道，死亡橫野[93]。1630 年時，漳泉地方的旱災，民人死亡甚至已逾十三[94]。但是由於海寇結夥，荷人橫行，臺灣海峽的此一不安情形，勢必阻延閩粵漢人的渡臺往返。隨著鄭芝龍擊滅海上的其他海盜集團，例如殲李魁奇（1630）、鍾斌（1630）、焚荷巨艦（1633）、滅劉香（1635），鯨吞海上，為臺灣海峽的安全航行創造良好的環境，從而有利閩粵人民的赴台航行。據荷人的紀錄自 637 年 6 月 17 日至 1638 年 12 月 12 日止，期間自對岸廈門、金門、安海、烈嶼、福州等地駛抵臺灣大員的商漁船隻約 630 餘艘，自大員返回對岸者約 420 艘，

　　VOC 1120，folio 23.

[92] 同註 6，pp.167-168.

[93] a.方豪，〈崇禎初鄭芝龍移民入台事〉，《台灣文獻》，12（1）：37-38. 原見曹履泰，《靖海紀略》，見文叢 33（台北：台灣銀行，1959 年 1 月），pp.3：12：77.

　　b.曹履泰於巡撫朱一馮初到任時曾函告災情已發生兩年，而朱一馮係 1626 年 12 月 16 日陞任福建巡撫，故渠初到任時當在 1627 年初，復參卓曹履泰請賑等有關函件，當可推斷此次旱災當係發生在 1625-27 年間。見 1. 不著撰人，《明實錄閩海關係史料》，文叢 296（台北：台灣銀行，1971 年 10 月），p.140. 天啓 6 月 10 日丁卯（1626 年 12 月 16 日）條。2. 曹履泰，《靖海紀略》，見文叢 33（台北：台灣銀行，1959 年 1 月），pp.3：16：22：77. 見〈答朱明景撫台〉、〈上朱撫台〉、〈與李任明〉、〈請賑申文〉及〈勸論捐賑〉。

[94] 不著撰人，《明實錄閩海關係史料》，文叢 296（台北：台灣銀行，1971 年 10 月），p.154. 崇禎 3 年 12 月乙巳朔（1631 年 1 月 2 日）。

其搭載來台人數 11,400 人，自台返回對岸大陸人數約共 10,800 人[95]。由此可見，當時漢人往返兩岸是相當頻繁。

　　1636 年夏，Johan van der Burg 赴台出任福爾摩沙（臺灣）長官時，巴達維亞當局鄭重訓令 Burg，除擴展與中國貿易、加固城堡、加強宗教皈依外，就是督促在福爾摩沙（臺灣）種植大批甘蔗、生薑、伏苓和綯布的染料，當時與長官 Burg 同行的還有蘇鳴崗[96]〔Bencon、福建同安人、1619 年被委任為巴達維亞城華人居民首領甲心丹（Kapitein）、為荷蘭東印度總督 Jan Piterzoon Coen 的私人密友[97]〕。是（1636）年，荷人再度鼓勵在臺漢人種稻[98]，但因缺乏水利灌溉設施，故效果仍差[99]。隨後，荷人乃採取出租田地的方式，以推廣福爾摩沙（臺灣）的稻米種植。1637 年，荷人優先讓有威望的漢人 Hambuan、Cambingh、Jaumo 和甲必丹蘇鳴崗各選擇約 20 甲的田地，並希望在三至四年內可收穫 1,000Last（每 Last=3,000 公升）的米，荷人並規定每 Last 的米需納稅 50 里爾。但由於鹿的破壞造成歉收，1638 年的稻米收成僅 75Last[100]。

（二）漢人移民臺灣及大量引進牛隻

　　當時，由於福爾摩沙（臺灣）的農業豐收，吸引了很多對岸的漢人渡海來台，1634 年 2 月時在福爾摩沙（臺灣）的漢人已約 7,000 人[101]。同（1643）年 12 月，漢人開墾的農田，已擴及麻豆、蕭壠、目加溜灣、

---

[95] 江樹生譯註，《熱蘭遮城日誌》，第二冊（台南：台南市政府，2002 年 7 月），pp.320-421.

[96] 同註 6，p.177.

[97] 同註 13，p.115.

[98] 同註 3，p.61. 原見 VOC 1120, folio 23：VOC 1120, folio 263：VOC 1120, folio 307.

[99] 同註 3，p.61. 原見 VOC 1128, folio 369-370.

[100] a.同註 6，p.194.

　　b.江樹生，〈台灣經營藍樹藍靛的開始〉，《台灣文獻》，53（4）：248.

[101] 江樹生，〈荷據時期台灣的漢人人口變遷〉，《媽祖信仰國際學術討論會論文集》（雲林：財團法人北港朝天宮董事會、台灣省文獻委員會，1997 年 9 月），p.14.原見 VOC 1146, fol. 794.

新廣和大目降等五社的土地，甚至還引起五社土番的抱怨[102]。

　　儘管如此，當時漢人移民仍前赴後湧地來台。據統計，1645、46兩年，台地漢人增加約 3,000 人[103]。1647 年，因清鄭戰爭之故，對岸難民蜂擁而至[104]。長官 Overwater 於其 1648 年 1 月 9 日的報告中，形容「現在在這土地上的中國人比以前的任何時候都多」，他並估計當時在福爾摩沙（臺灣）的中國成人應該有 12,000 人[105]。1648 年福建發生嚴重饑荒，據荷人估計，1648 年 5 月時中國人約增至 15,000 人[106]，年底時在福爾摩沙（臺灣）的中國成人男人已經達 20,000 人，另有超過約 500 婦女[107]。1649 年，福建饑荒開始過去，很多漢人返回對岸福建，在福爾摩沙（臺灣）的漢人減少，約僅 14,000-15,000 人[108]。1650年代初，漢人移民臺灣又大幅增加。據長官 Verburch 的估計，1652年時在臺漢人經常有約 15,000-20,000 人[109]。惟 1652 年 9 月，以漢人郭懷一為首的農民反荷事件，約 3,000-4,000 名漢人遭屠殺。1654 年時，繳納人頭稅者預估僅約不少於 10,300 人[110]。隨後數年，漢人移民臺灣持續增君。1661 年初，在臺漢人成年男子 25,000 人[111]。

　　隨著漢人大量移民臺灣種植水稻。水牛也陸續被大量引進臺灣。1639 年 8 月時，公司已有牛隻 415 頭[112]。當時有很多牛和母牛從澎湖運來福爾摩沙（臺灣），1640 年底時，公司和私人所擁有的牛隻已經超

---

[102] 同註 95，pp.14-15.原見 Maximiliaen Le Maire 呈總督函，9-12-1643， VOC 1145， fol. 208.

[103] 同註 89，pp.381-601.

[104] 同註 6，p.290.

[105] 同註 95，p.17.原見 Pieter Antonisz，Overtwate 呈總督函，9-1-1648，VOC 1169，fol. 400.

[106] 同註 95，pp.17-18.原見 Pieter Antonisz Overwater 呈總督函，2-11-1648，VOC 1170，fol. 552.

[107] 同註 95，p.18. 原見 W Ph. Coolhaas： General Missiven（總督一般報告），vol II， p.355，18-1-1649.

[108] 同註 95，p.18. 原見 W Ph. Coolhaas： General Missiven（總督一般報告），vol II， p.393，31-12-1649.

[109] 同註 95，，p.19. 原見 W Ph. Coolhaas： General Missiven（總督一般報告），vol II， p.393，31-12-1649.

[110] 同註 95，p.20.依據熱蘭遮城日記 1654 年 4 月 4 日 30 條，VOC 1206，fol. 408v 的資料，由江樹生教授推算。

[111] 同註 95，p.23.原見 G. C. Molewijk，《't Verwaerloosde Formosa，door C.E.S.》，p.69.

[112] 同註 20，p.446.

過 1,200-1,300 頭[113]。另據統計，單是 1645-48 的四年間，漢人經澎湖陸續運來的牛隻，合計就超過 1,100 頭[114]。1650-51 的兩年間，漢人從澎湖運來福爾摩沙（臺灣）的牛隻，合計也超過 380 頭[115]。當時漢人於搭乘帆船渡海來台時，隨船載運數頭、數十頭或更多的牛，有時也載運些許豬、羊等家畜，甚至還不乏婦女幼童隨行。例如 1650 年 11 月，當時登記在臺居留有案的 11,339 名漢人中，就有 838 名婦女[116]。這也具體說明了那時不少漢人渡海來台，是打算長期移居臺灣。

（三）漢人拓墾良田萬頃

荷據時期，就整個臺灣的農業發展而言，主要是以米、糖為主，其中蔗田面積約佔耕墾總面積的 20-30%左右（餘者僅為少量的茯苓、靛青、大麻、生薑、煙草、棉花、小麥等農作物），地區主要集中在臺南赤崁及其周邊地區。由於對岸福建的戰亂飢荒、臺灣海峽海上交通相對平靜、與荷蘭當局的鼓舞，臺灣臺南赤崁及其附近地區的農作開墾，大約始自 1630 年代中期，歷經十年，於 1640 年代中期初具規模。

自 1643 年後，因大面積耕地的開墾，原有道路不夠使用。為配合赤崁的農業開發，荷大員公司當局乃令在臺漢人負擔，修了一條長 1.25 哩、寬 60 呎、兩邊各寬 3 呎排水溝、從赤崁至新港河的道路，途中經過的小河上還架設兩座磚頭拱橋，以利馬車、貨車的行駛[117]。1645 年時，耕墾面積達 2,486 甲。1647 年時，對岸鄭清內戰，難民蜂擁而至，

---

[113] 同註 20，p.473.

[114] 同註 89 與第三冊（台南：台南市政府，2003 年 12 月）.

[115] 江樹生譯註，《熱蘭遮城日誌》，第三冊（台南：台南市政府，2003 年 12 月）。

[116] a.同註 89 與 109.
　　b.同註 109，p.102.見長官 N. Verburch 致總督 C. van der Lijn 函，大員，1649 年 11 月 18 日。VOC 1172， 466-491.

[117] a.楊彥杰，《荷據時代台灣史》（台北：聯經出版社，2000 年 10 月），pp.175-176.原見巴達維亞城日記，第二冊，p.292.
　　b.同註 96，p.15.原見 Francois Caron 呈總督函，25-10-1644， VOC 1149， fol. 258v.

使得福爾摩沙（臺灣）的植蔗和種稻面積大幅增加[118]。是（1647）年
耕墾總面積增至 5,608 甲，兩年間增加 86.9%，1950 年增至 6,470 甲。
隨後，由於人禍與天災，耕地驟減三分之一（見「漢人在臺拓墾耕地
面積表」）。

漢人在臺拓墾耕地面積表〔單位 k：甲（morgen）〕

年	蔗田面積 A	耕地總面積 B	A/B
1645		2,486[a]	
1647		5,608[b]	
1650		6,470[c]	
1652	1,314	5,929[d]	22.2%
1653	1334	5,065[e]	26.3%
1654	1309	4,309[f]	30.4%
1655	1516	7,174[g]	21.1%
1656	1837	8,403[h]	21.9%
1657	1668	8,070[i]	20.7%
1659		12,252	
1660		11,484[j]	

a.韓家寶（Pol Heyns）著、鄭維中譯，《荷蘭時代臺灣的經濟、土地與稅務》（台
北：播種者文化有限公司，2002 年 5 月），p.103.原見 "Taijouan missive 25
November 1645," VOC 1149, folio 861.

b.同註 a.見 "Specification of cultivated lands, September 1647," VOC 1164, folio
412.

c.同註 a.見 "Specification of cultivated lands, 1650," VOC 1176, folio 792.

d.程紹剛譯註，《荷蘭人在福爾摩沙》（台北：聯經出版事業公司，2000 年 10 月），
p.362.

e.同註 d. p.394.

---

[118] 程紹剛譯註，《荷蘭人在福爾摩沙》（台北：聯經出版事業公司，2000 年 10 月），p.290.

f.同註 a.見"Specification of cultivated lands, 1654," VOC 1207, folio 724.

g.同註 a.見"Specification of cultivated lands, 1655," VOC 1213, folio 553.

h.同註 a.見"Specification of cultivated lands, October 1656," VOC 1218, folio 458.

i.同註 d. p.496.

j.中村孝志著、北叟譯,〈荷領時代之臺灣農業及其獎勵〉,《臺灣經濟史》,初集,臺灣研究叢刊第 25 種(以下簡稱『研叢(25)』)(台北:臺灣銀行經濟研究室,1954 年 9 月),p.61.

k.Morgen 是當時荷蘭土地面積的單位,在亞洲 1morgen=8,515.79 平方尺。一 Morgen 約等於一「kaa」,中國人乃取其音為「甲」。在臺灣沿至今天,1 甲約等於 9,699 平方尺。見江樹生,〈臺灣經營藍樹藍靛的開始〉,《臺灣文献》,53(4):248.

(四)赤崁地方人禍天災

1652 年赤崁地方發生漢人郭懷一起義失敗事件。是役,該地約有三、四千名漢人遭荷當局屠殺。1653 年突然流行異常猛烈的發高燒與麻疹病,很多人因而病亡,尤其是臺灣南部的居民,更是大量死亡[119]。就在此時的 1653 與 1654 年,福爾摩沙(臺灣)又遭逢猛烈蝗害,當時大員與赤崁的飛蝗從天而降,宛如烏雲蔽日,地面全為蝗蟲所覆蓋。人們恐懼不已,稻穀、甘蔗和蔬菜全被吃光[120]。該年赤崁附近耕地面積計 4,309 甲,較 1650 年的 6,470 甲減少 33.4%。

---

[119] a.中村孝志著、北叟譯,〈荷領時代之台灣農業及其獎勵〉,《台灣經濟史》,初集,台灣研究叢刊第 25 種(以下簡稱『研叢(25)』)(台北:台灣銀行經濟研究室,1954 年 9 月),p.60.見 Campbell, Formosa under the Dutch, p.290.及 Candidius. Discaurs ende cort verhael van't eylant Formosa. (Grothe Archief voor de geschiedenis der oude Hollandsche Zending. Dell 4. bl 164-165.)

b.同註 13,p.64.

c.同註 6,pp.395:397.

[120] a.同註 113a,p.61.見 Dapper. Gednekwaerdig bedryf der Nederlandsche Oost Indische maetschappye. 1670.b1. 19:40-41; Ogilby, Atlas Chinensis. London. 1671. pp.20:39; Ginsel. De Gereformeerde Kerk op Formosa of de lot gevallen eener handelskerk and erde Oost-Indische-Compagnie. 1627-1662. b173.

b.Dapper 著,施博爾、黃典權合譯,〈郭懷一事件〉,《台灣風物》,26(3),p.71.

c.同註 6,pp.403:411-412.

當災難過去後，1655 年時赤崁附近耕地面積計 7,174 甲，1656 年增至 8,403 甲。荷人統治末期，1659 年時耕地面積已高達 12,252 甲。1660 年時為 11,484 甲（約今 13,486 公頃）。

七、荷人防範漢人、醜化漢人、分隔漢番

經由對漢人的沉重剝削與壓榨，荷人從漢人身上獲得大量利潤。荷人也深知漢人的重要性。1649 年時，長官 Nicolaas Verburch 就稱「公司與這島上中國移民之間和諧的關係是非常重要的；他認為中國人是：福爾摩沙島上唯一提供蜂蜜的蜜蜂，沒有這些人，尊貴的公司是無法在此生存的」[121]。

荷人一面壓榨漢人，一面防範著漢人。例如早在荷人鼓勵漢人移民福爾摩沙（臺灣）初期的 1634 年 5 月 9 日，荷人就規定所有中國人均不得在居所持有武器，違者懲辦；1640 年 3 月 28 日續規定，所有人不得以任何方式將我方（荷人）火器交給居民，更不得教導他們操作練習，或售給中國人或其他人，違者槍斃；1642 年 5 月 21 日，荷人再重申並擴充前令，所有中國人帆船在此地（熱蘭遮城）靠岸後，應繳出武器，存放在公司的倉庫，當他們要離開時再行取回[122]。

另一防範漢人的方法，就是設法分隔漢番，也就是管制漢人在番人村落的經濟活動；1641 年 4 月 3 日公告，「所有中國人未獲准許，不得於卑南覓各村或附近各村滯留。違者初犯處以 25 里爾罰金，再犯處以 100 里爾罰金」。兩個月後的 6 月 5 日，續公告「未經我方（荷方）發放許可證，所有中國人不得於任何地方、港口或海灣與福爾摩沙本島（Formosa）當地居民從事交易。違者沒收其載具和承載貨物」。同（1641）年 10 月 8 日，荷方再公告「所有居住北路或南路各村落之

---

121 同註 109，p.102. 見 Generale Missven（總督一般報告），1639-1655， Van der Lijn、Caron、Reniers、Demmer、Barendsz，X，巴達維亞，1649 年 12 月 31 日，391-395.

122 a. 同註 11，p.158.
　　b. 同註 89，p.472.

中國人，應向敬愛的 Robertius Junius 傳教士登記姓名。由本地出發前往各地應先知會 Junius 牧師。居留前述村落期間應於每月 10 日前向傳教士 Junius 領取一張單據，最遲須在當月 15 日前辦理，否則處以 5 里爾罰金」；次（1642）年 12 月 8 日，荷方頒布更嚴厲的規定，公告稱「所有中國人以後不得藉任何理由在北路諸村落—即麻豆與諸羅山以北者—設立任何居所。違者沒收財產，處死。欲在該地從事交易者，應支付 1 里爾取得效期一個月之許可證，以便獲准駐留舢舨繼續交易活動，每個月應換取新證。違者初犯沒收其舢舨與所有承載物，加罰 50 里爾予領主。再犯除上述罰則外並體罰之。南路各村—即大目降迄至福爾摩沙本島（Formosa）最南端處—也不許居留。欲從事交易者，應依前述辦法取得許可」[123]。

　　荷人不但頒布法令，強行分隔漢番，並進一步在土番面前醜化漢人。如前所述，荷人明知漢人勤勉、認真耐勞，並鼓勵漢人移民拓墾。但荷人在各社部落頭目（酋長長老）或代表前，公然稱漢人是下流的；為嚴防漢人入居番社，荷人甚至授權獎勵逮捕未經同意而進入番區的漢人。例如

　　1644 年 3 月 21 日　在赤崁舉行的首次正式北路部落地方集會上，荷人對與會的各社部落頭目（酋長長老）或代表前稱「我們曾經下令，中國人必須遷出大部分的村社，因為他們是下流的人，……」[124]。

　　1647 年 3 月 19 日　在赤崁舉行的第四屆北路部落地方集會上，荷人向與會的各社部落頭目（酋長長老）或代表前稱「所有來他們的村莊或野地交易或來往的沒帶銀牌的走私中國人，都必須告知我們的荷蘭人，然後把那些人確實地帶來此地城堡（熱蘭遮城），屆時將每人賞 5 匹 cangan 布」[125]。

　　1648 年 3 月 10 日　在赤崁舉行的第五屆北路部落地方集會上，荷人向與會各社部落頭目（酋長長老）或代表稱「如果看到沒有佩帶

---

[123]　同註 11，p.163.
[124]　同註 89，pp.247-250.
[125]　同註 89，p.608.

銀牌的中國人來他們的村社交易或出入，他們得以通知荷蘭人之後，隨意將他們捉住送來這城堡（熱蘭遮城），每捉來一個可獲得五塊 cangan 布」[126]。三天後 13 日於赤崁舉行第五屆南路部落地方集會，荷人再次宣達同北路地方集會上所云各點[127]。

荷人統治晚期，荷人甚至頒布形同準戒嚴令而極端歧視漢人的規定，例如 1655 年 7 月 21 日頒布如下禁令，「即任何一個中國人，於晚間九點鐘以後，若沒有提著點亮的燈籠，就不許到街上走過六個房屋的距離。不過，若他們幾個人互相靠在一起走路，則可只共用一盞燈籠。違者罰款一里爾。又任何一個中國人，在上述時間以後，若沒有提著點亮的燈籠，而來到面向這城堡（熱蘭遮城）的該市鎮最前面的房屋，將罰款三里爾」[128]。

八、荷人橫征暴斂壓榨漢人

福爾摩沙（臺灣）島各社部落當時（1620 年代）是處於無文字、貨幣與政府組織的近乎原始狀態[129]，荷當局也認為土番「愚昧無知」[130]。當荷東印度公司初在福爾摩沙（臺灣）大員設立商業據點時，鑒於土番經濟情況不佳，乃無意向土番徵稅[131]。

（一）荷人取消土番貢稅

然而，隨著荷人武力征服的情勢演變，即各社土番陸續完全臣服於公司，荷人乃於武力殺戮告一段落後，於 1643 年開始向卑南、蕭壠、

---

[126] 同註 109，p.11.

[127] 同註 109，p.20.

[128] 同註 109，p.515.

[129] 甘地紐斯（George Candidius）著、葉春榮譯註，〈荷據初期的西拉雅平埔族〉，《台灣風物》，44（3）：204-228. 見 Campbell, William（ed.）"Account of the Inhabitants" Formosa under the Dutch（Taiwan：Southern Materials Center, Inc. 1903），pp.9-25.

[130] 同註 6，p.168.

[131] 同註 27，p.266.見 Missive，G. F. de Witt G. Generael P. de Carpentier，VOC 1087.fol 391v-392r.

麻豆、哆囉嘓、諸羅山、大武壠、目加溜灣、新港及大目降等各部落每年徵稅〔例如每年繳納四張鹿皮（或二張水鹿皮）或 20 斤稻子〕，作為各社部落承認荷人統治的象徵[132]。對於抗拒不肯繳稅的部落，則以武力征服，例如臺灣位於東北部宜蘭的 Socher-socher 及 Kakitapan（奇立板）兩社（後者超過 130 座屋舍，裡面堆滿稻子和黍），荷人於 1644 年 9 月 22、23 日出兵征伐該二社，放火將兩個村落的屋舍（及其屋裡所堆存的糧食）燒成平地。荷人自詡「這樣，這兩個村社將會牢牢記住我們這趟出征，並且會相當悲傷」[133]；又例如 1645 年時，荷人在臺灣北端的三貂和金包里徵稅，於強烈威脅要燒燬他們三十座屋舍後，才收到貢稅[134]。

試問？荷人這那是徵稅？這簡直是強盜嘛！再說，當時荷人在臺不過千餘人（其中約 700 人是士兵），主要是駐紮大員及其附近，遙遠東北部的宜蘭與北端三貂等地的原住民，干荷人何事？荷人憑什麼去徵稅？究竟是什麼原因使得荷人不遠數百里的強盜般地北上去徵稅？更何況對仍處於近原始狀態的福爾摩沙（臺灣）土著如此徵稅，是不符經濟效益的。其中原委，荷人藉著一年一度的地方集會（1646、1647），再三坦告各社土番稱，公司要各社部落年年繳納貢稅，不是為了那些東西的價值，因為那些貢稅的價值對公司而言（或云與公司的支出相較），是微不足道的。公司徵稅的主要唯一目的，是要確認各社部落對荷人的服從和情誼[135]。換言之，荷人是欲藉向各社土番徵稅，以彰顯其對福爾摩沙（臺灣）的主權。然而，這種抽象的主權觀念，對仍處於近原始狀態的福爾摩沙（臺灣）各社土番，合理推斷，是難以深入理解。因此，荷人自是不會為了區區的貢稅，而惡化與各社部落的關係。1648 年 3 月 10 日，荷人自動地於第五次地方集會上

---

132 同註 89，pp.177：188：199.
133 同註 89，pp.360-361.
134 同註 89，p.423.
135 同註 89，pp.496：603.

宣佈，取消各社部落一年一度的貢稅，希望各社能更加服從公司[136]。

（二）荷人對漢人橫征暴歛

對於漢人，在海上，荷人早在福爾摩沙（臺灣）大員南部堯港、打狗與大員北部魍港等海域，對前來捕漁的戎克船，徵收烏魚什一稅[137]；在陸地上，荷人在其強力控制的地區，早在 1629 年 7 月 28 日時，就規定進口中國酒要向公司繳納什一稅[138]。1630 年 2 月時，則重申在目加溜灣與麻豆村落或附近居住的所有中國人，每三個月要至大員一次，領取新的人頭稅單[139]。1634 年 5 月 19 日，公司公告規定燒製磚塊（在大員市鎮及赤崁）要繳納什一稅[140]。接著的 1635 年夏，在臺荷人於巴達維亞所派 475 名援軍抵達福爾摩沙（臺灣）大員勢力鞏固後，自是（1635）年底開始對土番發動一系列的血腥屠戮，動輒將數千人土番部落村社屋舍糧倉燒成灰燼的殘酷手段，強迫各社土番獻出土地。當時，荷人藉著與麻豆等各社土番所簽訂的如下條款「我們對……，以及在平原地帶進行鹿皮等貿易的中國人不予以任何擾亂和傷害，隨其所願任他們通行，……」[141]，從而藉以向在福爾摩沙（臺灣）陸上的漢人徵稅。

隨著荷人勢力的鞏固及對土著一系列的血腥征服，荷人開始對在福爾摩沙（臺灣）的漢人徵收各式各樣的稅與市場獨佔，例如：

1635 年 4 月 18 日　不得出口或出售鹿皮等任何皮貨予他人，必須集中售予公司。（違者）沒收該批皮貨[142]。

1637 年 2 月 2 日　所有中國人於出口鹿肉、大鹿皮、羊皮或獐皮

---

[136] 同註 109，pp.6：20.

[137] 同註 20，pp.80-81：128-143：194-196：275-281.

[138] a.同註 20，p.391.

　　　b.同註 11，p.141.

[139] 同註 20，p.15.

[140] 同註 11，p.146.

[141] 同註 43.

[142] 同註 11，p.143.

前，必需繳納什一稅，違者全部沒收[143]。

1638 年 5 月 6 日　公司公告，重申有關徵收中國燒酒進口的什一稅[144]。

1638 年 5 月 31 日　公司以中文和荷蘭文公告，在熱蘭遮市鎮（大員市鎮）的房屋買賣，買方與賣方都要向公司繳納什一稅[145]。

1639 年起　公司對進口的鹽，徵收什一稅[146]。

1639 年起　公司開始徵收間接稅，也就是將稅權標售予出價最高的承包者。例如，是（1639）年 12 月 20 日，公司將一年期限的屠豬並在市場販賣豬肉權，代（公司）徵收烏魚的什一稅權、烏魚子權、鹿肉出口權、及中國燒酒進口權等標售租予出價最高的漢人[147]。

1639 年 8 月 13 日　所有中國人不得任意採收甘蔗或將其運至大員食用，應將甘蔗全部煉製成糖，製成白糖後不得任意出售，應將其全都供給公司。違者除沒收其全部甘蔗與蔗糖外，並視情節懲處[148]。

1640 年 8 月 1 日　自即日起，公司開始向漢人徵收每個月 0.25 里爾（即 60 仙 cent）的人頭稅，違者處以 5 里爾的罰款[149]。

1641 年 4 月 17 日　所有舢舨除（每月）應繳納 0.5 里爾，也應繳納漁獲什一稅[150]。

1642 年　公司每月徵收採蚵執照費、每月徵收舢舨費[151]。

1642 年 3 月 29 日　所有中國人自其他任何地方進口稻穀，每 100

---

[143] 同註 11，p.141.

[144] 同註 20，p.391.

[145] 同註 20，p.394.

[146] 同註 3，p.131.見"Report by Nicolaes Couckebacker in the ship De Rijp，8 December 1639，" VOC 1131， folio 304.

[147] a.同註 89，p.463.
　　 b.同註 3，pp.149-154.

[148] 同註 11，p.162.

[149] a.同註 20，p.473.
　　 b.同註 95，p.19.
　　 c.同註 11，p.147.

[150] 同註 11，p.145.

[151] 同註 3，p.148.原見 1.KB ms 70A 40，folio 135. 2."Taijouan resolution 18 December 1642，" VOC 1141，folio 466-467.

袋稻穀須繳稅 5 袋、或 100 擔須繳稅 5 擔。(違者)沒收其全部稻穀[152]。

　　1642 年 4 月 30 日　所有人於繳納正式什一稅前不得輸出或輸入薪材。違者除沒收其薪材外，並罰款 20 里爾[153]。

　　1642 年 6 月 25 日　所有人於繳納什一稅前，不得將赤崁的糖漿、蔗汁或類似物品裝運上船出口。（違者）沒收其裝船之糖漿或蔗汁，並（罰款）20 里爾[154]。

　　1643 年 3 月 11 日　所有人於此地或其他荷方所轄地區往來進出口的貨物，不得隱匿任何應繳予公司規定的什一稅或其他稅項。（違者）沒收其隱匿之貨物，並罰款 100 里爾[155]。

　　1643 年 8 月 21 日　公司決議以後對在雞籠與淡水提煉過的硫磺，都必須繳納什一稅。此外，對所有進口的穀物，無論是米、小麥、麵粉、豆子等，都要繳納什一稅[156]。

　　1643 年 9 月 25 日　公司決議，將來計畫要在福爾摩沙（臺灣）種植稻米的所有中國人，都須繳納什一稅[157]（1643 年底，公司已經徵收到北邊大部份的稻米課稅[158]）。

　　1644 年 5 月 1 日　起將通告中國人，為了增加公司的收入，對運來（大員）市鎮及運往與土番交易的所有黑糖、中國蠟燭、煙草、Arack 酒、油、魚油、各種油脂、福爾摩沙（臺灣）籐、珊瑚以及其他諸如此類的商品和雜貨，都必須繳納所得的什一稅給公司[159]。

　　1644 年　公司開始將部落村社、湖泊、河流等租予出價最高中國人（為期一年、供其貿易）（亦即承包部落稅權、或稱贌社）；同樣地，公司也將米作什一稅權租予中國人承包[160]。

---

[152] 同註 11，pp.143-144.

[153] 同註 11，p.148.

[154] 同註 11，p.144.

[155] 同註 11，p.144.

[156] 同註 89，p.188.

[157] 同註 89，p.197.

[158] 同註 89，p.225.

[159] 同註 89，p.259.

[160] a.同註 3，pp.150-162. 1644 年首次標售部落村社的承包稅權。見"Taijouan missive 25

1645 年 7 月 20 日　公司決議，以後向每一艘舢舨每個月徵收 10 Stuyvers（即 50Cent、半荷盾）[161]。

1647 年　公司將各漁區也租予漢人承包[162]。

1648 年　公司開始徵收薪炭稅（即冬天購薪柴煤炭升火取暖時要繳稅）及通行稅（即舢舨通過二仁溪時要繳稅），並將此兩種稅權委由中國人承包[163]。

1650 年　公司再進一步開始徵收藍靛稅（將種植過藍靛的田地標售予中國人經營）與衡量稅（官方設置專門的衡量所，於每次秤重貨物時收費），並將其稅權委由漢人承包[164]。

由上述資料可知，荷人是絞盡腦汁，向漢人徵收各式各樣的稅費，除了主要物品如烏魚、鹽、鹿肉、酒、稻米等要徵進出口的什一稅外，漢人每個月還要繳交人頭稅、採蚵執照費、舢舨費，另外還有承包各種項目如在漁區捕魚、秤重貨物、宰豬販賣豬肉、購薪柴煤炭取暖等稅費，甚至連過二仁溪也要抽稅。

不但如此，荷人更以將整個部落村社、湖泊、河流等，以每一年為期，標租予漢人供其貿易的方式，實施雙重收稅。因為漢人既然已以高價標得在部落村社的貿易權利，但漢人在部落村社所購（或所獵）鹿肉出口時，又須再支付 10%的什一出口稅[165]；上述將與土番整個部落村社貿易權利標租予出價最高的漢人承包方式，1645 年時其租金為 4,771 里爾，隨後每年驟增。1650 年時達 64,680 里爾，六年間（1645-1650）增加 13.5 倍，連荷人在其內部的「東印度事務報告」中都自稱，無法想像中國人還有什麼利潤可取[166]〔同期間

October 1644，" VOC 1148， folio 259.

　　b.同註 6，pp.276：283-284.

[161] 同註 89，p.437. 原見（63） VOC 1149， 885-886.

[162] a.同註 3，pp.176-177.

　　b.同註 6，p.291.

[163] 同註 3，pp.150：177-178.

[164] 同註 3，pp.178-180.見"Taijouan resolution 8 July 1650，" VOC 1176， folio 839-844.

[165] 同註 3，p.158.

[166] 同註 6，pp.276：326.

（1645-1651），荷人在兵力配置僅增加 34.5%，即由 701 人增至 943 人[167]〕，由此可見荷人榨取之狠。果其不然，超過常理的過高租金，使承包商近乎破產。1651 年 6 月時，標得部落村社貿易權的承包商，無法償付上（1650）年度租金的尾款，公司只有同意減租。1651 年時租金即降為 40,070 里爾[168]。

（三）荷人對漢人加徵人頭稅

對漢人另一沉重的賦稅，就是每月繳交的人頭稅。以郭懷一抗荷事件一年後的 1654 年為例，該年大員商館全年租金總計 89,141 里爾，其中在部落村社貿易權的租金，一年共 30,970 里爾、漢人人頭稅全年 36,300 里爾（每月 3,025 里爾）、在赤崁屠宰生豬 2,200 里爾、在大員屠宰生豬 1,500 里爾、大員的市秤量處 5,350 里爾、大員海岸的各漁區 1,900 里爾，在赤崁耕地上糧食作物的什一稅 10,921 里爾[169]；1655 年時，大員商館全年租金總計 84,571 里爾，其中在部落村社貿易權的租金全年共 20,880 里爾，漢人人頭稅全年 39,600 里爾[170]。也就是說，漢人人頭稅佔荷人大員商館在福爾摩沙（臺灣）所有稅收的比例，1654 年達 40.7%，1655 年時更高達 46.8%。

（四）漢人所繳稅賦十二年間增加 15.8 倍

荷人據台前期，大體而言，福爾摩沙（臺灣）大員商館大多年年虧損，自 1647 至 1659 年止，大體上雖年年盈利（除 1653 年 5 月 1 日至 1654 年 4 月 30 日），惟期間差距頗大。例如 1647 年盈利 f.596,898.06.05，1656 年僅盈利 f.117,513,08.06，各年盈利差距頗大[171]，

[167] 同註 6，pp.264：337.

[168] a.同註 6，pp.335-336.

　　b.同註 3，pp.168-169.

[169] 同註 6，p.418.

[170] 同註 6，pp.443-444.

[171] 同註 6，pp.56-551.

亦即貿易情形相當不穩。然而，大員商館總收入中來自福爾摩沙（臺灣）當地的收入（例如輸出鹿皮稅收、發給捕魚許可證的收入、屠宰稅收、出租部落村社收入、人頭稅收及各類稅收等）[172]，時常是該年大員商館贏利的主要部份。例如 1652 年（1651 年 9 月 1 日至 1652 年 9 月 30 日）大員當地收入為 f.302,180.14.12，贏利為 f.341,435.18.10[173]，前者佔後者的 88.5%。1653 年（1652 年 10 月 1 日至 1653 年 8 月 31 日）此一比例為 84.3%[174]。

　　如就絕對值而言，大員商館每年來自福爾摩沙（臺灣）的當地收入，1639 年（1638 年 10 月 1 日至 1639 年 9 月底）僅 f.24,494,05.08，往後大體逐年增加，1650 年時達 f.388,311.19.09[175]，亦即增加 15.8 倍。荷人這些從福爾摩沙（臺灣）所獲得的財富，可說是全部直接壓榨漢人所得。但同期間（1639-1650）在臺漢人人口增加僅約 87.5%〔1639 年時在整個福爾摩沙島（臺灣）的漢人約 8,000 人[176]、1650 年時約 15,000 人[177]〕。換言之，在短短的十二年間（1639-1650），在福爾摩沙（臺灣）漢人人口雖僅增加 87.5%，不足一倍，但荷人榨自漢人的獲益卻增加 15.8 倍。由此可見，當時漢人被壓榨得是何等之慘。荷人這種以徵收稅費為名的沉重剝削，終於激發了漢人反抗的郭懷一事件。

九、郭懷一抗荷事件

　　1640 年 8 月 1 日起，荷蘭聯合東印度公司開始向在福爾摩沙（臺灣）的漢人徵收每人每月 60 仙（60Cent、即 0.25 里爾）的人頭稅。這一直接賦稅到底有多沉重呢？1644 年荷大員當局就其在福爾摩沙（臺灣）種植藍樹製造藍靛（一種藍色染料）情形，向荷巴達維亞總

172　同註 6，pp.190：276：443.

173　同註 6，p.351.

174　同註 6，pp.390-391.

175　同註 6，p.327.

176　同註 6，p.212.

177　同註 6，p.325.

督上呈的乙份會計報表內記載，當時荷人所僱十名中國人的薪資是每人每月一里爾，一名中國人廚師的薪資是每月二里爾[178]。換言之，荷人向漢人徵的人頭稅，約相當於一名工人月薪的四分之一，一名廚師月薪資的八分之一。那時荷人徵收如此重的稅，當然相對地，荷公司並沒有提供類似今日現代政府所謂的國民中小學義務教育、勞動保險、醫療保險或養老年金等制度，故此一人頭稅，可說是相當於每個月替荷人白做四分之一的苦工，這對漢人而言是何等沉重的剝削。1651年時，荷人為籌集熱蘭遮市鎮的建設費用，將原來向漢人徵收的 60 仙人頭稅，調漲至 70 仙，增幅高達 16.7%。這項措施更加激發了漢人的怨恨[179]。

（一）荷人欺壓漢人太甚

就徵收人頭稅的方法而言，荷人也是極盡欺凌漢人之能事。當時，荷公司士兵在各地是以非常粗暴的方式查緝人頭稅。例如 1646 年 3 月 27 日，據荷人熱蘭遮城日誌的記載，「因為已有一段時間，我們數次聽到怨言，說我們的士兵與其他荷蘭人在赤崁的鄉下遇到中國人時，常常攔住他們要檢查他們的人頭稅單。遇到這種狀況，那些可憐的人，無可懷疑地，好幾次因為害怕（無論有沒有犯錯）都會讓他們帶走幾隻山羊，這種事情他們寧可違心地支付，也不想被帶來此地（為避免造成他們很大的阻礙）」。因此決定，將在告示中通告，將來他們不必向任何人出示他們的人頭稅單，只須向經授權帶有特別標誌的人檢查[180]；1649 年時，中國贌農向荷人抱怨公司的士兵在收稅和分發人頭稅單時，態度粗暴。議會承諾將注意改善[181]；1650 年，公司稅務

---

[178] 江樹生，〈台灣經營藍樹藍靛的開始〉，《台灣文獻》，53（4）：244-247. 見 VOC 1147. vol.459-460.

[179] a.同註 13，p.59.

　　b.同註 95，p.19. 見 Nicolaes Verburg 呈總督函，21-11-1651， VOC 1183， fol 904bv， Nicolaes Verburg 台灣意見書，10-3-1654， VOC 1206， fol. 233.

[180] 同註 89，p.509.

[181] 同註 109，p.102. 見 Generale Missiven（總督一般報告）1639-1655， Van der Lijn， Caron，

官派出荷人士兵，不分白天或晚上、不分田間或民宅（尤其是夜間闖入家裡），搜捕未繳人頭稅的中國人[182]。士兵於每月執行搜捕行動時，濫用他們的權力，勒索中國人或對中國人施暴，從而激起中國人對荷人的憎恨[183]。長官 Nicolaes Verburg 對此情形是心知肚明，並稱（1650年 12 月 31 日）「……。因此，最好是將控制他們（在臺漢人）的繩索稍稍放鬆，比拉的太緊而爆發危機更好」[184]（1650 年時，Verburg 禁止士兵於夜間搜捕未繳人頭稅的中國人[185]）；然而，1651 年 10 月 10 日，幾名當地著名的漢人和頭家（Cabessa 閩南語「頭家」是老板的意思）至福爾摩沙議會全體會議上，持陳情書述說，「士兵和代理稽查官的部屬，於檢查人頭稅單時，對此地各處鄉下的一般農夫，橫行霸道，又敲詐勒索，已到無法忍受的地步，因此懇請制定一個良好又永久的命令，使得將來在夜間和出外時，他們的房屋不再被那些人藉口臨檢人頭稅單而侵入、偷竊，人也再被踢、被打，等等」[186]；1652年，在臺漢人曾揚言，公司欺人太甚，希望中國能在福爾摩沙（臺灣）增加勢力[187]。

（二）郭懷一率眾起事

荷人對漢人殘酷粗暴地壓榨，終於激起漢人的反抗。1652 年 9 月 7 日下午，有七名中國人頭家，驚慌失措地趕到大員面見長官 Verburg，報告他們獲悉，在赤崁阿姆斯特丹（Amsterdam）地區的郭懷一（Gouquan Fayit、為當時著名的土地開發者），秘密組織人馬，

Reniers, Dammer, Barendsz, X, 巴達維亞，1649 年 12 月 31 日，391-395。

[182] 胡月涵（Johnnes Huber）著、林偉盛譯，〈中國移民對抗荷蘭東印度公司：1652 年台灣的郭懷一事件〉，《台灣文獻》，53（3）：108-109. 見 Verburg 長官與議會給總督與議員的信，1650 年 12 月 31 日，VOC 1176. fol. 937v-938v.

[183] 同註 176，p.109. 見 Reniers 與議員，決議錄，1651 年 4 月 28 日，VOC 673.

[184] 同註 176，p.109. 見 Verburg 長官與議會給總督與議員的信，1650 年 12 月 31 日，VOC 1176. fol. 937v-938v.

[185] 同註 176，p.110. 見 Verstege 與議員，決議錄，1651 年 10 月 10 日，VOC 1182f. 178r.

[186] 同註 109，p.268.

[187] 同註 7，p.45.

預定當天舉事（或許準備攻打大員）。Verburg 等立即在傍晚太陽下山前，完成熱蘭遮城的各項預防措施，另並派精幹專人率四名士兵前往，會同地方官 Bailiff Jan van Aeldorp 立刻騎馬前赴阿姆斯特丹地區探查。當他們到達該地區附近時，發現那裡聚集了如螞蟻般的中國人，正準備舉事（他們手持末端燒削成尖的竹竿、有些人拿著鋤頭、少數人持船槳、但多數人手持用於收割穀物的鐮刀），暴動已勢在必行。該名精幹專人約於是晚半夜時，趕返大員報告此一消息。由於事態緊迫，人心惶惶，許多人攜妻帶兒，哀號地要求進城（熱蘭遮城堡）。公司不得已，只有准許一些婦女可入城避難[188]。

郭懷一於 9 月 7 日當天夜晚舉事，進攻赤崁，焚燒赤崁房屋並行掠奪。天亮拂曉時分，漢人高喊「殺死荷蘭狗！」的口號，攻擊普羅汶蒂亞（Provintia），焚燒搶掠房屋和財物，各處被打死的逃散荷人共八人及若干黑人。那時，長官 Verburg 派上尉 Hans Peter Schiffely 率 120 名公司的火槍隊前往鎮壓。當時漢人（約 4,000 人以上）湧向海邊配合那裡的人，試圖阻止荷軍登陸。由於海岸平坦，船隻無法靠岸。荷軍士兵乃下船，在齊腰的水中前進，用毛瑟槍迎擊，僅用一個半小時就渡水到赤崁，大約早上 11 時終於登陸，立即組織力量向起事的漢人開火，迫使起事者自普羅汶蒂亞的街道後退。由於起事者都是未經訓練及無作戰經驗的農民，其中除若干人有槍械外，其餘都是以竹竿、鋤頭、鐮刀等為武器，而荷人則是訓練有素並配備槍械的軍隊。故荷軍排開陣勢，一經接仗，起事漢人立即潰散四處逃竄[189]。

---

[188] a.同註 6，pp.356-357.
　　b.同註 176，pp.118-119.　見 VOC 1194 ff. 121r-127r.
　　c.村上直次郎日文譯注、中村孝志日文校註、程大學中文翻譯，《巴達維亞城日記》，第三冊（台中：台灣省文獻委員會，1990 年 6 月），p.121.
　　d.同註 3，p.171.
[189] a.同註 6，pp.356-358.
　　b.同註 176，pp.120-121.　見 VOC 1194 ff. 121r-127r.
　　c.賴永祥譯，〈郭懷一驅荷革命的一記錄〉，《台灣史研究-初集》（台北：自刊，1970 年），pp.160-164. 原譯自 John Ogilby： Atlas Chinensis. 1671. London. pp.37-39.
　　d.同註 182c，p.121.

（三）荷人大肆屠殺漢人

在此期間，長官 Verburg 下令新港、蕭壠、麻豆、大目降及目加溜灣等社土番，帶著他們的武器趕赴赤崁地方支援荷人，另也下令南部地方，組織千人在桌山附近備戰。同時，荷人也承諾，將以花布（Cangans）及其他衣服酬謝土番；9 月 9 日清晨，340 名新港人已開始出擊，其他來自蕭壠、麻豆及其他部落的土番也抵達赤崁地方，跟在荷軍的後面行軍追擊，兩天內約殺了 500 名漢人（他們大多是躲藏在甘蔗園或是其他的農田裡）；11 日，荷人獲悉約有四、五千名漢人，聚集離普羅汶蒂亞約五里地方小山脈下的大山谷；12 日，荷軍與土番共約 600 人進發該地。兩陣交鋒，漢人初始雖揮舞綁在竹竿上的無數旗子，勇敢地衝向荷軍，但在荷軍每排八名火槍手輪番開火四次後，漢人放棄抵抗，倉皇逃跑。土番見此情形，乃直追殺戮漢人。當時，該地留下約二千具漢人的屍體。是役，荷人將所掠奪到的所有起事漢人的補給品、牛車、營房等物品放火燒掉後，於 13 日傍晚返回普羅汶蒂亞[190]。

整個暴亂前後持續 12 天，約有三、四千名漢人喪生（其中有一些是無辜的）。荷人徹底平定了這次叛亂。起事領導者郭懷一逃亡時，被一名新港人用箭射中，荷人將其頭顱懸掛在城堡前的木桿上。此外，荷人於交戰中及戰後共捕獲六名漢人首領，經嚴刑拷打供稱，郭懷一於起事前曾許諾，打敗荷蘭人後將與眾人同分所得財物，而且不需再繳納人頭稅，另還宣稱中國將出援軍 3,000 條帆船和 30,000 人，全副武裝，預計於陰曆 15 日（即 9 月 17 日）在打狗仔登陸，攻佔大員城堡和整個福爾摩沙（臺灣）等語[191]。

---

e.同註 7，pp.45：61.

[190]　a.同註 6，p.358.

b.同註 176，pp.121-122. 見 VOC 1194 ff. 121r-127r.

[191]　a.同註 6，pp.358-359.

b.同註 176，pp.117：122-123. 見 Verburg and Council， ibid.， ff.132r-v. and VOC 1194 ff. 121r-127r.

（四）郭懷一事件的影響

在這次大屠殺中，荷人以許諾每顆漢人人頭可獲賞一匹布的獎勵方式，動員新港、蕭壠、麻豆、大目降和目加溜灣各社土番，大肆屠殺漢人，計共殺戮 2,600 名漢人。荷人也信守誠諾地賞賜土番共 2,600 匹布[192]；對於漢人，荷人也略調整其做法。為避免在徵收人頭稅時漢人遭受荷人士兵的虐待，荷人乃於次（1653）年公開將人頭稅，以每月 3,100 里爾的價格外包出去（也就是由漢人承包商徵收，而非由荷人直接徵收人頭稅）。此舉，荷人認為「中國人極為滿意」[193]。與此同時（1653），荷人為了防止再次發生類似的農民暴動，為有效管制漢人移民住區及不安份子起見，乃在赤崁地方以磚石建造新城堡，命名普羅汶蒂亞城[194]。

在中國方面，當荷人大肆屠殺在臺漢人的消息傳到福建，鄭成功部下「相當痛心」成千上萬的同胞在臺遭到荷人屠殺，而向當時因遭暴風雨船難正滯留在該地的數名荷蘭人扔擲石頭，並呼叫 Ammokau（閩南語為「紅毛狗」），以洩心中之恨[195]。九年後的 1661 年 4 月 30 日，當鄭成功大軍經鹿耳門在臺灣本島 Smeerdorp（油村）登陸時，有很多漢人推著車子在那裡等候，幫助明鄭大軍把武器、頭盔、鉄甲等物載往赤崁[196]。

---

[192] a.同註 6，pp.366-367.

b.同註 176，p.102. 見長官 Verburg 給十七董事的信，1652 年 10 月 30 日，VOC 1194 f. 164a；長官 Verburg 及議會給總督及議員的信，1652 年 11 月 24 日，VOC 1194 f. 164r.

[193] 同註 6，p.391.

[194] a.同註 26a，p.123. 原引自〈被遺誤的福爾摩沙〉。

b.同註 7，p.45

[195] 同註 176，p.113. 見 Paulus Olofs： Rotman. Kort Verhael and d Avonluerlicke Voyagien en Reysen van Paulus Olofsz. Rolman. Zeylende van Batavia nah et Eylant Tywan. Op het Fluytschip De Koe（《Paulus Olofsz. Rotman 由巴達維亞到大員島旅遊遊記》）Gerrit v. Goedesbergh.

[196] 同註 8，p.22. 見熱蘭遮城日誌，1661 年 9 月 7 日條。

十、結論

「荷蘭東印度公司」經過半個世紀的經營，1650 年代時該公司的商館有日本長崎、福爾摩沙（臺灣）大員、東京（北越）、班達、美洛居（印尼東部之摩鹿加群島）、安汶、巴達維亞（印尼首都雅加達）、占碑、亞齊、漢剌加（麻六甲）、暹邏（泰國）、錫蘭（斯里蘭卡）、科羅曼爾德（Coromandel）、赫爾德里亞（Geldria 印度東海岸港口）、蘇拉特（印度西北部港口）、波斯、模里西斯等[197]。作為荷人在東方眾多商館之一的福爾摩沙（臺灣）大員商館，其目標與其他商館一樣，就是為公司創造利潤，並且是不惜一切手段的追求利潤。根據荷蘭「聯邦議會」於 1602 年所授予特許狀（Octrooi）的規定及「聯邦議會」後續數次所公佈的指令（Instructie），「荷蘭東印度公司」在各地的商館，享有極大的自治權，其在各地所施行的單行法律，只要不危及公司的商業利益，則不需呈送回荷蘭（對當時的母國荷蘭總公司而言，最重要的是會計帳務及相關的商資料）[198]。因此，各地商館的行政，可分為三類：

1. 公司與各地訂立一般條約相互合作的貿易區。
2. 公司與各地王公締結排他性條約的貿易區，例如安汶。
3. 公司自行征服的貿易區，例如福爾摩沙（臺灣）、班達[199]。

一般而言，公司愈是依條約與駐地對手確立商業關係者，其運作就愈接近單純的商館；如果公司對駐地各方面所能控制的程度愈強，其運作就愈接近政府[200]。因此，就「荷蘭東印度公司」在日本的長崎商館而言，可說是一個正常經貿商館的運作；但就臺灣的大員商館而

---

[197] 同註 6，pp.403-404：452-453：520：535.

[198] 同註 56，pp.13-15：50-51.

[199] 同註 56，p.19. 見 1.Gaastra, Femme S. *De geschiedenis van de VOC*, Leiden： Walburg pers. 1991. p.70. 2.Meilink-Roelofsz, M. A. P./Raben, R./Spijkerman, H. ed. De archieven van de Vernigde Oostindische Companie/ The Archives of the Dutch East India Company （1602-1795）, 's-Gravenhage： Sdu Uitgeverij 1992. p.25.

[200] 同註 56，p.19.

言，經由對土番血腥的一系列征服，其在臺運作的方式與政府統治類似。

十七世紀那個時代，歐洲海上強權的荷蘭，冒海上風濤之險，不遠萬里之遙來到東方，其核心動機就是為了營利，其工具就是獲有荷政府授予可從事征戰權的「荷蘭東印度公司」，其方法就是不計一切手段的斂財獲取利潤以供應母國。因為，荷人自萬里海外之遙的歐洲遠抵今日南洋與福爾摩沙（臺灣），如果僅為從事取決於供需法則的一般經貿，則荷人在南洋與臺灣立足後，大可就地與當地土番及漢人從事經貿即可。然而，荷人卻在今日南洋與福爾摩沙（臺灣）等許多地方，以武力征服並殖民各地，在其對各地土著的征服殺戮過程中，荷人是絕不心慈手軟。例如為了控制今印尼東部班達的豆蔻，荷人於1621年對15,000名班達土番進行慘無人道的種族滅絕屠殺；至於對臺灣各社部落土番，荷人於1635-1642年的八年間，先後征服麻豆、目加溜灣、蕭壠、搭加里揚、小琉球、虎尾壠、東螺、大巴六九等各社部落土番。在征服的過程中，除殺戮外，每次更是放火將各社土番數千人或數百人賴以為生的存糧、屋舍燒成灰燼始罷。臺灣冬季天寒雨濕，數千人冬天無糧可食、無屋可居，土番餓死、雨淋凍寒染病致死者不知凡幾？其間，1636年時荷人對約1,200名臺灣小琉球島民，是進行種族滅絕式的屠殺。在如此殘酷的征服殺戮下，各社土番只有向荷人請降。

土番一旦請降，荷人立即迫使各社土番簽訂其願將所有一切獻給荷蘭聯省共和國的執政官，包括其祖先流傳下來及其東至高山西至大海及南北轄地現居地方的定型式降約。然而有學者從法律制度上約定的角度切入，認為荷蘭當局其對「荷蘭東印度公司」所僱人員，是僱用契約的關係，對各社土番則是公司與各社土番所締結的協約關係。然而，前者本質是具有非暴力下的自願的性質，後者是在血腥屠殺暴力下，各社土番被迫與公司所簽訂的降約，不但是降約，而且是完完全全出賣部落一切所擁有的降約；然而，當時臺灣各社土番是仍處於無文字、貨幣、不知日月及各社語言相異的近於原始狀態，各社土番

何能理解「荷蘭聯省共和國」？何能理解「荷蘭聯省共和國的執政官」？很顯然地，荷人目的在於以各社土番所簽的上述降約，取得當時歐洲文明定義下臺灣每寸土地的所有權，從而俾其在這片遙陌生的土地上，從事利潤最大化的掠奪式壓榨。

　　解析荷人所留當時檔案，可知荷人在臺對土番與漢人是實行一地兩制的殖民統治。對於各社土番，荷人眼中，認為他們「愚昧無知」，經濟情況不佳，但卻自 1643 年開始向各社土番徵稅，甚至勞師動眾，派兵至臺灣東北宜蘭地方徵稅，以彰顯其對各社土番的統治象徵。換言之，荷人是欲藉向各社土番徵稅，以彰顯其對福爾摩沙（臺灣）的主權。然而，荷人所征的微薄貢稅，與其所費人力不成比例，不符經濟效益，且因以武力強行徵稅，也惡化其與各社土番的關係。再者，各社土番當時是處於無文字與貨幣的近乎原始狀態，合理推斷，他們是難以理解荷人所欲彰顯的歐洲主權觀念。因此，荷人於 1648 年主動宣佈取消向各社土番徵稅；另一方面，在宗教文化信仰上，荷人絕非溫良恭儉讓地在臺辦校傳教，而是迫害傳承土番部落傳統文化的神職人員尪姨（Inib、女祭司），不但將他們驅逐原部落，流放他鄉，並禁止尪姨傳承土番的原有宗教文化。荷傳教士一面摧毀土番原有宗教，一面將各社土番的情報提供給荷在臺當局，併曾深入參與荷人對土番的征伐與殺戮，一面設立簡易教會學校，除以利誘外，更輔以刑罰。雖然，曾任福爾摩沙（臺灣）大員長的荷人 Verburg 也自知道，沒有人願被武力逼迫而信奉某些宗教，但荷人仍憑藉武力與暴力對土番從事強制性的傳教工作，進行改變其宗教信仰的思想改造教育，俾從文化思想心靈上，徹底地征服土番。

　　對於漢人，因漢人具固有的漢文明與佛道宗教信仰，荷人難以對漢人進行改變其宗教信仰的思想改造，但因漢人勤勉耐勞，故對漢人是以課徵各種各樣稅賦的方式，壓榨不遺餘力。初始，荷人對來台從事貿易及於近海捕魚的漢人徵稅。此外，荷人不准各社土番擾亂及傷害前往進行鹿皮等貿易的漢人，然後再向從事出口鹿肉、鹿皮貿易的漢人徵稅；另一方面，荷人認為漢人勤勉、認真、耐勞、好勝，且福

爾摩沙（臺灣）天然環境適宜栽種，為了使福爾摩沙（臺灣）能生產整個東印度公司亞洲駐地荷人所需的米和糖，及為了使福爾摩沙（臺灣）成為荷人在東方殖民地的糧倉，荷人約自 1630 年代中期，開始鼓勵漢人移墾福爾摩沙（臺灣）。故荷人鼓勵在臺漢人拓墾，其動機是為了荷人利益。

與此同時，荷人開展對漢人橫征暴歛地徵收各式各樣的稅賦。整個 1640 年代（除 1649 年外），是年年課征新稅，最後漢人連過河（二仁溪）也要繳稅。尤其是在繳了各種各樣的稅後，還要繳納相當於一名普通工人月薪四分之一的人頭稅，這是何等的沉重。故至 1650 年代初（1652、1653），大員商館的贏利中，取自福爾摩沙（臺灣）的本地收入，約佔大員商館贏利的 85% 以上。而荷人這些從福爾摩沙（臺灣）所榨取的財富，可說全部直接榨自漢人。尤其是在短短的十二年間（1639-1650），荷人以徵稅方式榨自漢人的財富增加 15.8 倍，但同期間在臺漢人卻增加不足一倍（僅增加 87.5%）。因此，所謂在臺建立商品化經濟，將臺灣納入世界貿易體系，實在是美化荷人在臺的殖民統治。事實上，在荷人未來臺灣之前，漢人與土番間早就存在市場機制的貿易，而所謂將臺灣納入世界貿易體系，應該是說將臺灣納入荷人全球殖民的壓榨經濟體系，才符合實情。當時，漢人不但是被壓榨的對象，而且是被壓榨得如此悽慘，怎能說臺灣是「荷蘭人統治下的中國殖民地」，或是荷人與中國人在臺共同殖民；至於說荷據時期是荷人殖民當局與中國企業家在臺灣的經濟活動是一種「非正式的合作」，那更是天方夜譚。試問，自 1630 年代末始，整整十餘年，荷人針對漢人年年片面頒布新征課稅的嚴酷規定，那有徵得或非正式地徵得漢人企業家的同意、或與漢人企業家非正式地協商。而 1652 年，漢人企業家郭懷一就是無法忍受荷人的壓迫而率眾起義。是役，荷人更是屠殺三、四千名漢人（當時在臺漢人僅約 15,000-20,000 人），亦即在臺漢人約每五人就有一人遭荷人殺害，手段可說是極其殘酷。

回首十七世紀上半葉，經由檢視荷人留下的那個時代的原始檔案，發現荷人在儘力追求公司利潤的核心動機下，荷人據台殖民的那

段歷史真相與本質，豈只是漢人遭課重稅的盤剝史，而是土番與漢人遭荷人殘酷屠戮與橫征壓榨交錯的血淚史。

鄭成功與清初臺灣國族認同內化之歷史意義

我國自古是一多民族多省籍組成的偉大國家，遼闊的疆域形成各地繽紛多姿的地方文化，惟在秦始皇一統天下後的書同文政策下，我國有了共同使用並流通的漢字。精緻優美古典並與時俱進的象形表意方塊漢字是中華文化的血緣基因，其符碼化的特性超越時空，建構了博大幽深宏偉的中華文化體系。就空間而言，漢字承載了地域性的巴蜀文化、江浙文化、嶺南文化或閩南文化等，傳承了全國性的歷史記憶，更形塑了數千年來中華帝國車書一統提封萬里的大一統意識。

一、鄭成功確保臺灣入版圖

閩南地方位於我國東南沿海，負山抱海，自古地靈人傑，「南閩之人，天資多有聰慧，機智多有明敏」，其所孕育的閩南文化具有多元、開放、包容等特性，與我國各地地域文化同步源遠流長。因時空機緣關係，閩南文化成為 17 世紀我國東南海域（包括臺灣）範圍流布廣泛，影響深遠的地域文化；鄭芝龍於鄭成功七歲時就將他自日本召返故鄉福建南安，閩南文化生活圈孕育鄭成功的閩南地方氣息。惟鄭成功的年少教育階段，也接受了傳統的中華儒家教育，國學程度極佳，體現數千年的王朝歷史典籍及其價值體系，使鄭成功內化認同中國大明朝的正統性，何況他也曾赴外省南京就學，又身受南明隆武皇帝的蓋世國恩，故鄭成功可說是集閩南傳承與中華文化於一身，是當時全國範圍政治菁英的明日新星。

（一）鄭成功東遷臺灣的劃時代歷史意義

鄭成功東遷臺灣是我們中國第一次將政權入駐臺灣，開啓臺灣進入中國「國家治理」的新時代。在此之前，黃宗羲《賜姓始末》中雖記載崇禎年間，鄭芝龍「招饑民數萬人，人給銀三兩，三人給牛一頭，用海舶載至臺灣，令其芟舍開墾荒土為田。厥田惟上上，秋收所獲，

倍於中土。其人以衣食之餘，納租鄭氏」（日後鄭成功承接其父之在臺稅收權利，1651 年時在臺荷人發現國姓爺鄭成功，居然仍年年向澎湖與臺灣魍港地方的中國人收取賦稅），但未設官治理；至於荷蘭、西班牙的佔領，後者僅佔據 16 年就遭荷蘭人驅離臺灣，前者荷蘭人據台 38 年（1624-1662），惟「荷蘭聯合東印度公司」（Verenigde Oostindishe Compagnie, VOC）本質上是一家公司，為追求公司的商業利潤，該公司在臺灣主要是從事海商殖民橫徵暴斂的經濟壓榨。

鄭成功則不但率南明政權的吏、戶、禮、兵、刑、工六部官員東遷（六部相當於今天的內政部、財政部、教育部、國防部、司法部、經濟部等部門，是屬於中央政府職能的行政部門），並且還在臺灣設一府二縣，承天府、天興縣與萬年縣，這是我國政府的首次治理臺灣；另一重要歷史意義，是政治上的大規模移民。鄭成功東遷臺灣是大規模集體強制性政治移民，一次性移民 25,000 人，幾乎全部是閩南漢人，雖然遷台初期因糧荒饑饉約有半數病歿（鄭成功旋於次年病逝），但其子鄭經續於 1664 年初率官兵及眷屬約六七千人抵台，加上鄭成功入台前臺灣已有漢人約 25,000 人，使當時漢人在以今天臺南市為核心向南北擴張的廣濶平原，相對於土著各個部落形成人口上的壓倒性優勢，不但鞏固南明政權，也使漢族閩南文化根生臺灣。

（二）去荷蘭化

「荷蘭聯合東印度公司」殖民臺灣 38 年間，除以血腥殺戮征服全島土著各個部落，續之以威逼利誘方式強行推動全面改變土著信宗教信仰。為此教化目的，荷人不但在臺灣廣設教堂，實施基督教教育，編造土著拼音文字（例如新港文），甚至推動荷蘭語教學，要土著放棄原有名字，改用荷蘭化的姓名。

明鄭東遷與之前漢族庶民的來到臺灣不同，這次政權的東遷，經由政權體現行政力量，不但引入政府組織的高階漢文化，並因漢族的強大勢力，使明鄭政權有能力同步地進行「去荷蘭化」。鄭成功於 1661

年 5 月抵台後，除「親臨蚊港，相度地勢，並觀四社（新港、蕭壠、麻豆和目加溜灣）土民向背如何」以懷服土番外，並實施「去荷蘭化」；荷蘭方面記載，是年 8 月中國人強迫命令新港土著，所有採用荷蘭人名字的人，必須選擇改回他們的父親或朋友的名字，違者重罰。

　　次（1662）年 6 月 23 日，鄭成功在臺灣逝世。斯時「東寧初開，南北二路之猶尚夷習（荷蘭習俗），相沿侈靡，等威無別。成功方欲遣官敷教，會疾革，不果。是至，鄭經以政為審理正所，巡訪其地。所至，毀淫祠（拆毀荷據時期所遺教堂）、崇正道、定制度、別尊卑、民悉心向化，知所率循」。

（三）中華文化生根臺灣

　　在那個改朝換代的大動盪時代，不乏德高望眾的儒臣及知名文人隨鄭成功的南明政權東遷來台。鄭成功於 1661 年 4 月率大軍東征臺灣時，曾舉兵抗清之崇禎舉人徐遠孚（江蘇華亭人）就隨軍入台；鄭成功抵臺後，知道十年前（1651 年）攜眷買舟赴泉遇颶風飄泊至台的太僕少卿沈光文（1612 年生、浙江鄞縣人）仍在臺灣，「大喜，以客禮見，時海上諸遺老，多依成功入臺，亦以得見公為喜，握手勞苦。成功令麾下致餼，且以田宅贍公」。當時，鄭成功在臺大軍乏糧，約有半數官兵因糧荒饑饉病歿。在如此艱困條件下，鄭成功不但禮遇沈光文，且給予沈光文生活照顧，這充份體現鄭成功重視文化的一面。惟鄭經執政時，沈光文因作賦嘲諷時政，幾至不測，逃避結茅於羅漢門山中以居。或以好言解之於經，得免。山旁有目加溜灣社（臺南善化），沈光文於其間教授生徒，不足則濟以醫。

　　斯時，明朝孤臣王忠孝（崇禎戊辰進士、福建泉州惠安人）於 1664 年同宿望名儒盧若騰（崇禎進士、福建同安人）到台，沈佺期（崇禎癸未進士、泉州南安人）亦入台（王忠孝 1666 年卒於台、沈佺期 1682 年卒於台）。這反映當時因明鄭政權的遷臺，使得一批文化人追隨來臺。

文化的傳播，個別的文化人雖有其影響，但要擴大覆蓋面向下紮根，則仍需政權機制的制度化推動。1666 年 2 月，鄭經在臺灣「建立先師聖廟（即清初的臺灣府學），旁置明倫堂。又各社令設學校延師，令弟子讀書。議兩州（天興州與萬年州）三年兩試，照科、歲例開試儒童。州試有名送府，府試有名送院。院試取進，准充入太學，仍按月月課。三年取中式者，補六官內都事，擢用陞轉」。兩個月後，鄭經「以陳永華為學院、葉亨為國子監助教，教之養之，自此臺人始知學」。換言之，鄭經完全將明朝內地的科舉教育制度移植臺灣，從而使中華文化在臺灣紮根。

（四）鄭成功之國族歷史定位

關於對鄭成功的歷史定位，因為鄭成功是處於明亡清興的社會大變動時代，受限於當時改朝換代的政治情境，新興清政權為建構其政權的正當性及合法性，不得不視各地的殘明抗清勢力為叛逆，在官方文書與記載中，不乏以海逆、海賊、海寇、鄭逆、偽鄭等詞定位鄭成功；此外，地方志或族譜亦不乏負面記載，鄭成功國姓大軍（因給養無著），乃於福建及東南沿海地方，劫掠拷問，搜括靡遺，賊（鄭軍）退之后，哭聲遍聞。

但就中華文化的高度定位，論者無不肯定鄭成功的忠義氣節。例如黃宗羲頌揚鄭成功「自緬甸蒙塵以後，鄭氏以一旅存故國衣冠於海島，稱其正朔」。凌雪讚鄭成功「寧違父志，不肯負國」。劉獻廷稱鄭成功以「一旅之師伸大義於天下，取臺灣存有明正朔於海外者將近四十年，事雖不成，近古以來未有也」。夏琳認為鄭成功「終身尊奉正朔，以兩島抗天下全力，威振宇內，從古未有也」，及其孫鄭克塽納土輸誠，夏琳亦云「自賜姓起兵，迄世孫凡三世，奉永曆正朔三十七年，至是降；而明朔亡」；鄭成功的忠義氣節，康熙皇帝於全國統一后亦立足於國族高度予以肯定，康熙 39 年（1700 年）詔曰「朱成功系明室遺臣，非朕之亂臣賊子」。

（五）鄭成功確保臺灣入版圖

「天下分久必合」，明清內戰狀態不可能無限期延長，內戰終有盡頭。誠如距大清統一兩岸僅 20 餘年之《臺灣外記》作者閩人江日昇所云，臺灣「地將靈矣，欲入為中國之邦，天必假手一人為之倡率，如顏思齊者是為其引子。紅毛者（荷蘭人）是為其規模。鄭氏者，是為其開闢，俾朝廷修入版圖，設為郡縣，以垂萬世「。

大哉言！歷史雖不能重現，但可事後合理推斷。若非鄭成功東渡臺灣，前清盛世將臺灣修入版圖，臺灣勢將為荷蘭人長期持續佔據，其結果將誠如施琅的分析，臺灣「原為紅毛（荷蘭人）住處，無時不在涎貪，亦必乘隙以圖。一為紅毛所有，則彼性狡黠，所到之處，善能蠱惑人心。重以夾板船隻，精壯大，從來乃海外所不敵。未有土地可以托足，尚無伎倆；若以此既得數千里之膏腴復付依泊，必合黨夥竊窺邊場，泊近門庭。此乃種禍後來，沿海諸省，斷難晏然無慮。至時復動師遠征，兩涉大洋，波濤不測，恐未易再見成效」。

回首歷史，鄭成功率大軍遷台，是對岸首批數萬人的一次性政治大移民，開啟臺灣劃時代的改變。就現代國族歷史高度觀之，鄭成功將明鄭政權東遷臺灣具有「開臺聖王」地域性與「延平郡王」之全國性的雙重歷史意義，前者體現鄭成功在臺灣開拓新天地，後者體現鄭成功延續南明政權與中國明朝中央正朔在臺灣的治理，及中華閩南文化延至並覆蓋全島，使中華文化生根臺灣，俾朝廷修入版圖。誠如近代名人張學良將軍《謁延平祠》所云，鄭成功「豐功豈在遵明朔確保臺灣入版圖」。

二、明鄭納土輸誠

1681 年 3 月 16 日，鄭經在臺灣病逝，侍衛馮錫範聯合反鄭克𡒄的勢力政變，將之隘殺，於四天後的 3 月 20 日擁立其年僅 12 歲的女婿鄭克塽（鄭經次子）繼位。斯時鄭克塽年僅 12 歲，由其岳父馮

錫範與劉國軒掌握實權，惟以劉國軒恃威妄殺，稍有閒隙，全家屠戮，人人思危。姚啟聖獲悉後，認為此乃天亡海逆之時，乃於 1681 年 7 月 4 日奏請乘機攻取臺灣。

（一）清鄭澎湖決戰

1681 年 9 月 10 日，康熙帝任施琅為福建水師提督總兵官加太子少保，前往福建，到日即與將軍、總督、巡撫、提督商酌，剋期統領舟師進取澎湖臺灣。康熙續於 1682 年 11 月 4 日諭令「施琅相機進剿，極為合宜」，12 月 1 日施琅率舟師北上興化平海。12 月中旬後，林賢等四鎮總兵官帶領官兵船隻及各協營船兵，俱亦陸續集結，總計官兵約 21,000 名，配置大小船隻 230 餘艘。1683 年 1 月下旬，施琅率軍兩度開駕出征，惟均因風向改變而中止。

1683 年 6 月中旬，康熙催促施琅進兵臺灣。7 月 8 日上午 8 時左右，福建水師提督施琅率領官兵約二萬餘人及大小戰船約 240 艘，自銅山（今福建省東山島）出海，浪靜風順；1683 年 7 月 16 日澎湖血戰一鼓平南；此役，鄭軍慘敗，船隻沉失 190 餘艘（也就是 95%的明鄭海軍被摧毀），焚殺溺死約 12,000 人，降清者計官 165 名、兵 4,853 名。又 7 月 10 至 16 日間，清軍水陸官兵陣亡者計 329 名，負傷者計 1,800 餘名，由於均悉被砲火所傷，致死亡者甚多。

（二）基層：不殺 5,000 降附鄭軍官兵、惟宣朝廷德意

對於 5,000 餘名的降附鄭軍官兵，施琅不殺一人，並賞明鄭鎮營以袍帽，給眾以銀米，濟帶傷者以醫藥，且盡釋所俘士卒歸臺灣，對其中傷殘的 800 餘名鄭軍，施琅則給以糜粥酒食，遣醫為彼等裹傷敷藥，並召見之，云汝等欲歸乎，眾皆叩頭言「逆天宜死，得不死足矣，安望歸」。施琅告以「不然，汝一軍盡沒，父母妻子必謂汝等已死，日夜悲汝，余縱汝歸，復見父母妻子，寧不甚樂！朝廷至仁如天，不得已而用兵，降即赦之耳，汝今歸，為我告臺灣人速來降，尚可得不

死，少緩，即為澎湖之續矣！」，諭畢即遣舟歸之；被釋東返的明鄭官兵 5,000 人對施琅莫不感泣，歸相傳說，東人由是各思歸順。

（三）上層：折箭立誓厚結劉國軒

斯時，自澎湖敗歸之劉國軒，已是心膽俱寒，憂沮無復戰意。此外，施琅並於降俘中訪得劉國軒的親信（當係曾蜚）厚結之，遣其轉告劉國軒謂「我決不與為仇，他肯降，吾必保奏而封之公侯，前此各為其主，忠臣也。彼固無罪，吾必與之結姻親，以其為好漢也」，施琅為此並折箭立誓；由於人心瓦解，適施琅遣原國軒副將曾蜚前來招撫，劉國軒意逐決降。

（四）龐大船隊抵台受降，施琅禮賢劉國軒

10 月 1 日，施琅配置水陸官兵 3,000 名、大小船隻 30 餘艘留守澎湖後，乃親率 10,000 名以上官兵，乘百艘左右的龐大船隊自澎湖出發，10 月 3 日抵臺灣鹿耳門，鄭克塽派小船前來接引入港，劉國軒與馮錫範率領各明鄭文武官員到軍前迎接，並悉於 10 月 8 日剃髮，施琅乃逐一分發袍、帽、外套、靴全副。

斯時，劉國軒見施琅時下拜，施琅卻與同拜，劉曰「今日國軒俘虜耳，提督胡謙抑至此」。施云「敬君好漢」，劉謂「好漢尚至此乎」，施琅稱「此君所以為好漢也，他人不明白，欲斷送一方人性命，惟君明智，知吾勢不可敵，天命有歸，保身全國，所以為好漢也」。

三、國族認同內化之政治舉措

1683 年 7 月 16 日澎湖決戰。9 月 17 日，聖祖康熙頒佈諭旨，承諾若鄭克塽等「果能悔過投誠，傾心向化，率所屬偽軍民人等悉行登岸，將爾等從前抗違之罪盡行赦免，仍從優敘錄，加恩安插，務令得所，煌煌諭旨，炳如日星，朕不食言」。

（一）君臣信守承諾、南人心向祖國

施琅 10 月 3 日登陸，施琅與劉國軒見面僅一個星期，在其 1683 年 10 月 9 日（康熙 22 年 8 月 19 日）上呈的〈舟師抵台疏灣〉密件公文中，施琅信守承諾，不埋沒劉國軒的歸誠之功，以密件方式上奏康熙皇帝，如此推荐劉國軒稱「劉國軒決意傾心，以生死聽命於朝廷，免貽害生靈。此其人毅然慷慨，見機力主歸命，遂使我師不用戰攻，而得全國，其功亦不少。倘荷皇上寬恩，授以爵秩，當有可見效之才也」。

1684 年 4 月，康熙帝以施琅督兵進剿，劉國軒首先歸命，持授直隸天津總兵官，以示優眷，又因嘉劉國軒海外倡率歸誠，且孤身遠來，故於常例之外，特賜其白金 200 兩、表裏 20 疋、內廄鞍馬一匹，以示異數，次年復特賜第宅，俾有寧居。嗣鄭克塽等至北京，康熙帝念其納土歸誠，授鄭克塽為漢軍公、馮錫範為漢軍伯，俱隸上三旗，並令撥給房屋田地。

（二）康熙善待功臣、「勉為朕鎖鑰天南，後二十年許卿再覲耳」

當施琅平台捷音抵京，聖祖立即於 1683 年 10 月 29 日諭兵部，「施琅着加授靖海將軍，封靖海侯，世襲罔替」：1688 年夏，福建提督靖海侯施琅入京陛見，時年 68 歲，康熙命皇室親族、侍衛、附馬及禮部諸大臣，設供帳三迎途次，陛見暢春苑，復對乾清宮，溫旨慰勞，並諭之日「邇來或有言爾恃力驕傲者，朕亦頗聞之。今爾來京，又有言當留勿遣者。朕思寇亂之際，尚用爾勿疑，況天下已平，反疑爾勿遣耶，今命爾復任，自此宜益加敬慎，以保功名。從來功高者，往往不克保全始終，皆由未能敬慎之故。爾其勉之，更須和輯兵民，使地方安靜，以副朕愛兵恤民並保全功臣至意」。施琅奏日「臣年力已衰，封疆重大，恐精神不堪」。聖祖云「為將尚智不尚力，朕用爾以智耳，豈在手足之力乎」。

　　1693 年，施琅再次赴京朝見，當時施琅已高齡 73 歲，康熙念其步履稍艱，特命侍臣扶拜賜坐奏對。施琅因此奏稱「臣衰老，請解海疆重任」，聖祖康熙溫諭再三謂「朕用汝心，非用汝力，勉為朕鎖鑰天南，後二十年許卿再覲耳」，施琅拜恩，復繼任福建水師提督乙職，直至去逝。

　　斯時，台地明鄭官民幾乎均與鄭氏家族一樣為福建民人，施琅不對鄭氏復仇，勢必有助於穩定當時在臺大陸閩民人心，及增強彼等對祖國的向心，亦即對臺灣平穩內附全國統一有非常貢獻。故 1698 年 月日（康熙丙子三月二十一日）施琅去逝時（76 歲），當時已係施琅平台 15 年之後，且人死燈滅，身前榮華權勢恩怨亦俱已雲消煙散，然而康熙皇帝以天子之尊，在其所頒〈敕建碑文〉（1698 年 9 月 15 日、康熙 37 年 8 月 12 日立）中，盛贊施琅「排群帥以密陳，乘南風而破浪，六月于邁，一鼓而平，四十餘年之巨孽悉除，三十六島之殘黎皆悅，戢兵而惟宣德意，受降而不復私仇，調度周詳，朕深嘉嘆」，而對施琅不計私仇，惟宣德意之為國胸襟，予以崇高評價。

（三）禮賢下士：明鄭知識份子認同統一

　　康熙 22 年（1683 年），大清兵下臺灣，鄭克塽輸誠納土，全國統一。清政府禮賢下士，是時「諸遺臣皆物故，公（沈光文）亦老矣。閩督姚啓聖招公，辭之。啓聖貽書訊曰：管寧無恙？因許遣人送公歸鄞（浙江寧波）。公亦頗有故國之思，會啓聖卒，不果。而首任諸羅令季麒光（江蘇無錫人縣）賢者也，為之繼肉繼粟，旬日一候門下，時耆宿已少，而寓公漸集」。沈光文（太僕少卿沈光文、1612 年生、浙江鄞縣人、時年 72 歲）乃與寧國韓又琦、西安趙行可、無錫華袞、鄭廷桂……等以詩會友，並於 1685 年結社成立「東吟社」，是臺灣歷史上第一個詩社，其詩集名為《福臺新詠》（統一五年後的 1688 年，沈光文卒於諸羅，葬於縣之善化里東堡，故論者有云沈光文是中華文化在臺灣的最初傳播者）。

（四）臺灣人參與國家治理-實施內地一體化之科舉考試

實施與內地一體化相當於今天高等公務員考試的科舉考試，並予優惠保障名額。1686，首任分巡台廈道周昌（遼陽人），鑒於臺灣既入版圖，推廣文教自為海天第一要務，因臺民盡屬南閩之人，天姿多有聰慧，機智多有明敏，一經學問化同時雨，故宜廣其功名之路，鼓舞作興英才，因此建議寬予臺灣名額。是（1686）年，清廷幾完全從周昌所請，寬予臺灣取進文童生學額計 56 名。1687 年，清廷准福建臺灣府鄉試另編字號，額外錄取舉人 1 名，以鼓勵士子。

至於土番部落教化，臺灣府首任知府蔣毓英（錦州人）於 1684 年在臺灣縣東安坊設「社學」二所，在鳳山縣土墼埕設「社學」一所，教育番童。諸羅縣第二任知縣樊維屏（山西蒲州人）亦於 1686 年在受荷蘭人教化頗深的新港、目加溜灣、蕭壠、麻豆等四大社各設「社學」一所[1]；十年後的 1697 年，郁永和（浙江仁和）來台記述「歷新港社、嘉溜灣社、麻豆社雖皆番居，然嘉木陰森，屋宇完潔，不減內地村落。余曰『孰謂番人陋，人言寧足信乎』顧君曰『新港、嘉溜灣、毆王、麻豆，於偽鄭時為四大社，令其子弟能就鄉塾讀書者，蠲其徭役（免其應服勞役），以漸化之』」。1710 年代，北路營參將阮蔡文（福建漳浦）於巡視淡水時，即召「社學」番童與語，能背誦四書者即贈予銀布以表揚之。

（五）重視臺灣史-建構天下一統的國族認同

編輯臺灣地方志，掌握臺灣修入版圖的歷史話語權，於抽象的思想領域，形塑建構中國兩岸一統的國族認同。首任知府（1684-87）蔣毓英（錦州人）早於 1680 年代中后期修《臺灣府志》，福建分巡臺灣廈門道（1692-95）兼理學政高拱乾（陝西榆林衛人）則於 1694 年修《臺灣府志》，臺灣府知府周元文續於 1710 年重修《臺灣府志》。

---

1 高拱乾，《臺灣府志》，台灣文獻叢刊第 65 種，台北：台灣銀行經濟研究室，1960 年 2 月，pp.32-33.

無疑地，清初重視臺灣歷史，官方再三以公權力編纂《臺灣府志》，自當藉重本地菁英參與修志，例如高拱乾編纂《臺灣府志》時，就網羅臺灣本地菁英舉人王璋（臺灣縣人）、貢生王弼（臺灣縣人）、陳逸（臺灣縣人）、黃巍（鳳山縣人）、馬廷對（諸羅縣人）、監生馮士瑝（諸羅縣人）、生員張銓（臺灣縣人）、陳文達（臺灣縣人）、鄭萼達（臺灣縣人）、金繼美（臺灣縣人）、張紹茂（鳳山縣人）、柯廷樹（鳳山縣人）、張僊客（鳳山縣人）、盧賢（諸羅縣人）、洪成度（諸羅縣人）[2]。這些臺灣本地菁英的參與修志，形塑官方修志建構臺灣史的政治正當性，並凝聚臺灣菁英的國族認同；尤有甚者，斯時康熙亦令外國傳教士的繪製臺灣地圖的影响，使歐洲海上強權各國亦承認臺灣屬於中國。

（六）善待功臣降將與鄭氏家族、並對鄭成功政治平反

1693 年 11 月，劉國軒去逝，除予祭葬如例，並贈其為太子少保。

1698 年施琅去逝（76 歲），康熙皇帝於 10 月 14 日、10 月 17 日、10 月 19 日連下三道諭祭文〈諭祭第一次文〉、〈諭祭第二次文〉、〈諭祭第三次文〉，給予施琅高度的政治尊榮。

1700 年（康熙 39 年），對鄭成功的忠義氣節，康熙皇帝（49 歲）立足於國族高度予以肯定，康熙詔曰「朱成功係明室遺臣，非朕之亂臣賊子，敕遣官護送成功及子經兩柩歸葬翔南安，置守塚，建祠祀之」（依漢人習俗），亦即在政治上肯定鄭成功的明室遺臣「延平郡王」的身份。

二百年後 1919 年日本學者丸井圭治郎所撰《臺灣宗教調查報告書》的記載，當時全台以「開臺聖王」鄭成功為主神祭祀的廟宇就有 48 座，分佈遍及台北、新竹、台中、南投、嘉義、臺南、阿猴（屏東）、花蓮和宜蘭等地（這還不包括以鄭成功為陪祀的廟宇）。此一事實，

---

[2] 高拱乾，《臺灣府志》，台灣文獻叢刊第 65 種，台北：台灣銀行經濟研究室，1960 年 2 月，p.13.

具體說明臺灣民眾不但未視鄭成功為「外來政權」，反而是以神格化的尊崇方式，將鄭成功內化為臺灣這塊土地的一部份，內化為我們中華閩南文化的一部份，內化為我們中國全國歷史記憶的一部份。

　　日據末期曾在臺灣工作的日本記者伊藤金次郎敘述，日據時期日本人以其優越的民族感，歧視臺灣民眾，認為這些在臺灣的中國人都是海盜的後裔及在中國本土混不下去無賴漢的後裔。對這樣的歧視，引起臺灣民眾極大反感和痛恨，因為臺灣人認為自己是源自黃帝有純正家系與血脈的漢民族，臺灣居民祖先主流是追隨明朝孤臣、忠誠無比的鄭成功的部隊來到臺灣，其中不乏德高望眾的儒臣及知名文人，故臺灣民眾以鄭成功為榮。

　　康熙皇帝一系列的政治工作，撫平明亡清興的最後治政治傷痕，建構明亡清興天命所歸的國族認同，不但「南人不復反，願棄翔于堯天，知聖朝之寬厚，必治于」，同時完成了臺灣修入版圖，臺灣屬於中國的國族認同教化。

日據殖民在臺近代化建設本質及其影響

　　近二十年來，臺灣分離主義者執政，為推廣其「去中國化」的臺獨史觀，乃不遺餘力地建構日據時期「日本統治肯定論」。例如稱「馬關條約—臺灣命運的轉折點，透過日本帝國統治，臺灣展開近代化建設與發展」[1]。臺灣前總統李登輝稱「回顧過去，臺灣的近、現代化之所以能成功，日人不惜生命地支援、奉獻，居功厥偉」[2]。在臺頗有名氣的奇美集團董事長許文龍則發自內心地稱「我們讀歷史時，必須站到公平而客觀的立場加以批評，絕不可有如教科書所說的「日本人榨取了臺灣人」這樣單方向思考法[3]。至於現今臺灣歷史學界，甚至有論者不但從界定勾勒「近代化」、「現代化」的理論建構，膚淺地片面肯定日據時期日人對臺灣「現代化」的貢獻，還更進一步地淡化祖國晚清在臺推動近代化的努力，並畫龍點睛地視臺灣先賢懷慕中國大陸的「祖國」為「敵國」[4]。

　　這對不久前僅是上個世紀，先人曾遭大肆屠殺與壓榨的被殖民者，例如中國大陸東北、韓國、新加坡等地區，如此片面肯定殖民者統治，是不可思議的！在臺灣，歷史學界對日據歷史詮釋，不乏欲藉肯定日人治台併同步地「去中國化」，甚至仇視五十年間臺灣先賢以生命相許保衛的「祖國」為「敵國」，從而建構「臺灣國」主體意識的「臺灣史觀」。此一史觀正潛移默化地在改變許多臺灣居民及其下一代，對日據臺灣歷史本質上的錯誤認知。

　　在近代史上，有關近現代化的動態發展過程，主要是以經濟發展運行之相關基礎建設、工業化與經濟發展為動力，帶動整個社會的近代化，故筆者以此為主軸，探討日據殖民時期臺灣近代化的本質。

---

[1] 薛化元，「馬關條約—台灣命運轉折點」，玉山周報，2009 年 5 月 20 日，p.05.

[2] 李登輝日文原著、蕭志強漢譯，『武士道』解題，台北：前衛出版社，2004 年 2 月，p.93.

[3] 許文龍，「台灣的歷史」，黃越宏，觀念-許文龍和他的奇美王國，台北： 商周文化公司，1996 年 5 月，p.378.

[4] 陳君愷，「台灣的近代化蛻變-日治時期的時代特色及其歷史意義」，林麗月主編，近代國家的應變與圖新，台北：唐山出版社，pp.329-351.

一、日據殖民在臺的近代化建設

在探討片面肯定日本殖民統治對台現代化的貢獻前,吾人先客觀檢視日人在臺施政。日人據台五十年,歧視壓榨台人無所不用其極,惟從未想到有朝一日會因戰敗而將臺灣歸還我國,故也將臺灣視為「帝國」的一部份,以其強大國力及先進科技,慘淡經營此一「新領的殖民地」。雖然日人在臺的建設,其目的並非為臺灣人民,但日人戰敗離去,其在臺的軟硬體近代建設成果,也就留在臺灣。此外,臺灣是否工業化取決於日本帝國發展的需要與設計。對日人而言,對日人而言,臺灣殖民地對日本的貢獻,主要是提供日本工業化後所短缺的糧食,日本靠從臺灣輸入廉價的米糖,平抑物價,壓低工資,以加速累積資本與擴充工業。因此,在「工業日本、農業日本」的政策下,使臺灣發展米糖的單一耕作(monoculture)農產品,末期因南進軍事需要,為便於提供日軍的軍需補給品,方在臺灣推動軍需補給工業。因此,日人在臺重點置水利、電力、交通等方面。

故日據末期 1940 年代初鐵路營業里程為 900 公里,公路里程達 18,000 公里。1944 年發電裝置容量高達 317,288 千瓦,全台已完成發電所 34 處;在農業方面,日人在臺興建桃園大圳、歷時十年(1916-1925)、灌溉面積 2.2 萬甲,嘉南大圳亦歷時十年(1920-1930)、灌溉面積約 15 萬甲。1927 年時臺灣灌溉排水面積佔耕地總面積之比率達 47.4%,另並改良稻作品種,增加耕地面積。1930 年代開始大量施用化學肥料,完成近代農業的綠色革命。1939 年時臺灣農業人口佔當時臺灣總人口的比例首次低於 50%。興建高雄與基隆南北兩港,港內面積分別為 1.55 和 0.95 平方公里,均可泊萬噸船艘。

在軟體方面,1943 年臺灣人小學學齡兒童就學率已達 71.3%。此外,日人在臺灣建置近代的縣市鄉鎮各級政府組織、金融體系、司法體系、郵政體系和農會體系,與詳盡的戶政、兵役、地籍等檔案資料,臺灣可說在 1940 年代初已邁入初期的近代社會。

二、基礎建設本質艱辛

　　如果僅視前述的基礎建設，也的確如李登輝所言「日人不惜生命地支援、奉獻，居功厥偉」。以日月潭第一水力發電工程的興建為例，日人於 1919 年 8 月成立「臺灣電力株式會社」（即今「臺灣電力公司」前身），旋積極致力於建造日月潭第一水力發電所，惟時停時興，1928 年決定再行續工，1931 年底正式復工，並於 1934 年 7 月竣工，先後歷時十五個寒暑。期間，日人曾克服種種惡劣自然環境，包括瘧疾、黑水病、恙蟲等疾疫侵襲，施工鐵路更是僅靠台車及小電車為運輸工具，終於完成臺灣電力史上劃時代的鉅大工程。

　　基礎建設本質艱辛，我們中國人建設臺灣也很艱辛，只是遭蓄意「淡化」遺忘。例如早在 1874 年我國在臺開闢北路（蘇澳至花蓮港北岸長約 115 公里、續延至吳全城）、中路（自南投竹山橫貫中央山脈至璞石閣長約 150 公里）與南路（鳳山至卑南約 105 公里、射寮至卑南約 120 公里）。當時北路蘇澳至奇萊，疊嶂叢林，素皆人跡不到，登高以眺東澳，其間大濁水、大小清水一帶，峭壁插雲，陡趾浸海，怒濤上擊，眩目驚心。吳全城（花蓮壽豐鄉）該處初闢，叢莽積霧，天日蔽虧，一交夏令，疫氣流行，兵勇染病甚眾。南路崑崙坳至諸地葛，荒險異常，上崖懸升，下壑智墜，山皆北向，日光不到，古木慘碧，陰風怒號，勇丁相顧失色。當時開路所經之地，皆為重山峻嶺的原始森林，故開路者深入窮荒，披斬荊棘，艱辛異常。據統計，僅是 1874 年 12 月至 1875 年 5 月的半年間，因衝犯瘴癘病故與禦番狙擊陣亡傷故者就約 2,000 人左右，亦即為執行國家開闢山區道路，建設臺灣，許多丁勇官兵都為臺灣犧牲並埋骨臺灣。但在「去中國化」的政治正確下，他們的事蹟未能依比例原則地被肯定，更遑論有從臺灣地方領導人的政治高度予以肯定。

三、日人近代建設的壓榨本質

關於對日人在臺從事近現代化建設的顛倒正義價值頌揚，嘉南大圳可說是經典案例。奇美董事長許文龍對日人在臺的農田水利建設，尤其是嘉南大圳，更是推崇備至[5]。前總統李登輝稱讚「工程師八田與一從大正九年（1920）起花費了十年間建嘉南大圳，在廣闊的嘉南平原建立偉大的水庫及大大小小的水道，肥沃了近十五萬公頃的土地，而使近百萬人的農家生活豐裕起來」[6]。

如果歷史是膚淺地僅就工程技術面敘述嘉南大圳的興建，極易使人誤解日本殖民政府厚我台民良多，但只要稍試深入分析，就知日人狠毒的一面。據統計，就日據時期台米輸日量佔台米年產總量的平均值而言，1921-25 年間已達 26.4%，1926-30 年間增至 35.0%，1931-35 年間為 45.7%，1936-38 年間則高達 50.5%，1939-40 年間亦達 40.3%。就臺灣平均每人每年稻米消費量而言，1920 年代前期（1921-25）較十年前（1911-15）減少 6.4%，然而甘藷消費量卻增加 16.2%：1931-35 年間，較二十年前（1911-15）減少 16.0%，但甘藷消費量卻增加 33.9%：1936-38 年間較三十年前（1911-15）減少 23.1%，甘藷消費量卻增加 38.1%[7]；另據日本銀行 1966 年所出版的日本經濟百年統計 Hundred-Year Statistics of the Japanese Economy，前述臺灣平均每人每年可用稻米消費量，1910 年代時為 130 公斤，1930 年代減至 100 公斤，也是減少 23.1%[8]。

日據時期，1936-38 年間與 1911-15 年間相較，農業現代化的結果、台米總產量增加 2.07 倍、人口僅增加 1.57 倍，亦即臺灣米糧增產

---

[5] 許文龍，「台灣的歷史」，黃越宏，觀念-許文龍和他的奇美王國，台北：商周文化公司，1996 年 5 月，pp.377-378.

[6] 陳華坎，「送給李登輝的桂冠裡藏著日人的驕傲」，新新聞，384 期，1994 年 7 月 17-23 日，pp.88-89.

[7] 戚嘉林，台灣史，自刊，p.1379.

[8] Samuel P.S. Economic Development of Taiwan, Yale University Press, 1978. p.96. 原見 Bank of Japan, Hundred-Year Statistics of the Japanese Economy（Tokyo. 1966）, pp.354-355.

遠高於人口成長的情況下，臺灣人卻因臺米大肆輸日，需大幅減少米食，而大量增食甘藷果腹；如果臺米是依市場經濟自由買賣輸出，臺農豈不家家富裕，怎會淪落到甘藷消費量較日據初期增加 38.1%的慘境。因為，臺米輸日過程是全部先經由臺灣總督府收買，再經由總督府經手輸出，未經總督府辦理的輸出均予禁止。因此，臺灣人不但未因嘉南大圳的興建，米穀增產，而增加福祉，反而是生活欲加窮困。此一先人悲慘歷史真相，論者不但未敢強力批判日本殖民政府在臺推動現代化的壓榨本質，反而顛倒黑白地肯定頌揚日人在臺的殖民統治，這對臺灣先人情何以堪（1930 年代日本本土日本人的平均每人每年可用稻米消費量，是臺灣人的 1.6 倍[9]）。

　　此外，就產業的比較而言，桃園大圳興建工程費 774 萬圓，嘉南大圳工程費 5,412 圓，二者合計雖達 6,186 萬圓。但 1920 年時，全台排名前五大的日人製糖公司（臺灣製糖、大日本製糖、明治製糖、鹽水港製糖、東洋製糖），其當年總利潤卻高達 7,600 萬圓。換言之，單是日人在臺排名前五大製糖公司（1915 年時此前五大日人製糖公司的糖產量佔該年全台糖產量的 76.1%）的一年總利潤，即為桃園大圳與嘉南大圳兩工程費合計的 1.2 倍[10]。這種單一產業數家公司的天大巨額利潤，在近代任何國家均是難以想像的，該巨額利潤是獲自對臺灣蔗農的殘酷壓榨與剝削。

四、日人工業日本的殖民本質

　　日據時代，日本在臺完成近代農業的綠色革命，為增加生產，日人竭力提倡使用肥料，1938 年臺灣稻作化學肥料使用量平均每年高達

---

[9] Samuel P.S. Economic Development of Taiwan，Yale University Press，1978. p.96. 原見 Bank of Japan，Hundred-Year Statistics of the Japanese Economy（Tokyo. 1966），pp.354-355.

[10] 涂照彥，李明俊漢譯，日本帝國主義下的台灣，台北：人間出版社，1992 年，pp.292：300. 原引自台灣總督府殖產局，台灣產業年報，第 11，1915 年，pp.260-264.及台灣糖業聯合會，製糖會社要覽，1933 年，pp.1：15：29：43：175.

38.9 萬公噸[11]，但日人卻不願在臺灣建立農業所需的化學肥料工業，亦即實行使臺灣化學肥料需依賴日本供應的策略。故日據末期臺灣化肥工業僅有「臺灣肥料株式會社」、「臺灣電化株式會社」與「臺灣有機合成株式會社」，生產規模甚小，1936-40 年間臺灣化肥產量平均每年僅約 3 萬公噸[12]，僅及當時臺灣所需化肥使用量的 7.7%，其餘全需仰賴自日本進口。

此外，日據期間，日人以臺灣為其紡織品之消費市場，1935-38 年間臺灣紡織品產值僅能供應本島需求量的 12.4%，其餘均需仰賴進口。然而，即使是如此小的自製比重，臺灣紡織產品內涵並非與人民衣著相關的棉紡織品，而是以織製麻袋為大宗，用以包裝糖、米，俾將糖、米運往日本（自日本進口布帛、布帛製品、衣類及其附屬品、絲縷、繩索及其材料[13]）。至於與人民衣著相關的棉紡織工業，二次大戰前日本棉紡工業技術雄視東亞，1936-38 年間日本棉織品的輸出量佔全世界總輸出量的 38.9%，較紡織先進的英國還多，斯時日本棉紙錠高達 1,188 萬錠[14]。直至 1941 年為配合軍事上的南進政策，才在臺灣設立第一家棉紡廠「臺灣紡績株式會社」，於 1942 年開始建廠安裝機器。日本投降前，運抵臺灣的紡錠總計 2.9 萬錠[15]，僅及日本本土紡錠的 0.0025%。

前述對與人民生活息息相關的化肥簡易工業技術，日人都不願在臺設立工廠，更遑論技術含量較高的棉紡織工業，直至統治臺灣 46 年後才因南侵戰爭的需要，方在臺設廠。然而，臺灣被日人統治五十年，紡錠僅及日本本土 0.0025%的比例，這就是殖民地悲歌的最佳寫照。

另一方面，1941 年時「大日本帝國」國勢武備鼎盛，擁有航空母

---

[11] 李登輝，台灣農工部門間之資本流通，台灣研究叢刊第 106 種（以下簡稱研叢），p.73.資料來源見台灣省糧食局。

[12] 湯吉元，「台灣之肥料工業」，台灣之工業論集卷二，研叢（66）：64.

[13] 張宗漢，光復前台灣之工業化，台北： 聯經出版社，1980 年 5 月，p.164.

[14] 林邦充，「台灣棉紡織工業發展之研究」，台灣銀行季刊，20（2）： 77.

[15] 黃東之，台灣之紡織工業，研叢（41）：64.

艦 10 艘、戰艦 10 艘、巡洋艦 38 艘、驅逐艦 112 艘、潛水艇 65 艘、飛機約 2,400 架,其中戰艦「大和」號的基準排水量高達 65,000 噸。當時日本工業科技如此之高,但所有這些戰艦、潛艇、飛機等,沒有一樣是在臺灣設廠製造的,即使是汽車、火車頭、摩托車等次級工業產品,也沒有一樣是在臺灣設廠自製的,因為臺灣是殖民地。

但是貧窮落後的祖國,早在推動現代化之初的 1885 年,就在臺北設立機器局(兵工廠)。1890 年代初,還請德國軍人 Capt. Piorkowski 押運德國最新式的後膛槍抵台,另並在臺北興建槍子廠,添造廠房、鑪房、庫房暨洋藥廠,起造合藥、礦藥、碎藥、壓藥、綿藥、光藥、烘藥、藥庫各房,據稱該機器局規模大於杭州同期同型工廠。祖國在臺灣設立與內地同等級工業技術的兵工廠,因為祖國視臺灣子民是同胞,而非殖民地人民。

五、日人建設為國府發展經濟提供良好啟始條件

日本佔據臺灣時,以當時日本國勢之盛,可說從未想過有朝一日會因戰敗而將臺灣歸還我國。因此,日人雖然一面對臺灣人進行二元化歧視與壓榨的殘酷統治,但也將臺灣視為日本國土的一部份,在晚清我國建設臺灣的基礎上,一面壓榨豪奪,一面從事建設。在硬體方面,例如臺灣南北的基隆與高雄兩港口,日本是前後斷斷續續建設三、四十年。其它如全島的公路系統、鐵路及其沿線車站、橋樑等,以及全島的電力系統等基礎建設,可說成就斐然。

雖說日人在臺建設本質是工業日本農業臺灣,但也因而在臺完成近代農業的綠色革命; 雖說日人在建設本質是為更多的壓榨,為母國輸送最大利益,但為了提高治理效率,也因而完成了相當的基礎建設。因日人當時是以其先進國力的標準,故諸多基礎建設也成就斐然。又因統治上的需要,在軟體方面,日人建置近代政府組織例如各級地方行政、憲警、司法機關等、及近代金融、郵政、教育體系等。但所有這些建樹,戰後日人離臺時因帶不走,而留在臺灣,為國府發展經濟

提供了良好啓始條件。

　　以經濟發展前提所需的電力為例，日人先後歷時十五個寒暑，完成臺灣電力史上劃時代鉅大工程的日月潭水力發電所。此外，水力發電廠因受天然水力資源所限，多位於崇山峻嶺之間，輸電距離遙遠，故需先以變壓器升高其電壓成數十萬伏特，使其易於輸送，待輸送至用電地點後，再經變電所將其電壓適度降低，方可使用。日據末期，臺灣輸電系統分為東西兩系，西部平原設 154,000 伏的一次輸電線路，貫通南北，長 370 公里，聯接於此幹線者，有一次變電所 7 個，降低電壓至 66,000 伏、33,000 伏及 11,000 伏等，再由二次輸電線路供給電流至分佈各地的二次變電所。東部規模較小，輸電最高電壓僅 66,000 伏。日人投降前夕仍有數項規模宏大艱鉅的發電工程正在進行，例如烏來、天輪、立霧、霧社等，其中烏來日人已完成 95.0%、天輪則完成約 70.0% 的土木工程。因此臺灣光復後，國府在臺半個世紀的電力事業發展，可說是立足於日人在臺電力事業的原有規模上繼續發展，為日後臺灣經濟發展提供豐富的廉價電力。

六、國府全力發展經濟

　　1950 年代初，在美國顧問原創擬訂的工業計劃蛻變下，國府實施「進口替代」（Import Substitution）的經濟策略。當時由於農村土地改革成功，農業生產增加，國府乃外銷剩餘農產品，賺取外匯，以進口部份消費用工業產品及工業物資或原料，自行設廠生產工業消費品供臺灣消費，以取代原先進口的工業消費品，從而建立臺灣的初期工業。

　　以棉紡織工業為例，光復初因戰前美軍的大轟炸破壞，臺灣棉紡織工廠能實際運轉的紡錠僅 0.83 萬錠，其棉布生產力約僅能供應臺灣需求的 5-10%。后因上海的中紡、華南、大秦、雍興、申一、台北、台元、六和、彰化、遠東等十家大型紡織工廠遷台，1953 年時全臺紡錠遽增至 16.9 萬錠。斯時，「中本」原先係向美國訂購機器，預定運

往上海裝，後在海運中改變行程，將機器運往臺灣。「中紡」是向日本購買一萬錠豐田式紡錘，「台北」和「六和」則是向日本及美國購買全新的紡織機器。此時期之棉紗年產量，亦自 1948 年之 730 噸，增至 1953 年的 19,546 噸，島內棉製品產量大體可自給自足，1954 年始紡織品已有能力輸出。斯時，紡織品外銷佔臺灣全部外銷比例，從 1954 年的 0.34%升至 1962 年的 12.2%。1950-67 年間，美國總計提供 2.3 億美元的原棉援助（佔美援物資的 20%左右），助益臺灣棉紡織產業的發展甚鉅。臺灣紡織工業的飛躍成長，形成 1960 年代以紡織工業為主的「進口替代」工業發展。

　　1960 年代，國民黨政府獎勵出口，實施以出口帶動經濟快速發展的出口擴張（Export Expansion）經濟策略。國府於 1960 年頒布「獎勵投資條例」，並強化出口措施。續成立全球首創的「加工出口區」，從構思醞釀到實現，前後約十年，直至 1965 年始設立「高雄加工出口區」，因績效顯著旋分別於 1971 與 1972 年建成「楠梓加工出口區」與「台中加工出口區」。它融合了「自由貿易區」與「工業區」兩個概念，是二者的結合體，提供軟硬體的各式優惠條件，是專為出口而設的工業區。1960 年代，國外主要市場的美國，正值經濟繁榮進口需求大增，日本也於 1963 年始實施貿易自由化，故提供國府以擴張出口帶動經濟快速發展的的天賜良機。故 1961-72 年間，臺灣對外貿易迅猛發展，其進出口外貿總額 1961 時僅 5.2 億美元，1972 年時竟增至 55.0 億美元。出口產品結構也產生重大變化，依序從原先的紡織品、糖、香蕉、食品罐頭及米，1972 年時已改為紡織品、電氣機械及工具、塑膠製品、合板及木製品。此期社會的生產結構，也發生了質的變化，1961 年時農業生產淨值在整個「國內生產淨值」中的比重為 31.6%、1972 年降至 14.2%。工業的比重則自 25.0%升至 40.3%，服務業則微幅變動，從 43.4%升為 45.5%。國民生活程度也大幅改善，平均每人國民所得（Per Capita National Income）則從 1961 年的 142 美元，增至 1972 年的 482 美元。故 1961-72 年這段戰後經濟的第一次飛躍，可說是臺灣經濟發展的黃金時代。

七、日據殖民臺灣近代化的本質意義

日據時期在臺灣近代化過程的歷史意義，如果依臺灣各個族群的不同歷史經驗，可能有不同的結果；如果宏觀（Macro）與微觀（Micro）角度的不同，也就是從整個民族歷史的高度分析，與僅從個人經驗的角度分析，也可能有不同的結果；進一步來說，同樣是從相同族群的個人角度回首歷史，也因族群菁英與一般大眾，其各自掌握的「資訊」多寡不同，而可能有不同的結果。

但無論以何種多元之角度思考，站在以人為本的立場，均不偏離人世間的普世公義價值—即「正義原則」。就日據時期而言，日本殖民當局與其統治的台人間的歷史關係，吾人無法迴避其間屠殺與被屠殺、歧視與被歧視、壓迫與被壓迫的斑斑血淚「正義」歷史真相。如果不提被屠殺、被歧視與被掠奪的本質，僅從日人基礎建設的表象，美化感念屠殺掠奪壓迫者，這種不符「正義原則」思考的史觀，顯然很難通過歷史的考驗，也很難理直氣壯地為人們所接受，並且徒為屠殺掠奪壓迫者所竊笑，當然，也很難贏得對方菁英份子的真誠尊敬。

百年漫長的近代化歷程，期間關於日人在臺的殖民建設，從技術層面來說，吾人應承認其成就斐然，並為日後國府發展經濟奠下堅實基礎，但那是因戰敗離台不得已而留下，並非善意對我國的援助建設。另一方面，依比例原則，吾人不應蓄意抹煞日人在臺近代建設的本質是殘酷掠奪壓榨以供應母國。以前述臺灣大宗農產米、糖的生產悲慘結果，可知日據時代日人在臺是以近代國家機器，透過法律、警政、行政、金融、新聞管制等公權力，結合巨額現代資本入侵，構成嚴密的殖民剝削體系，強奪豪取壓榨臺灣人民，從而攫取天大的鉅額利潤。因此，惟有經由更嚴謹堅實的基礎學術研究，秉持公義價值，方有能力透析日人在臺殖民統治的殘酷真相、程度與本質，這是這一代海峽兩岸中國人的責任。

至於晚清與國府在臺灣百年近代化的歷史意義，前者沈葆楨、劉銘傳等洋務派在當時的社會阻力下，不計個人毀謗排除萬，啟動了臺

灣近代化的開端，最後由國府完成。接著 1949 年大陸撤退至臺灣的菁英、企業家、資金與技術，不但移入了棉紡織整個產業，外省菁英且制訂正確經濟發展策略並戮力實踐，終於完成臺灣的近代，外省籍人士對臺灣最終完成經濟的近現代化，貢獻鉅大。台籍學者林鐘雄就認為，1949 年隨國民黨政府撤退至臺灣的外省人中，所包括的當時中國大陸全國性的上述高階菁英專才及中高級技術人員。昔日縱使有日據時期殘留下來的基本設施及勤奮的人民，但如果沒有這批優秀的經濟決策者及技術人員，要從事戰後經濟重建是極其困難的，更遑論日後制定正確的經濟發展策略。但今日臺灣反對黨政治人物，以怨報德，卻完全抹煞外省人士對臺灣的貢獻，令人不勝感慨。

林茂生 228 之死的美日陰影
vs.
當下兩岸警惕？

一、前言

　　林茂生，臺灣人第一位留學美國的博士，臺灣光復後曾活躍一時，旋死於二二八事件，死因撲朔迷離，眾說紛紜。昔日戒嚴年代，台人菁英僅能私與摯友臆論林君之死，如吳濁流者[1]，或作詩憑弔，如陳逢源詩云「釋疑已悟杯弓影，感逝猶聞玉笛聲，又是一年春盡日，墓門何處弔先生」[2]。解嚴後，除多篇紀念專文外，不乏學者以林茂生為課題撰文研究，例如尹章義教授在其〈日治時代臺灣歷史人物的評價問題〉中「林茂生的評價問題」[3]、黃彰健院士之〈林茂生之死考〉[4]、羅福全博士之〈臺灣近代百年之探索與林茂生〉[5]、李東華教授之〈二二八事件中的臺灣大學〉[6]、楊正堂之碩士論文《林茂生文化理念與教育實踐》[7]、李筱峰教授之《林茂生・陳炘和他們的時代》[8]等專文或著

---

[1] 戴國煇、葉芸芸著，愛憎二二八，台北：遠流出版公司，1992 年 3 月初版四刷，pp.346-347.

[2] 陳逢源撰、黃景南編，溪山煙雨樓詩存，見王國璠總輯、高志彬主編，台灣先賢詩文集彙刊，第一輯，台北：龍文出版社股份有限公司，1992 年 3 月，p.56.「殘春弔林耕南（茂生）」全詩為「刺桐花發襯江城，綠遍平蕪眼更明，南國衣冠常置酒，中原士女盡投兵。釋疑已悟杯弓影，感逝猶聞玉笛聲，又是一年春盡日，墓門何處弔先生」。

[3] 尹章義，「日治時代臺灣歷史人物的評價問題」，尹章義臺灣史研究名家論集（二編），台北；蘭臺出版社，2018 年 6 月初版，pp.121-135.原文刊於臺灣史研究會，第一屆臺灣史學術研討會論文集，pp.54-79.1988 年 1 月；轉載慶祝王任光教授七秩嵩慶中西歷史與文化研討會論文集，pp.221-238.輔大仁大學史學系，1988 年 4 月，台北。

[4] 黃彰健，「林茂生之死考」，歷史月刊，第 193 期，pp.135-146.

[5] 羅福全著、長良澤譯，「台灣近代百年之探索與林茂生」，台灣文學評論，3（4）：146-157. 本篇根據日文初稿翻譯。

[6] 李東華，「二二八事件中的臺灣大學」，二二八事件 60 週年紀念論文集，台北：台北市政府文化局、台北二二八紀念館、中央研究院台灣研究所，2008 年 3 月，pp.173-197.

[7] 楊正堂，林茂生文化理念與教育實踐，台灣：國立東華大學教育研究所碩士論文，2004 年 7 月 17 日。

[8] 李筱峰，林茂生•陳炘和他們的時代，台北：玉山出版公司，1996 年 10 月。

作。

　　林茂生的一生跨越三個急遽變動的時代，即 1895 年的乙未割台、日據五十年與 1945 的臺灣光復，時空錯綜複雜，故前述研究或有再補充之空間。此外，因林氏死於二二八事件，故不乏論者如羅福全與李筱峰二人，就從建構臺灣分離史觀的角度，闡釋林茂生之死。以李筱峰的研究結論為例，稱林茂生的「溫文正直」與「困勉隱忍」性格，「終仍不見容於『祖國』的政治文化」「受過全盤日本式教育，又受過美國西式訓練的臺灣知識菁英，抱著對漢民族歷史文化的認同，在日本殖民統治下，隱忍生存；在心中的祖國來臨時，熱切迎接，最後卻喪命於祖國的統治下」「異族統治者的日本，非他們心中的鍾愛，卻反而成就了他們做為社會菁英的角色；同文同種的中國，是他們期許迎接的祖國，卻反而奪走了他們的生命」[9]。換言之，李筱峰君似先將林茂生簡化成溫文正直，熱愛祖國，學貫中西的完人，然後再以林茂生的美好形象與悲慘結局，藉中日異族統治的對比論述，將祖國妖魔化。藉林茂生之死，激發讀者的悲情意識，潛移默化地誤導讀者對臺灣歷史的認知，強化臺灣分離史觀。

　　然而，世事複雜，倘非詳究，難以深入明白因果。更何況，林茂生的一生跨越不同急遽變動的時代。筆者本諸史實，從林茂生的家世、學經歷、政治思想及相關時代背景等角度切入，儘可能地將林茂生之死的歷史真相，較全面客觀平實地浮現出來。

二、林茂生家世與成長

　　林茂生，號耕南，1887 年 10 月 29 日生於臺南，為臺灣南部基督教界長老林宴臣（後改名「燕臣」）長子[10]。燕臣為前清秀才[11]，他的

9　李筱峰，林茂生•陳炘和他們的時代，台北：玉山出版公司，1996 年 10 月，p.318.

10　林煥清，台灣人士鑑，台北：台灣新民報社，1934 年（昭和九年），p.230.

11　錢安慶，「江山代有人才出　我唾棄政治的爛攤子」，林茂生博士紀念專輯，台南：台南長榮高級中學，1991 年 7 月，p.21.

老師是臺南舉人郭老爺，十分賞識其才華，並將女兒郭寬許配燕臣[12]。

（一）家世

　　光緒十五年（1890），全台應試文童 4,000 餘人[13]，計共錄取文生員（俗稱秀才）132 名[14]，錄取率不足 3.3%。至於舉人，十九世紀末，每科鄉試，福建全省赴考約 9,000 人，僅取中式 80 餘名[15]，錄取率不及 1.0%。因此，當時受教育的童生，能通過如此懸殊錄取率的科舉考試，成為生員或舉人，自當具有卓越的中文能力。此外，有清一代，朝廷禮恤士子，生員、舉人與進士拜會地方官時，可不必行平民百姓所行之下跪禮儀，另並規定生員不得視同齊民撻責，「如果犯事情重，地方官先報學政，俟黜革后治以應得之罪，若詞訟小事，發學責懲」[16]。故生員、舉人與進士是斯時朝廷禮遇的士紳階級，是中華帝國的民族菁英，也是臺灣社會的知識菁英。

　　因此，林茂生可說是成長在一個典型中國讀書人的士紳之家，他的中文基礎自當受惠於其淵源的家學。據云，林燕臣開私塾授徒時，林茂生就倍侍在側，習讀四書五經，因天資優異，記力超常，不數年間，作文寫字，幾成一家[17]。林茂生也寫得一手好字，並善於中文的賦詩作詞[18]。

---

[12] 橋生，「林茂生先生的一生──與林宗義教授共懷念」，手稿。見李筱峰，林茂生•陳炘和他們的時代，台北：玉山社出版事業股份有限公司，1996 年 10 月，p.18.

[13] 劉銘傳，劉壯蕭公奏議，文叢（27），1958 年 10 月，p.300.

[14] 戚嘉林，台灣史（三冊），台北：自刊，1998 年 8 月，pp.1022-1023.

[15] 高選鋒，「犀英官章選鋒號拔奄自敘」，高家資料，p.84. 見許雪姬，「台灣末代舉人高選鋒」，台北文獻，直字第 100 期，p.9.

[16] 張仲禮著，李榮昌譯，中國紳士，pp.30：33.

[17] 賴永祥，「少年茂生手寫中堂」，載賴永祥著，教會史話，人光出版社，1990 年 4 月 15 日，p.163. 見李筱峰，林茂生•陳炘和他們的時代，台北：玉山社出版事業股份有限公司，1996 年 10 月，p.20.

[18] 張厚基，「林茂生先生軼事」，林茂生博士紀念專輯，台南：台南長榮高級中學，1991 年 7 月，p.9.

（二）求學

1894 年中日甲午戰爭，我國戰敗，於 1895 年 4 月 17 日簽訂馬關條約，割讓臺灣。一個月後，日軍於 5 月 29 日，自臺灣東北的三貂角登陸，一路南下，義軍拼死力抗，台人死傷逾萬。10 月 20 日，日軍兵臨臺南城下，英國牧師巴克禮（Thomas Barclay）、宋忠堅（Duncon Ferguson）偕士紳等至二層行溪，請日軍入城維持治安[19]。

1898 年，一名日本僧侶在臺南開設簡易速成日語班，林茂生跟他學習日文，時年十一歲。結業後，因表現良好，日人引介他進入郵局任給事（工友），因不能專心郵局雜役，不久即遭退職[20]；日據初期，日人自北南下，兵威所至，縱橫屠斬，台人慘慄。當時，全台各地武裝抗日風起雲湧，台人普遍反感或痛惡日人，但在這樣的時空情境下，身為知識份子的秀才林燕臣，卻准許其子學習日語，實頗耐人尋味[21]。

同（1898）年，林燕臣受聘到臺南「長老教會中學」（係英國基督長老教會於 1885 年 9 月 21 日正式成立，也是臺灣第一所中學，即今之「長榮高中」）新樓，教英國傳教士讀中文及講閩南語。在朝夕相處中，林燕臣接受了基督教，後來就是由巴克禮牧師洗禮入教會。是（1898）年，適「長老教會中學」有兩位教師辭職擔任牧師，林燕臣乃應聘至該校教授中文[22]。1904 年，林茂生入「長老教會中學」就讀，時年 17 歲[23]，成績名列前茅，英文為全校之冠，每科也幾乎都拿滿分。當時在費仁純（Mr. F.R. Johnson）任校長時期，學生約共 50 名，學校請林茂生當助教，擔任較其低年班級的地理與算術老師。由

---

19 戚嘉林，台灣史（三冊），台北：自刊，1998 年 8 月，pp.1085：1140-1141.

20 楊正堂，林茂生文化理念與教育實踐，台灣：國立東華大學教育研究所碩士論文，2004 年 7 月 17 日，p.21.原引自林宗義，2001，〈林茂生的教育思想〉，《愛鄉》，第 16 期，p.26.

21 楊正堂，林茂生文化理念與教育實踐，台灣：國立東華大學教育研究所碩士論文，2004 年 7 月 17 日，p.21.

22 張厚基，「林茂生先生軼事」，林茂生博士紀念專輯，台南：台南長榮高級中學，1991 年 7 月，p.7.

23 張妙娟，「《台灣教會公報》-林茂生作品介紹」，台灣風物，54（2）：46。

於林茂生是以學生身份擔任助教，故學生們都戲稱他為「半仙」[24]。

（三）留日

自「長老教會中學」畢業後，林茂生於 1908 年 1 月獲「教士會教育委員會」資助赴日本，同年 9 月 10 日入京都「同志社普通學校」就讀[25]。1910 年 3 月 25 日畢業，同年 9 月 10 日考取「第三高等學校大學豫科第一部」。1913 年 7 月 5 日畢業，同年 9 月 10 日入「東京帝國大學」文科大學哲學科，1916 年 7 月 10 日林茂生畢業，成為臺灣人獲得日本最高學府文學士的第一人[26]，並於是年返台，時年 29 歲。

林茂生在留日期間，常與在東京的臺灣學生相聚，關心故鄉。1915 年春，東京的臺灣留學生成立了「高砂青年會」，林茂生被選為首任會長[27]。1910 年代中期，在日本的臺灣留學生約近五百人左右[28]。早期（約 1910 年）台人留日大多為富家子弟，且年齡均甚幼小，故談不到民族意識的覺醒[29]，對社會問題或政治運動無甚關心，常被中國大陸及朝鮮的留學生，嘲笑為「唯唯是諾屈從於日本統治下之愚者」[30]。因此，「高砂青年會」成立之初，只是一同鄉睦誼團體，與政治運動無直接關係。1920 年，以推動民族運動為取向的團體「新民會」成立，「高砂青年會」乃改成「東京臺灣青年會」。斯時，「新民會」的所有表面活動均移由該青年會推行，「東京臺灣青年會」遂成為「新民

[24] 張厚基，「林茂生先生軼事」，林茂生博士紀念專輯，台南：台南長榮高級中學，1991 年 7 月，p.9.見長榮中學百年史第一部第七章第二節和第七節。

[25] 張厚基，「林茂生先生軼事」，林茂生博士紀念專輯，台南：台南長榮高級中學，1991 年 7 月，p.7. 見長榮中學百年史第一部第八章第三節。

[26] a.陳文添撰，「林茂生人事記錄」，劉峰松，台灣總督府檔案之認識與利用入門，台北：國史館台灣文獻館，2002 年 12 月 25 日，p.281.

　b. 張厚基，「林茂生先生軼事」，林茂生博士紀念專輯，台南：台南長榮高級中學，1991 年 7 月，p.8.

[27] 錢安慶，「江山代有人才出　我唾棄政治的爛攤子」，林茂生博士紀念專輯，台南：台南長榮高級中學，1991 年 7 月，p.21.

[28] 張正昌，林獻堂與台灣民族運動，p.104. 見吉野秀松，中國教育史。

[29] 蔡培火等著，台灣民族運動，p.75.

[30] 王詩琅譯，台灣社會運動史（文化運動），p.42.

會」的外圍團體[31]。惟當時林茂生已經學成返台，故未參與「東京臺灣青年會」在東京的反日運動[32]。

三、「國民性涵養論」污點

林茂生於 1916 年返台，9 月 1 日回母校私立臺南「長老教中學校（原長老教會中學）」任「教頭」（教務主任）兼教師，教授世界歷史課程[33]，1917 年取妻王采蘩[34]，1918 年兼任「臺南師範學校」囑託[35]，1920 年 6 月 10 日轉任「臺灣總督府商業專門學校」教授，次年 9 月 30 日奉命赴中國大陸南部及英領香港出差[36]。林茂生出生於基督教世家，對教會的活動相當熱心，1923-27 年間，為使私立臺南「長老教中學校」獲得立案，乃兼學校後援會主任（即會長），負責籌募創立基金，經常到各處演講，風塵僕僕，奔波各地，招募基金，不遺餘力[37]。自林茂生回台返母校任教的這幾年間，曾發生兩件事，一為與民政長

---

[31] a.王詩琅譯，台灣社會運動史（文化運動），p.49.

　　b.蔡培火等著，台灣民族運動，p.88.

　　c.林柏維，台灣文化協會之研究，p.46. 見山畸繁樹與野上矯介，台灣史，東京，寶文館，昭和 2 年（1927）9 月，p.565. 宮川次郎，台灣的社會運動，p.94.

[32] 錢安慶，「江山代有人才出　我唾棄政治的爛攤子」，林茂生博士紀念專輯，台南：台南長榮高級中學，1991 年 7 月，p.21.

[33] a.陳文添撰，「林茂生人事記錄」，劉峰松，台灣總督府檔案之認識與利用入門，台北：國史館台灣文獻館，2002 年 12 月 25 日，p.281.

　　b.張厚基，「林茂生先生軼事」，林茂生博士紀念專輯，台南：台南長榮高級中學，1991 年 7 月，p.8.

[34] 林宗義口述，胡慧玲整理，「母親」，胡慧玲著，島嶼愛戀，台北：玉山社出版，1995 年 10 月，p.40.

[35] 林煥清，台灣人士鑑，台北：台灣新民報社，1934 年（昭和九年），p.230.

[36] a.陳文添撰，「林茂生人事記錄」，劉峰松，台灣總督府檔案之認識與利用入門，台北：國史館台灣文獻館，2002 年 12 月 25 日，p.281.

　　b.宮川次郎，臺灣の政治運動，台北：自刊，昭和 6 年 8 月，p.75.

[37] a.錢安慶，「江山代有人才出一我唾棄政治的爛攤子」，林茂生博士紀念專輯，台南：台南長榮高級中學，1991 年 7 月，p.21.

　　b.張厚基，「林茂生先生軼事」，林茂生博士紀念專輯，台南：台南長榮高級中學，1991 年 7 月，p.8.

　　c.林煥清，台灣人士鑑，台北：台灣新民報社，1934 年（昭和九年），p.230.

官下村宏和歌以對事，一為「國民性涵養論」事。

（一）與民政長官下村宏和歌以對

1917 年 5 月 7 日，臺灣總督府民政長官下村宏藉視察南部之便，訪問臺南「長老教中學校」。下村長官於巡視校區之後，手植榕樹一棵，以誌留念，並當場作「和歌」一首如下，以示敬意。

> 松かあらず　櫻にあらず　なでしこの
> 鉢まいらせる　君が小窓に
> 「不是松樹，也不是櫻花，
> 只送來一盆局瞿麥小盆花，請擺在窗邊觀賞」

（意喻：貴校雖非歷史悠久如松樹高高在上的學校，也非設備齊全的明校如櫻花，雖是簡樸的學校，但學校的栽培，仍可讓學生嚮往日本）

在場的「教頭」林茂生即時和詩一首，以示回敬

> 小窓より　桃や李や　咲く色を
> 眺むるあはれ　知る人ぞ知る
> 「我從小窗遠眺校園，桃李盛開，
> 賞花之心境，有心人自知」

（意喻：敝校規模雖小，培育不少菁英，桃李滿天下，均在社會各階層出人頭地有如桃李盛開。眼看校友們的豐碩成就，這種心情只有真正辦校育的人始能瞭解）

從上面這個小插曲，可窺見林茂生的日文程度頗佳[38]。

（二）「國民性涵養論」污點

1920 年 10 月 31 日大正天皇生日「天長節」的這一天，林茂生在

---

[38] 張厚基，「林茂生先生軼事」，林茂生博士紀念專輯，台南：台南長榮高級中學，1991 年 7 月，p.8.本文和歌的翻譯，承日人藤井志津枝教授指正及李中邦的協助，特此申謝。

報紙上發表「國民性涵養論」乙文，稱喜受高等官七位之殊遇，形式上之林姓早稱為下野屍，而得全與內地人（指日本人）同模樣，自謂已同化為內地人矣，並抨擊「國家觀念，皆無之臺灣人……云云」[39]。此文一出，臺灣的知識份子圈內，引起軒然大波。

斯時，留日台籍學生漢民族意識醒覺，他們先後成立「應聲會」「啟發會」與「新民會」。後者是 1920 年 1 月，臺灣留學日本青年蔡惠如、林呈祿、蔡培火、吳三連等，為接續已解散的「啓發會」未盡事業，取我國大學篇「作新民」之義，於日本神田成立「新民會」[40]。是（1920）年 7 月，「新民會」及「臺灣青年會」發行其創刊號之機關雜誌《臺灣青年》[41]。當時在東京商科大學求學的吳三連，於次（1921）年 3 月刊行的《臺灣青年》第二卷第三號上，以日文發表「文學士林茂生君に呈す」一文，質疑林茂生的日本認同，續於三個月後的第二卷第五期，以中文發表「呈文學士林茂生君書」[42]。

日據期間，1913 與 1915 年爆發的羅福星事件與余清芳事件，前案羅福星等六人遭處決、被判十五、十二、九、七、五年不等徒刑者共 217 人[43]，日本報紙讚響，本案這些有資產有學力的革命志士被捕後，心中泰然自若，毫無狼狽之色，蓋彼心中先以死自期也[44]。後案余清芳等（1915）經公開審判，被告共 1,957 人，其中 866 名判處死刑，此案甚至震動日本國會，臺灣總督安東貞美乃藉大正天皇登極所頒的大赦令，方將死刑改為無期徒刑，但已有 95 名死刑犯遭處決，其中余清芳、羅俊等殉難烈士，臨刑前皆從容就義，其狀甚至連日人亦

[39] 吳三連，「呈文學士林茂生君書」，台灣青年，2（5）：1-4（漢文之部）.

[40] 林呈祿氏談，「對蔡惠如氏平生的感言」，台灣民報，第 262 號（1929 年 5 月 26 日），p.3.

[41] 台灣總督府警務局，台灣總督府警察沿革誌(三)，第二扁，領台以後の治安狀況（中卷）》，台北：台灣總督府警務局，1995 年 6 月台北南天書局版（原為 1937 年 7 月初版），p.28. 后簡略為台灣總督府警察沿革誌（三）。

[42] 《台灣青年》二卷三號（大正 10 年 3 月 26 日），pp..51-54.及《台灣青年》二卷五號（大正 10 年 6 月 15 日），pp.1-4.

[43] a.莊金德、賀嗣章編譯，羅福星抗日革命案全檔，pp.147-164.
   b.覃怡輝，羅福星抗日革命研究，pp.13-14：16：21：25：41-42.

[44] 覃怡輝，羅福星抗日革命研究，p.18. 見《台灣日日新報》，大正二年十一月二十七、八日。

不禁讚佩[45]。

　　林茂生幼時（8-15 歲）曾親身經歷日人據台初期（1895-1902）的大規模血腥鎮壓與屠殺，如云幼時少不更事，未能有所感觸。但羅福星與余清芳兩案爆發時，林茂生已年二十七、八歲，作為一個優異的知識份子，他怎能無動於衷地自詡已同化為內地人，並抨擊「國家觀念，皆無之臺灣人……云云」。或許，誠如吳三連所言，「足下（林茂生）為日本領臺二十餘年來第一代學士、第一回高等官、第一次教授、其名聲之赫赫、與夫所得地位皆屬第一」[46]。以今日的術語來說，就是日人的樣板。就算要作日人的樣板，需要表態，但也無需如此地自稱形式上之林姓早稱為下野屍，而得全與內地人（指日本人）同模樣，這是否太過份了些？

　　林茂生與前述烈士相較，二者人格判若雲泥。當然，斯時的林茂生，似正前程光明，在此文發表前四個月的 6 月 10 日，林茂生轉至公立的「臺灣總督府商業專門學校」任教授。在此文發表後的次年 9 月 30 日，在那個日人極度歧視台人的時代與政治氛圍下，林茂生居然有機會奉命赴中國大陸南部及英領香港出差。今有論者替林茂生開脫，謂現因「無法得見林文之全豹，僅憑一方之詞，實難妄下斷語，……，實難瞭解林文的原意」[47]。此言差矣！因吳三連與林茂生是同時代受日語教育並留學日本的臺灣人，且「新民會」核心諸君，均是那個時代留日臺灣學生的菁英，怎麼會誤解林茂生「國民性涵養論」乙文的意思？

四、疑竇重重

　　1921 年 10 月 17 日，蔣渭水等人在臺北市大稻埕「靜修女學校」

---

[45] 莊德，「余清芳革命殉難烈士名錄」，南瀛文獻，p.15.見秋澤烏川，台灣區誌，p.255.

[46] 吳三連，「呈文學士林茂生君書」，台灣青年，2（5）：1-4（漢文之部），2（5）：1.

[47] 李筱峰，林茂生•陳炘和他們的時代，台北：玉山出版公司，1996 年 10 月，p.75.

（今靜修女中）成立「臺灣文化協會」，林茂生任評議[48]。「臺灣文化協會」自 1923 年始，在臺北、臺南等地舉辦諸如臺灣通史、通俗法律、通俗衛生、通俗學術、西洋歷史及經濟學等各種講習會。當時，臺南文化協會幹部利用「臺南基督教青年會」名義，自 10 月 20 日起每逢星期六，由林茂生主講西洋歷史。1924-1926 年間，「臺灣文化協會」連續三年暑假於台中霧峰林家舉辦「夏季講習會」。林茂生於 1924 年主講「哲學」，1925 與 1926 年主講「西洋文明史」。此外，「臺灣文化協會」亦在各地舉辦巡迴講演會[49]。

（一）林茂生擁有全然內地（日本）化風貌的特質

斯時，日人強力監控「臺灣文化協會」的講習會與演講會。許多文化協會成員及其同路人的主講者，在大庭廣眾下演講時，動輒提及今日本殖民當局難以容忍的「漢民族」、「中國」、「祖國」等詞[50]。故日人認為「臺灣文化協會」的影響惡劣，批判該會是「追慕中國之念甚高，與中國人日益親和，期待國權回復（支那追驀ノ念ハ甚シク高調シ支那人トノ親和日ニ厚ク之レカ国権回復ラ期待シ）」[51]。日據時期嚴禁攜出部外的《臺灣總督府警察沿革誌》內秘密記載，當時的演講不乏遭日人中止解散者，例如蔡式穀，就因言論不當遭中止解散。連雅堂則被記錄其在講述臺灣通史時，暗中咒詛總督政治，有叫唆民族反感的口吻[52]。其他如林獻堂、蔣渭水、謝春木、李萬居、王

48　台灣總督府警務局，台灣總督府警察沿革誌（三），第二扁，領台以後の治安狀況（中卷）》，台北：台灣總督府警務局，1995 年 6 月台北南天書局版（原為 1937 年 7 月初版），pp.139：145.

49　台灣總督府警務局，台灣總督府警察沿革誌（三），第二扁，領台以後の治安狀況（中卷）》，台北：台灣總督府警務局，1995 年 6 月台北南天書局版（原為 1937 年 7 月初版），pp.148-151.

50　台灣總督府警務局，台灣總督府警察沿革誌（三），第二扁，領台以後の治安狀況（中卷）》，台北：台灣總督府警務局，1995 年 6 月台北南天書局版（原為 1937 年 7 月初版），pp.154-157.

51　若林正文，台灣總督府秘密文書「文化協會對策」，台灣近現代史研究，創刊號，東京：龍溪書舍株式會社，1978 年 4 月 30 日，pp.161-162.

52　台灣總督府警務局，台灣總督府警察沿革誌（三），第二扁，領台以後の治安狀況（中卷）》，台北：台灣總督府警務局，1995 年 6 月台北南天書局版（原為 1937 年 7 月初版），p.149.

受祿、黃白成枝等的言行，日人都加以監控[53]。據《臺灣總督府警察沿革誌》記載，林茂生在臺南的講習會共主講九次「西洋史」，其「演講內容因未達到需要取締的程度，而經過順利（特に取締を要する程度に至らずして經過したるが）」[54]。日方官報《臺南新報》，並有日人為文讚稱「文學士林茂生君雖在文化協會中屬客卿身分，但他是一位基督教的理論家、具有思想內涵的學者，能以純正的國語（日語）縱橫議論，全然內地化的風貌。擁有這種特質，在文協中當屬第一人」[55]。

（二）林茂生未參與「臺灣議會設置請願運動」

1920 年代，林獻堂等台人菁英展開設置強調臺灣特殊性的「臺灣議會設置請願運動」，自 1921 年至 1934 年，由眾多台人連署，年年向日本帝國議會貴族院暨眾議院提出「臺灣議會設置請願書」，年年遭不採擇（不予審議），前後長達十四年之久，成為台人向日本殖民當局非武裝鬥爭可歌可泣的一頁。期間 1921-1927 年的第一回至第八回，可說是運動的鼎盛期。據《臺灣總督府警察沿革誌》的記載，日本當局也瞭解臺灣議會設置設請願運動「並非以單純的地方議會設置為目地，而係帶有顯著民族運動色彩」「綜觀彼時其幹部之思想言行大致有二，其一即立足於對支那（中國）將來寄與莫大囑望，以為支那不久將恢復國情而雄飛世界，必定能收復臺灣，基於此一見解，於此刻到來前不可失去民族特性，涵養實力以待時機。因此民族意識極為強烈而追慕支那，開口即強調支那四千年文化，鼓吹民族自信心，動輒撥弄反日言行，行動常有過激之虞。其二則對支那將來未有莫大

[53] 台灣總督府警務局，台灣總督府警察沿革誌（三），第二扁，領台以後の治安狀況（中卷）》，台北：台灣總督府警務局，1995 年 6 月台北南天書局版(原為 1937 年 7 月初版)，pp.153-157.

[54] 台灣總督府警務局，台灣總督府警察沿革誌（三），第二扁，領台以後の治安狀況（中卷）》，台北：台灣總督府警務局，1995 年 6 月台北南天書局版（原為 1937 年 7 月初版），p.150. 譯文見王乃信等譯，台灣社會運動史，第一冊，文化運動，台北：海峽學術出版社，p.202.

[55] 李筱峰，林茂生•陳炘和他們的時代，台北：玉山出版公司，1996 年 10 月，p.36. 原引自土龍生，「文化協會の決議に就て」，《台南新報》，1923 年（大正十二年）10 月 23 日四版.

期待，置重點於本島人的獨立生存，……。彼輩係因對支那現狀失望，而不得不抱如此思想，他日如見支那隆盛，則不難想像必將回復如同前者的見解」[56]。

　　對歷時十四年台人菁英大規模參與的「臺灣議會設置請願運動」，其主要關係人的名單中，居然沒有林茂生的名字[57]。林茂生之子林宗義對此的解釋是「因為當時臺灣總督府明文規定，凡官吏不得參加社會運動，否則一律解職。家父自認上無片瓦，下無寸土，必須繼續保有教職，養家活口」[58]。

　　此言似有待商榷之處，首先，以林茂生父子兩代與臺南「長老教中學校」的關係及其貢獻，合理推斷，倘林茂生欲在該校任教糊口，當無問題。其次，既然遵守總督府規定，林茂生不參加社會運動，但為何又能參加「臺灣文化協會」推動的漢民族文化啟蒙運動，並在該協會舉辦的講習會，主講西洋歷史，還講了九次。以及參加「臺灣文化協會」開辦的「夏季講習會」，於 1924-1926 年間，講授「哲學」「西洋文明史」兩課程。其他人演講或講課，都在當時日人機密檔案《臺灣總督府警察沿革誌》留下反日言論案底或遭取締，有關林茂生的記載卻是其「經過順利」。

（三）反日民族菁英排名排了六十六人，也未輪到林茂生

　　查閱《臺灣總督府警察沿革誌》所留有案底的文化協會會員，上自總理、評議員、理事、協理、下至有力會員、普通會員等，從林獻

---

[56] a.王乃信等譯，台灣社會運動史（政治運動），台北：創造出版社，1989 年 6 月，pp.13-14.
　b.台灣總督府警務局，台灣總督府警察沿革誌（三），第二篇，領台以後的治安狀況（中卷）》，台北：台灣總督府警務局，1995 年 6 月台北南天書局版（原為 1937 年 7 月初版），pp.317-319.

[57] 李筱峰，林茂生•陳炘和他們的時代，台北：玉山出版公司，1996 年 10 月，p.110. 原書參看林正文，「大正デモラシ--と台灣議會設置請願運動」，收錄於春山明哲、若林正文合著，日本殖民地主義的政治的展開，1980 年 12 月，アジア政經學會；　或參周婉窈，日據時代的台灣議會設置請願運動，1989 年 10 月，台北：自立報系出版部。

[58] 林宗義口述，胡慧玲整理，「母親」，胡慧玲著，島嶼愛戀，台北：玉山社出版，1995 年 10 月，p.43.

堂、蔣渭水、蔡培火、連溫卿、林幼春、林呈祿、陳滿盈、韓石泉、楊肇嘉、吳三連等共六十六人，惟獨無林茂生[59]。也就是說，林茂生對群眾的演講四平八穩，日人滿意，在日帝情治單位的眼中，有反日傾向或行動的知識份子中，即使排名排了六十六人，也輪不到林茂生。此一真相的意義，連結其「國民性涵養論」的表態污點，或許盡在不言中？

（四）徵召赴美留學疑雲

由於日帝臺灣殖民當局的嚴格取締與反制等諸多因素影響，「臺灣議會設置請願運動」似以 1927 年為分水嶺，結束其鼎盛期，聲勢開始走弱，旋自次年始漸入沒落期[60]。這一年（1927），「臺灣文化協會」也分裂為兩派，一為改組後「文化協會」，一為以文化協會舊幹部為主所組成的「臺灣民眾黨」[61]。但就在這一年（1927）3 月，林茂生卻受臺灣總督府之命，奉派以「臺灣總督府在外研究員」身份併獎學金赴美深造[62]。此一徵召並提供林茂生獎學金赴美留學的案件，在整個日據時期，只此一件。換言之，臺灣總督府可說是以專案處理林茂生留學事。然而，究竟是什麼原因，使在臺灣厲行二元化教育，歧視臺灣人不遺餘力的臺灣總督府，出乎常理的如此厚愛林茂生？難道

---

[59] 台灣總督府警務局，台灣總督府警察沿革誌（三），第二篇，領台以後の治安狀況（中卷）》，台北：台灣總督府警務局，1995 年 6 月台北南天書局版（原為 1937 年 7 月初版），pp.160-165.

[60] 簡炯仁，台灣民眾黨，台北：稻鄉出版社，1991 年 12 月，p.19. 見宮川次郎，台灣的政治運動，台北：台灣實業社發行，1931 年 8 月 15 日，p.74.

[61] 林柏維，台灣文化協會滄桑，台北：台原出版社，1993 年 8 月，p.233.

[62] a.陳文添撰，「林茂生人事記錄」，劉峰松，台灣總督府檔案之認識與利用入門，台北：國史館台灣文獻館，2002 年 12 月 25 日，p.283.
b.錢安慶，「江山代有人才出　我唾棄政治的爛攤子」，林茂生博士紀念專輯，台南：台南長榮高級中學，1991 年 7 月，p.21.
c.蘇進安，「林茂生博士小傳」，林茂生博士紀念專輯，台南：台南長榮高級中學，1991 年 7 月，p.5.
d.台灣新民報社調查部編，台灣人士鑑，台北：台灣新民報社，1934，年 3 月，p.230.
e.吳文星，「樹立殖民地教育史研究之標竿」，日本統治下台灣的學校教育，林茂生著，林詠梅譯，台北：新自然主義公司，2000 年 12 月，p.25.

是回報林茂生多年來與日人的配合或効力嗎？

五、第一位臺灣人留美博士

1927 年 5 月 1 日，林茂生搭乘輪船，由基隆先到東京，6 月 11 日改乘郵輪自橫濱啓程，踏上留美的旅途[63]。

（一）第一位臺灣人留美博士

林茂生在美國紐約的哥倫比亞大學研究所攻讀教育與哲學，1928 年夏取得文學碩士學位，繼續攻讀博士學位。1929 年 11 月，林茂生獲哥倫比亞大學哲學博士學位，是臺灣人在美國獲得博士學位的第一人。他的博士論文題目是「日本統治下臺灣的學校教育：其發展及有關文化之歷史分析與探討」（Public Education in Formosa under the Japanese Administration: A Historical and Analytical Study of the Development and the Cultural Problems）[64]。

由於林茂生的成績優異，哥倫比亞大學贈送他一支金鑰匙，而且他的指導教授，著名的教育哲學泰斗杜威和門羅兩位教授，也有意挽請他留校任教。但為林茂生婉拒。當時，哥倫比亞大學的國際學會隔壁，由美國鉅富洛克斐勒出資興建的「河邊教堂」（Riverside Church）正好落成。該教堂中有塊彩色玻璃窗，上面用各種語文寫著「上帝是愛」，其中有一組用中文寫的「上帝是愛」，就是出自林茂生的手筆[65]。

---

[63] 張厚基，「林茂生先生軼事」，林茂生博士紀念專輯，台南：台南長榮高級中學，1991 年 7 月，p.8.見長榮中學百年史第一部第十一章第一節。

[64] 張厚基，「林茂生先生軼事」，林茂生博士紀念專輯，台南：台南長榮高級中學，1991 年 7 月，p.8.見自立晚報副刊。

[65] 張厚基，「林茂生先生軼事」，林茂生博士紀念專輯，台南：台南長榮高級中學，1991 年 7 月，p.8.見自立晚報副刊。

（二）林茂生博士論文內容中的真知灼見

或許是因攻讀博士學位所需，林茂生的博士論文，大體反應了日本在臺二元化的歧視教育，其中不乏卓見如下：

一、在臺灣最初二十四年的教育上，存在著一道明顯的裂痕，那就是這段期間台日學生沒有「共學」。直至 1922 年方公布「共學」（註：實際上，1922 年以後的「共學」也是有名無實）。

二、教育系統是在培養日本人為領導者，臺灣人為輔助者，臺灣人被教育之主要目的為擔任下層工作。

三、臺灣人學校畢業後，在中央與地方政府各種部門任職，所佔據的職位等級甚至低於「判任」，那是最低的公務員職等，相當於今日臺灣公務體系內的僱員。

四、日人統治臺灣三十四年以來，同化一直是政府的指導方針，但是臺灣人仍未被同化。

（1）臺灣人的習慣、禮儀及衣著毫無改變。

（2）通婚無疑是有助於同化，而且證實往往比教育更有力，但也無大進展。在整個日本統治期間（此處當指 1930 年以前），沒有超過一百對的通婚事件。

（3）雖然在學校不教也不使用臺灣語言，但它還是臺灣人民所熟悉的語言。

當時，大約只有百分之五的臺灣人民使用日語。

五、在實際的運作中，台籍學生與日籍學生「共學」的理想，並沒有實現。眾所周知，有一股強烈限制性的力量在運作，例如歷年以日本學生為主體的「中學校」，有一不成文規定，限制臺灣學生人數在百分之十左右。

六、為日本人設有很多中學校，共有 34 所；但主要招收臺灣學生的「中學校」僅有十所。為了實行「共學」方針，讓兩個民族的其中之一，以小於百分之十、或此比率左右，准予進入「中學校」。

七、在日本本土已實行義務教育，但據 1926 年政府報告的數據，

在臺灣日籍學童的小學入學率亦達 98.2%，但台籍學童的小學入學率僅 28.2%。

　　上述博士論文的要點，顯示作為一個知識份子，臺灣人的菁英，林茂生可說相當瞭解日據時期，日本殖民政府二元化對臺灣人的歧視教育。

六、日人的歧視與壓力

　　林茂生哥倫比亞大學畢業後返台，途中曾取道歐洲，到德國考察。在德國柏林大學，曾以德語演講，以李白和歌德的詩為例，比較東西文化異同，使在座的市長、校長、教授與學者等德國名流，讚佩不已[66]。

　　1931 年 1 月，林茂生衣錦還鄉，繼續在臺南「長老教中學校」任教。5 月間奉派任「台北高等商業學校」教授，林茂生雖心中不願，但因公費留學，不得不從命[67]。是（1931）年，林茂生派為府立「臺南高等工業學校」教授，出任英語德語科主任兼圖書課長，為正五位，相當於現今臺灣中級公務員的薦任官[68]。

（一）日人對林茂生的歧視

　　斯時，日本官吏發薪水時是將每人應得金額以現金置於月給紙袋內發放，日人有六成加俸，又有家族津貼，兩項合計與薪俸相當，亦即總額約倍於台人。故林茂生每次領到月給袋時，便痛感自己遭日人歧視而憤憤不平。此外，林茂生畢業於東京帝國大學，但只是府立「臺南高等工業學校」的教授，十餘年如一日地只教語文，既不升官，也不調職。論學養，論資歷，如果他是日本人，在學界，早已出任校長；

66　蘇進安，「林茂生博士小傳」，林茂生博士紀念專輯，台南：台南長榮高級中學，1991 年 7 月，p.5.

67　蘇進安，「林茂生博士小傳」，林茂生博士紀念專輯，台南：台南長榮高級中學，1991 年 7 月，p.5.

68　李筱峰，林茂生・陳炘和他們的時代，台北：玉山出版公司，1996 年 10 月，p.42.

在官界，除非是反調份子、或自暴自棄不堪造就，多可登上各省次官的地位。因為他是臺灣人，只能坐冷板凳，眼見一批批後來居上，個個飛黃騰達，故憤懣不平[69]。

（二）林茂生的不平與感觸

面對日人的如此歧視，林茂生或許有所感觸。1937 年，日軍攻陷南京，日本大肆歡慶之際，林茂生卻寫下一首題為「聞南京陷落寄懷蔣主席」的七律如下：

> 敢將隻手擊安危，最後關頭志可怨。
> 遺囑未能成革命，強鄰先己陷京師。
> 中山墓畔長秋草，江左營前樹旭旗，
> 惆悵金陵城下道，明公從此欲何之。

以詩言志，表達其對日軍佔領南京的悲憤與對祖國政局的關懷[70]。

在學校、在辦公室，面對周遭日人同事與上級，林茂生或許無可奈何，但在家裡，身為家長的他，對子女的小學教育，林茂生卻不讓其子入日本學童就讀的「小學校」，而是要入臺灣學童唸的「公學校」。在家中與其子林宗義等從不說日語，並要林宗義讀漢文[71]。

1941 年（昭和 16 年），日人欲發揮國家總體力量，以增強戰力。日人乃在臺灣結合內地人（日本人）、本島人（臺灣漢族）及高砂族（臺灣原住民）等全島島民，於 4 月 19 日成立「皇民奉公會」[72]。是

---

[69] 錢安慶，「江山代有人才出　我唾棄政治的爛攤子」，林茂生博士紀念專輯，台南：台南長榮高級中學，1991 年 7 月，pp.21-22.

[70] 張厚基，「林茂生先生軼事」，林茂生博士紀念專輯，台南：台南長榮高級中學，1991 年 7 月，p.10.

[71] 王世勛，「台灣人走台灣的路-林宗義博士談『林茂生百歲紀念』」，林茂生博士紀念專輯，台南：台南長榮高級中學，1991 年 7 月，p.28. 原載「台灣新聞文化」，第 13 期，1987 年 10 月。

[72] a.台灣總督府著、山本壽賀子、曾培堂譯，台灣統治概要（1945 年版），台北：大社會文化事業出版社，1999 年 3 月，p.124.

　　b.台灣總督府編，台灣日誌，1944 年，台北：南天書局，1994 年 9 月，p.297.

（1941）年，林茂生久未變動的職等有所調整與擢升[73]。1942 年 9 月，林茂生之摯友歐清石律師，於「東港事件」中被捕入高雄警獄，期間以「莫須有」的冤獄酷受拷問，幾致喪生。斯時政治氛圍風聲鶴唳，林茂生未有任何表態[74]（東港事件是指 1941 年 11 月-1945 年 4 月，日本特高警察在臺灣東港、鳳山、旗山大肆檢舉叛亂份子，殘酷刑求偵訊，經起訴者就有二百多人，其中涉案嫌犯有議員、律師、醫生、地方仕紳及販夫走卒[75]）。1943 年 12 月，林茂生出任「皇民奉公會」中央本部國民動員部長。斯時林茂生的太太及家眷均在日本，林茂生寄宿於名詩人臺南洪子衡家。當其「臺南高等工業學校」摯友同事潘貫，在臺南車站送林茂生北上時，附耳口誦一詩

　　「百萬同胞共枕戈，江山可改志難磨。
　　此行願為生民計，靜聽先生正氣歌」

以壯行。靜聽之餘，林茂生神色淒然曰：「再誦一次，再聽一次」，乃黯然上車北行。斯時，日人大力推行改名運動時，身為皇民奉公會最高幹部之林茂生，並未改名，僅在姓名旁邊附以「ハヤシシゲオ」之日文拼音[76]。這些生活上的點點滴滴，具體反應此一時期林茂生的無奈、痛楚、恐懼與無言的消極順從。

（三）林茂生與臺灣獨立運動

1945 年 8 月 15 日，日本投降。不知是何原因（或許是因其曾與日人關係密切恐遭未來新政府清算而欲自保？或迫於日人的壓力），日方記載林茂生曾從事臺灣獨立運動。據日本《第十方面軍復員史資

---

[73] 楊正堂，林茂生文化理念與教育實踐，台灣：國立東華大學教育研究所碩士論文，2004 年 7 月 17 日，pp.57-58.

[74] 林茂生，「（歐清石）呈林茂生先生」，政經報，1（4）：17.

[75] 寺奧德三郎著、財團法人日本文教基金會編譯，台灣特高警察物語，台北：文英堂出版社，2000 年 4 月，pp.（3）-（4）：17-20.

[76] 伊藤金次郎著，日本文教基金會編譯，台灣不可欺記，台北：文英堂出版社，2000 年 4 月，p.21.

料》日文原始檔案及林獻堂日記記載，戰敗後以林茂生及其他志者的臺灣獨立運動，有逐漸蠢蠢欲動的跡象，臺灣方面軍司令官兼總督安藤利吉，將該運動有力者邀集到司令部，極為明確的表示反對，告以若諸君仍堅持要做的話，不得以，將以日本軍實力斷然討伐[77]。

1946 年 2 月 20 日，陳儀政府以前述臺灣獨立運動為由，將林獻堂召到警備總部，調查室主任陳元達向渠詢問有關獨立及其他之事，林獻堂一一辯白，第二天辜振甫、許丙、林熊祥、許坤家即被捕，其中林熊祥是由在保密局任職的大流氓頭許德輝（臺灣新竹人）逮捕，關押在東本願寺[78]。

七、祖國帶來的升遷與榮耀

臺灣光復，萬民同慶。當時，日據時期曾前往祖國求學的臺灣人，光復後盼組成團體，在中華民國新政府之下，以其經驗而有所作為，乃於 1945 年 9 月 22 日在臺北江山樓成立「臺灣留學國內學友會」，並於 10 月 25 日發行《前鋒》創刊號，其中刊載林茂生的「祝詞」[79]。

（一）「祝詞」

林茂生在《前鋒》發表「祝詞」與「八月十五日以後」短詩乙首，後者如下

---

77 蘇瑤崇主編，台灣終戰事務處理資料集，台北：台灣古籍出版有限公司，2007 年 5 月，pp.14；80.原見西浦節三、安藤正，「第十方面軍復員史資料」，昭和 31 年 10 月，厚生省引揚援護局史料室。此處中文譯文係友人李友邦翻譯。

78 a.林獻堂著、許雪姬主編，灌園先生日記（一）1927 年，台北：中研院台灣史研究所籌備處、中研院近代史研究所，2000 年 12 月，p.13.
  b.許伯埏著、許雪姬主編，許丙•許伯埏回想錄，台北：中央研究院近代史研究所，1996 年 9 月，pp.302-303.
  c.戚嘉林，台灣二二八大揭密，台北：海峽學術出版社，2007 年 2 月，p.110.

79 張炎憲，「《前鋒》雜誌創刊號」，前鋒（光復紀念號），台北：台灣留學國內學友會，1945 年 10 月 25 日，覆刻出版社：傳文文化事業有限公司，pp.5-6.

> 一聲和議黯雲收，萬里河山返帝州，
> 也識天驕誇善戰，那知麟鳳有良籌，
> 痛心漢土三千日，孤憤楚囚五十秋，
> 從此南冠欲脫卻，殘年盡可付閒鷗[80]。

「祝詞」中提及日人惡政「彼強我以忘卻過去拋卻父祖一切固有文化。言語也、習慣也、文字也、信教也、彼皆強我拋棄之、甚而至、母子不能通言語、父子不能通音信、祖宗之牌位亦不能立於正廳之中。父祖之籍貫姓氏亦不得繼承、舉一切過去而拋卻之、既無過去何有現在」，並稱「回憶三十年前，梁任公（梁啟超）先生在此江山樓與我臺士人、酬詠梁氏詩中有句曰『樽前相見難啼笑，華表歸來有是非』。可見當時祖國名士與我臺遺民樽前相見，欲啼不能，欲笑不得、何等感慨、何等不自由。而今則不然、地猶是也、樓猶是也、而臨席之黃顧問黃參謀張上校、可以直接向我等被救還之六百萬遺民傳達祖國蔣主席以次同胞父老之雅懷。而我等亦可以表示思慕祖國之至誠。欲啼則啼、欲笑則笑、無所顧忌、無所拘束。此等幸福與歡喜實吾人所夢想不到者。撫今追昔、能不慨然、任公有知當亦含笑於地下歟!」[81]。「祝詞」與「八月十五日以後」短詩，均說明林茂生當時的心境，是衷心歡迎祖國光復臺灣的。

（二）林茂生社會地位迅速提升及其榮耀

日據時期曾參與《興南新聞》的舊從業人員，於光復時的 10 月 10 日創辦《民報》，並推舉林茂生為社長、發行人登記為吳春霖，總主筆為陳旺成[82]；次（11）月，教育部特派員羅宗洛抵台，以「接收

80　林茂生，「八月十五日以後」，前鋒（光復紀念號），台北：台灣留學國內學友會，1945 年 10 月 25 日，覆刻出版社：傳文文化事業有限公司，p.5.

81　林茂生，「祝詞」，前鋒（光復紀念號），台北：台灣留學國內學友會，1945 年 10 月 25 日，覆刻出版社：傳文文化事業有限公司，p.12.

82　a.何義麟，「戰後初期台灣報紙之保存現況與史料價值」，台灣史料研究，8 號，台北：財團法人吳三連台灣史料基金會，1996 年 8 月，p.89.

　　b.鄧進益，口述歷史，第 4 期，台北：中央研究院近代史研究所，1993 年，p.94.

主任委員」身份主持接收臺灣大學的工作，總承校務行政事宜，故是「代理校長」。當時，羅宗洛打聽林茂生的學經歷與人望，乃推荐林茂生出任臺灣大學的「接收委員」，旋獲陳儀長官的聘任，並自 11 月 1 日起聘林茂生為臺灣大學教授，擔任東洋哲學的課程。此外，林茂生也擔任「校務委員」，期間並以「校務委員」代行文學院院長職務[83]。另在當時臺灣省行政長官公署教育處處長范壽康的網羅下，林茂生成為「教員甄選委員會」的十二位委員之一[84]。 短短幾個月，因臺灣光復重回祖國的懷抱，改變了林茂生的命運，使他的事業躍上層樓，社會地位迅速上升，榮耀光彩接踵而至，遠非日據時代的林茂生所可想像。例如：

1945 年

10 月 7 日 「臺灣慶祝國慶籌備會」成立，林茂生被推為七名主席團代表之一。

10 月 10 日 國慶大會於公會堂舉行，主席團代表之一林茂生發表演說。

10 月 10 日 《民報》創刊，林茂生出任社長、吳春霖掛名發行人。

10 月 16 日 臺灣人文科學會成立，林茂生任發起人代表、委員長。

10 月 25 日 林茂生與林獻堂等在臺北中山堂受降典禮台上觀禮，林茂生並發表慶祝光復演說。

10 月 26 日 參加「臺灣建設協會」，會長為林獻堂、林茂生任幹事。

---

[83] a.楊彥彬，「林茂生與台大文學院接收初探」，史繹，22 期，台北：國立台灣大學歷史系學會，1991 年 5 月，pp.6-9.

b.李東華，「二二八事件中的臺灣大學」，二二八事件 60 週年紀念論文集，台北：台北市政府文化局、台北二二八紀念館、中央研究院台灣史研究所，2008 年 3 月，p.181.原見《羅宗洛回憶錄》，並參考其〈接收台灣大學日記〉。

[84] 張厚基，「林茂生先生軼事」，林茂生博士紀念專輯，台南：台南長榮高級中學，1991 年 7 月，p.10.

10 月 28 日　台北成立了「省外台胞送還促進會」。次日成立大會上，林獻堂被選為促進會會長、林茂生和陳炘被選為副會長。

10 月 29 日　「臺灣文化協進會」成立，林茂生任發起人之一，並在會中發言。該會宗旨為「發揚三民主義，改造精神文化」。

11 月 1 日　林茂生受聘為國立臺灣大學教授（教育部特派員羅宗洛於 10 月

11 月 17 日　抵台接收台大，渠推薦林茂生任臺灣大學「接收委員」，獲陳儀長官之聘任，羅氏委派林茂生負責文政學部之接收工作）。

11 月 18 日　「臺灣文化協進會」籌備會在臺北劇場舉辦首次演講會，林茂生應邀演講，題目是「臺灣文化之革命」。

11 月 20 日　林茂生奉命接收並兼任淡水中學、淡水女子中學、中山女子中學三校校長。

12 月　行政長官公署教育處處長范壽康邀請下，林茂生擔任「教員甄選委員會」的十二位委員之一。

1946 年

3 月　林茂生參加警備總部參謀長柯遠芬中將創立的「正氣學社」，擔任幹事。

4 月 20 日　林茂生當選「臺灣省新聞記者公會」理事。

5 月 4 日　「臺灣文藝社」成立，林茂生為發起人之一。

6 月 16 日　「臺灣文化協進會」在臺北中山堂舉行成立大會，林茂生出任理事。

6 月後　林茂生於「延平大學」兼課。

8 月　林茂生當選國民參政會參議員（臺灣有七個名額）。

10 月 14 日　「臺灣各界慶祝蔣主席六秩壽誕辰籌建介壽館獻金委員會」由林獻堂擔任主席，「獻金委員會」的約一百名委員名單中，林茂生在列。

12 月 12 日　在抗議「澀谷事件」的遊行上，林茂生受學生之邀演講。

　　12 月 28 日　林茂生出席在臺灣省警備總司令部中山俱樂部舉行的「正氣學社」第一屆社員大會，並應邀在會中致詞[85]。

八、見解迷惘

　　1946 年 5 月底，林宗義（林茂生次子）偕新婚才一個月的太太美貞，離開其求學行醫前後七年的東京，返抵臺灣基隆，並於 5 月 30 日返抵家門（錦町、前台北高校，當時已改名為「師範大學」，在該校對面的日式宿舍）。是（30）日晚，林茂生與其子林宗義在家中後院納涼，徹夜長談。據林宗義的回憶，當時林茂生稱；他們中國人口口聲聲說我們是「同胞」，事實上，他們對待我們，比日本人對待我們還不如。所有的官位，所有的權勢，所有的好處，他們樣樣都霸佔，把臺灣人當工具，當奴隸，認為臺灣人卑賤。光復到現在，他們中國人還沒提過一句「臺灣應如何建設」的具體計畫，還沒有找臺灣人參詳未來情勢的打算。戰後，百業殘破，急待復原，中國人對臺灣的農業與經濟，什麼都不懂，只知道想辦法管臺灣人。臺灣人沒有社會地位，又沒有機會參與政治。臺灣一片「黑天地暗」[86]。

　　林茂生認為所有的官位，所有的權勢，所有的好處，都由外省人都霸佔的見解，似與事實有所出入。因當時臺灣最大縣市的台北市長黃朝琴、台北縣長連震東、高雄縣長謝東閔、新竹縣長劉啓光、宣傳媒體新生報社長李萬居、臺灣廣播電台總台長林忠等全是本省人，而

---

[85] a.楊正堂，林茂生文化理念與教育實踐，台灣：國立東華大學教育研究所碩士論文，2004 年 7 月 17 日，pp.64-66.

　　b.李東華，「二二八事件中的臺灣大學」，二二八事件 60 週年紀念論文集，台北：台北市政府文化局、台北二二八紀念館、中央研究院台灣史研究所，2008 年 3 月，p.181.原參自《羅洛宗回憶錄》及其〈接收台灣大學日記〉載於《植物生理學通訊》，1946 年 1 月 16 日則。

　　c.陳逸松口述、吳君瑩紀錄、林忠勝撰述，陳逸松回憶錄，台北：前衛出版社，1994 年 6 月，pp.310-311.

　　d.李筱峰，林茂生•陳炘和他們的時代，台北：玉山出版公司，1996 年 10 月，pp.132-257.

[86] 林宗義口述、胡慧玲整理，「我的父親林茂生」，胡慧玲著，島嶼愛戀，1995 年 10 月，pp.9-11.

且掌控實權[87]。黃朝琴在其回憶錄中，還特別敘述當時他自日人市尹（即市長）土居接收台北市政府的風光場面，並稱他是儘量擢用省籍幹部[88]。斯時，台北市政府的秘書楊基銓、參事黃炎生、財政局長劉萬枝、教育局長黃啓瑞、衛生局長高敬遠、民政局長黃介騫、公用事業處長廖文毅與公車處長周耀星等均是本省人[89]。故林茂生稱外省人將臺灣人當工具當奴隸的說法，有欠公允。

（一）林茂生見解迷惘（一）vs 楊雲萍

就林茂生本人而言，如前段整理的資料顯示，臺灣光復回歸祖國的來到，使他的社會地位迅速提升；10 月 10 日出任《民報》報社的社長。10 月 25 日在臺北中山堂受降典禮台上觀禮，林茂生不但任主席團主席，並續行政長官陳儀、中國國民黨臺灣省黨部主委李翼中的致詞後，發表慶祝光復的演說，這是何等的榮耀。接著，林茂生奉命接收並兼任淡水中學、淡水女子中學、中山女子中學三所中學的校長。台大校長羅宗洛更是主動推薦延聘他出任臺灣大學的「接收委員」，並曾以後者身份代行「臺灣大學」文學院院長職務。此外，行政長官公署教育處處長范壽康，則邀請他擔任「教員甄選委員會」的十二位委員之一。只是，當時諸接收委員先後擔任各院院長，例如杜聰明就出任醫學院院長，但林茂生卻未能出任斯時負責接收之文政學部院長，而是以「接收委員」身份代行台大文學院院長乙職。1946 年 9 月 30 日，林茂生任社長的《民報》社論「對臺灣大學的期望」，內有「…只看那文學院院長到現在還沒有來任」乙語，似可窺見林茂生對其未能真除似有不滿[90]。

但總體說來，光復後，林茂生的地位提升及其參加一連串的社會

---

87 林忠，台灣光復前後史料概述，pp.178：180-181：187-188.

88 黃朝琴，朝琴回憶錄，台北：龍文出版社，2001 年 5 月，pp.137-139.

89 戚嘉林，台灣史（增訂版），台北：海峽學術出版社，2008 年 4 月，p.557.

90 李東華，「二二八事件中的臺灣大學」，二二八事件 60 週年紀念論文集，台北：台北市政府文化局、台北二二八紀念館、中央研究院台灣研究所，2008 年 3 月，p.182.

活動，意氣風發，所有的這一切，顯然是拜光復之賜。以今日術語來說，林茂生自己就是臺灣光復的受益者，這與日據時期遭日人壓抑，反差是何等的巨大。當然，每個人對世間恩義情懷的認知不同。當時，臺灣省編譯館館長許壽裳（1883-1948、浙江紹興人），也曾主動延聘本省人楊雲萍擔任該館臺灣研究組的主任。1947 年 5 月「編譯館」遭改組，許壽裳復力荐楊雲萍出任「臺灣大學」歷史系教授[91]。1948 年 2 月 18 日，時任「臺灣大學」文學系系主任的許壽裳，慘遭國府特務暗殺[92]； 一年前的 2 月 28 日，臺灣爆發二二八事件，是時國軍鎮壓，本省人淒風苦雨，本省菁英對外省人恨怨尤深，政治風向亦抹黑陳儀。然而，楊雲萍卻連續於 1947 年 8 月及 1948 年 4 月，公開為文表達許壽裳生前謬荷知遇的恩義，及為文呈陳儀以示肯定其重視台史之意[93]。同是受人提攜，楊雲萍公私點滴在心，並冒巨大政治風險感念提攜之恩。然而，身為同一時代知識份子的林茂生，在其 1946 年 5 月 30 日的父子對話中，林茂生卻無片語感念臺灣光復祖國帶給他的榮躍，感念台大外省校長羅宗洛與長官公署教育處處長范壽康對他的照拂？

（二）林茂生見解迷惘（二）vs 林獻堂、李萬居等

就整個臺灣社會而言，就在林茂生與次子林宗義徹夜長談的上個月四月份，陳儀政府甫辦理完竣臺灣歷史上首次完全開放民主自由的選舉，逐級選出鄉鎮縣市省等各級民意代表，例如 30 名省參議員、30 名候補省參議員、523 名縣市參議員，7,078 名鄉鎮民代表，全部都是本省人，沒有一名外省人，與日人操控的假選舉，不可同日而語，這在僅僅數個月前日據的五十年是不可想像的，短短的數個月間，本省

---

[91] 楊雲萍，「許壽裳先生的追憶」，中外雜誌，30（4），1981 年 10 月，p.29.

[92] a.黃英哲，「許壽裳與台灣（1946-48）」，陳永興，二二八學術研討會論文集（1991），台北；二二八民間研究小組，1992 年 3 月，第一版二刷，p.117.

b.筆者印象深刻記得多年前曾親閱一名特務回憶渠奉命親手殺害許壽裳之事，記得是在傳記文學或中外雜誌的雜誌中見過該文。

[93] a.楊雲萍，「近事雜記（六）」，台灣文化，2（5），台北，台灣文化協進會，p.12.

b.楊雲萍，「近事雜記（十三）」，台灣文化，3（3），台北，台灣文化協進會，p.23.

人獲得日據五十年從未有過的政治權力與民主。

　　當時除了一般民眾對於選舉自治活動表現熱烈興奮，地方有志之士反應更為踴躍。台人菁英林獻堂、黃朝琴、李萬居、吳新榮、⋯⋯等均肯定光復後政府在臺舉辦的第一次大選[94]。然而，同一時間點下的台人菁英林茂生，卻稱臺灣人沒有社會地位，又沒有機會參與政治的說法，是有欠公允的。

（三）林茂生見解迷惘（三）vs 陳逸松與鹽見俊二

　　關於林茂生抱怨光復後到現在（1946 年 5 月 30 日），中國人還沒提過一句「臺灣應如何建設」的具體計畫乙事，林茂生是學貫中西的知識菁英，似宜客觀地審視那個時代。因為，林茂生是生在那個時代並走過日據末期美軍狂轟濫炸二百天的人，他的家鄉臺南市，單是 1945 年 3 月 1 日美軍的大轟炸，當天 44 架 B-24 重轟炸機對臺南市投下 380 餘枚每枚五百磅的燃燒彈，全市陷於火海[95]，許多地方瞬間化為廢墟，是日臺南市遭炸斃者即約二千人以上，死屍遍處[96]。1945 年 5 月 31 日，美機出動 117 架 B-24 重轟炸機，對台北市進行大轟炸，入夜後火海依舊映照夜空，那時林茂生也人在臺北。斯時，全台遭美軍狂轟濫炸二百天，臺灣遭受空前的破壞，早在 1945 年春臺灣就已陷於準飢饉狀態，市面商家貨物空蕩，林茂生可是親身經歷的啊！陳儀於 10 月 24 日抵台受降後，立即全力投入戰後復原工作，且斯時長官公署與台北、基隆、台中、臺南、高雄等各縣市政府機構，三天一會五天一會的正全力想方設法解決臺灣大糧荒，當時的報紙新聞都有[97]，林茂生是辦報的報人，應該很清楚。

　　此外，就在林茂生與其次子林宗義徹夜長談三十天前的 5 月 1 日，

[94] 鄭梓，本土精英與議會政治，台北：自刊，1985 年 6 月，pp.5-22.

[95] 鍾堅，台灣航空決戰，p.264.

[96] a.韓石泉，六十回憶，pp.56-59.
　　b.鄭朝如，「台南大空襲」，大華晚報，1984 年 4 月 23 日。

[97] 戚嘉林，台灣二二八大揭密，台北：海峽學術出版社，2007 年 2 月，pp.231-232.

陳儀在其對臺灣省第一屆省參議會成立演講時，就提及「……，而糧食的恐慌，肥料的缺乏，尤其是我當初所不曾預料到」[98]。當時，歷史真相是，日本殖民當局於戰前 1944、43、42 年糧米收成狀況遠較 1945 年為佳的情況下，日人卻因米糧供給嚴重不足，而在臺實施嚴厲的糧米配給，甚至是實施配給量不足正常食用三分之一的嚴酷配給。在戰前 1945 年春夏早已完全掌握臺灣因美軍轟炸、旱災、及百分之九十需自日本進口的肥料供給中斷，即將面臨糧荒大災難的資訊下，就在要將臺灣歸還我國前的九月上旬，蓄意放棄對米糧等各項物資的管制。就個別百姓而言，社會上不但突然糧米充裕，使得各地的餐廳（料理店和飲食店）如雨後春筍，米糧消耗驟增。就整體社會而言，據估計，日人投降後一、二個月民間所大肆浪費的糧食，可維持臺灣半年份的食用[99]。就農產品米糧的生產特性而言，臺灣米糧生產一年僅兩期，稻米是無法立即產出。據米穀專家們估計，依當時臺灣現存米穀與第二期的收穫量，到了明（1946）年的二、三月，臺灣社會就將進入饑餓狀態[100]。此外，日人乘我國官員尚未抵台接收前，自日本本土以專機運進大量鈔票發放在臺日人[101]。使得在臺日人可搶購當時全台已是極度匱乏的物資，大大地加速了臺灣的通貨膨脹，陷臺灣於三百年未有的悲慘境地。

　　關於光復當時的糧食困境，與林茂生一樣在臺歷經 1945 年初美軍轟炸二百天的陳逸松，當時卻能從肥料輸入中斷、日本軍部漏出許多米糧、管制米糧配給「集荷機構」的失靈、及安南暹羅等東洋各產米地方也同樣大減收，無法從外地輸入米糧等因素，客觀分析即將發生的糧食不足問題[102]。此外，1945 年 11 月 5 日，台北「政治經濟研究會」在該會本部，舉辦了一場「糧食問題討論會」，對當時臺灣的大

[98] 陳文達，「台灣省參議會成立經過記錄」，台灣文獻，42（1）：106.

[99] 蘇新，「糧食問題對策--政治經濟研究會第一次討論會記錄」，政經報，1（2）：16-20.

[100] 蘇新，「糧食問題對策--政治經濟研究會第一次討論會記錄」，政經報，1（2）：17.

[101] 鹽見俊二著，財團法人日本文教基金會編譯，秘錄•終戰前後的台灣，台北：文英堂出版社，2001 年 11 月，pp.（1）：19-25.：

[102] 陳逸松，「目前緊急的政治諸問題」，政經報，1（2）：3-4.

糧荒，也有如上述深入的瞭解，並刊載當時公開發行的「政經報」半月刊雜誌[103]；日據末期，曾任臺灣總督府主計課長的鹽見俊二，處理全台機密事務，深知當時臺灣超級糧荒的嚴重性，故早在 1946 年 1 月 17 日，即陳儀抵台才二個月，就預言「糧食不足狀態可決定臺灣今後數年之命運，也可能發生將決定在臺日本人命運的重大事態。治安混亂乃起因於糧食不足」「今後的治安混亂將是非常可怕的」「中國的警察力尚未能防止如此事態之發生」[104]。也就是說，鹽見俊二不但能深入瞭解分析當時臺灣社會情況，連我國在臺警力無法勝任防止事件的發生也知道，並早在一年前就精準地預見了臺灣未來的命運。

林茂生不是一般芸芸大眾，不是一般普通的知識份子，他是東京帝大畢業的菁英。然而，林茂生與鹽見俊二、陳逸松都是東京帝大畢業，道相似也，年相若也，且同樣歷經日據末期臺灣的戰爭災難，但為何林茂生的見解是那樣的貧乏？

（四）辭國民參政員風波

「國民參政會」原是抗戰時期，國民政府召集各省各黨人士組成的戰時國家民意機構。各省依大小分配名額，臺灣分到八個席次。光復後臺灣省採間接選舉制，由省參議會第一屆三十名參議員投票選出。參選者約共 40 人左右，1946 年 8 月 15 日開放政見發表大會，共二十餘人演講，當時林茂生也參加這次競選。16 日，投票結果，前五高票分別為林忠、林宗賢、羅萬俥、林獻堂、廖文毅，第六高票有林茂生、楊肇嘉、陳逸松、吳鴻森、杜聰明等五人均為 12 票。依規定，五人抽籤選出三人即可。當時民政處長周一鶚卻宣佈選票出問題，因有一張票的「廖文毅」的「廖」字筆跡有點模糊，另一張是「楊肇嘉」的「肇」字多了一劃，並堅持請示中央。9 月 1 日，中央來電通知，

---

103 編者，「糧食問題對策」，政經報，1（2）：16-20.

104 鹽見俊二著，財團法人日本文教基金會編譯，秘錄•終戰前後的台灣，台北：文英堂出版社，2001 年 11 月，p.71.

決定疑問票作廢，因此楊肇嘉變成 11 票而落選，廖文毅因少一票變成 12 票而要參加抽籤。6 日抽籤結果，廖文毅落選，其餘四人包括林茂生均當選[105]。

　　但抽籤前 5 日晚八時，林茂生親自到省議會秘書長連震東寓所，送文表示不論當選與否，他將辭退參政員職務。林茂生之所以辭退參政員一職，一方面是為抗議選票裁決不公，另一方面是針對臺灣行政長官公署制度的的「本省停止公權人登記規則」而發，因該規則規定「凡在過去日本佔據時代，曾在皇民奉公會實際工作者，須受停止公權之處分」。惟由於參政會並未正式接受辭呈，故林茂生一直均保有參政員資格[106]；一個半月前，林茂生與其子對話中，對國府的怨懟是何其深也，但未何又要參加國府的「國民參政會」選舉呢？

九、林茂生二二八之死

　　1947 年 2 月 28 日，臺灣發生二二八事件，這是臺灣近代史上最悲慘不幸的一次動亂事件。當天午後，台北大暴動開始，本省民眾於台北市街大肆毆打外省人。當天「台北城每一個角落裡，差不多到處都橫臥著外省人的屍體，到處都流濺著外省人的鮮血」「據估計：就在二十八日這一天，外省人被打死的，便有一百多人，打傷的共九百多人」[107]。接著的幾天，其他主要城市如基隆、桃園、台中、嘉義、臺南、高雄等地，亦均掀起恣意劫掠，到處毆打外省人之風，甚至輪

---

[105] a.張厚基，「林茂生先生軼事」，林茂生博士紀念專輯，台南：台南長榮高級中學，1991 年 7 月，p.10.見 1987 年 11 月 9 日民眾日報第十一版

　　b.錢安慶，「江山代有人才出　我唾棄政治的爛攤子」，林茂生博士紀念專輯，台南：台南長榮高級中學，1991 年 7 月，p.23.

[106] 張厚基，「林茂生先生軼事」，林茂生博士紀念專輯，台南：台南長榮高級中學，1991 年 7 月，p.10.見 1987 年 11 月 9 日民眾日報第十一版。

[107] a.唐賢龍，台灣事變內幕記，上海，中國新聞社出版部，1947 年 6 月，p.93.

　　b.關於 2 月 28 日台北市外省人死傷人數，「台灣二二八事變紀言」載稱，就台北市外省公教人員被毆打死傷失蹤者即有 1000 餘人，他如在輪船火車途中被毆死傷人數，更是不計其數。見國防部史政局秘密稿本，「台灣二二八事變紀言」，李敖編著，二二八研究，p.31.

姦外省女眷。[108]。

（一）林茂生憂慮「政府與大陸都想報復」

關於本省民眾大肆毆殺外省人乙事，林茂生在 2 月 28 日事件當晚，與其子林宗義家敘談話中表示「我希望這場反政府的暴動，不要蔓延太過份；暴力越惡化，越擴張，臺灣人就忍受越多的犧牲」。3 月 4 日，林茂生復告其子林宗義稱「我不知道，我非常擔心這次事件會持續下去，直到災難降臨」。6、7 兩日，謠言盛傳，從中國大陸來台的援軍就要來到，林茂生語其子稱「臺灣人一定會被消滅，我不知道如何防止這事發生。臺灣人實在把事鬧大了，政府與大陸都想報復」。9 日，國軍抵台，接管電台、火車站與政府大樓，處委會被命令解散；9 日晚，林茂生與其子林宗義餐後散步，林茂生略以中國人與日本人的百年對敵，是眾所周知的。在中日戰爭以及 1930 年代日本侵略中國以後，中國人對日本人的仇恨更加強烈，這些負面的情緒，現在就轉嫁到臺灣人身上，……二二八事件時，有幾個特定實例，有些臺灣人的激烈者，甚至企圖取代統治，又對大陸人施以肉體傷害。在中國人眼裡，這些人必須予嚴懲，必須予以教訓等語（至於如何教訓？林宗義稱他與父親林茂生那時都不知道）[109]。

（二）吳濁流的見解

3 月 8 日晚，國府援軍抵台，形勢立即逆轉，林茂生旋於 11 日遇害。關於林茂生在二二八中遇害一事，在此先介紹與林茂生同時代本省知識份子著名作家吳濁流（本名吳建田，1900-1976，臺灣新竹新埔客家人）的看法，再予補充。因為，同時代臺灣的知識份子，他們有共同的生活經驗，共同的歷史記憶，故其分析法當有其那個時代的意

---

108 許常惠，「我為二二八譜曲」，聯合報，1994 年 2 月 28 日，第 37 版。

109 林宗義，「林茂生與二二八-他的處境與苦悶」，陳芳明編，二二八事件學術論文集，台北：前衛出版社，1991 年 1 月台灣版第四刷，pp.22-31.

義。

　　吳濁流稱，民報社長生死不明，「有一種說法是林氏的失蹤並非由於民報的關係，而是因林氏與美國駐臺領事卡氏（Kerr）有關係，涉嫌參加臺灣由美國託管的運動」[110]。1960 年代初期至 1970 年代初期，吳濁流為安排其著作在日本出版事，每次到日本時，都會在歷史學家戴國煇中家住個十來天。居中不免臧否起臺灣人物。當談及林茂生，吳濁流再三叮嚀，決不能在其有生之年發表的是「林茂生與美國人的關係」。吳濁流告訴戴國煇說：林茂生在日據時期抗日並不積極，即連溫和如初期文化協會的文化啓蒙活動，他也不熱中。為此，吳三連等人還曾在《臺灣青年》等刊物上，撰文指責林茂生的不是。吳濁流分析林茂生之所以消極抗日的原因說，日據時期臺灣人在學術文化界地位被認為最高的，要屬唯一台籍擔任台北帝國大學醫學部教授的杜聰明。反觀林茂生不只是畢業於東京帝大的第一位臺灣人，還獲得日本臺灣總督府的資助，到美國哥倫比亞大學留學，得到哲學博士學位。他自認為學經歷俱佳，比諸杜聰明不但不遜色，且遠過於杜，更足堪勝任台北帝大教授，該同享尊榮。林茂生既一心巴望日本當局垂青賞識，給予高教職，以遂所願，當然生怕觸怒總督府，壞了生平大願，也就不願戮力於文化協會的抗日活動。但林茂生雖已盡力以溫和姿態敷衍日本當局，卻始終未能如願。其實，林茂生沒有搞清楚，以杜聰明並不特別光彩的學歷（杜聰明於台北醫學校畢業後，被特許至日本京都帝國大學唸得醫學博士，再回台北帝大任教）之所以能獲得日本當局青睞，主要是，當時頗多臺灣醫生出錢出力支持抗日運動，其龍頭為杜之同班同學蔣渭水醫師，其影響力特別突出，令日本當局頗為頭痛。因此刻意抬高杜聰明的地位，做為樣板，以達安撫、收編臺灣醫界人士的目的，這是從現實政治利益著眼，所做的安排。而林茂生一介文人書生，只不過是英、德文的語文教師，無錢無勢，抗日運動也不甚有力，用不著列為招安對象。因而林茂生只好停留在「臺南高

---

[110] 吳濁流著，鍾肇政譯，台灣連翹，台北：前衛出版社，1993 年 3 月第一刷，pp.182-183.

等工業學校」教授的相對性低位[111]。

　　據吳濁流透露，一俟光復，林茂生卻忙著向百姓及祖國表態，惟恐晚搭了「光復號」巴士。積極接受了「民報」社長的「空銜」，坐上了「民報」激進少壯派抨擊長官公署的「台報轎子」而不自覺，此可列為林受害原因之一。吳濁流還提及，林茂生大改既往的穩和作風，除了參加國民參政員的選舉外，為了搶做台大文學院院長還與對手有過糾葛。「二‧二八」事變過程中，台籍台大教授內部已醞釀爭奪台大校長席位之局面。所以，不排除成為被借刀除去的可能性之一。因為，林係既懂英文又是留美的唯一台籍資深博士教授故也。此外，就是林茂生與美國人的關係，台北有幾位年輕年人，包括一位林本源家（臺灣首富）的某君，他們前赴美國駐台領事館請願，推舉林茂生為代表，請他以英文表達他們的意願，斯時唯一能講流利英文的只有他一個，林且因有教會關係，光復不久就與美加在臺人士建立關係，人人認為他方便溝通。其語言能力和人脈關係好，反而害了他自己，是歷史悲劇。此事被長官公署探知，林茂生因而賠了命，另一位林某則用了家產的一大部份，好不容易才贖回來一條命[112]。

　　吳濁流分析的方向看似正確，但如果僅僅是年輕人藉用林茂生的流利英語方便溝通，應不致如此嚴重。吳濁流可能不知道，3月3日，會講外語的臺灣人李萬居等五人，曾代表「二二八事件處理委員會」拜訪美國駐我國台北領事館，要求該館向全球公開事件真相，但遭婉拒乙事[113]。李萬居後來沒事，故林茂生情況，顯然更為複雜。當然，由於吳濁流是一介平民，無法參與機要，所知有其侷限。作為歷史學者，因能觸及日後陸續出現的許多史料，而能作如下更深入的分析。

---

[111] 戴國煇、葉芸芸著，愛憎二二八，台北：遠流出版公司，1992 年 3 月初版四刷，pp.346-347.

[112] 戴國煇、葉芸芸著，愛憎二二八，台北：遠流出版公司，1992 年 3 月初版四刷，pp.346-348.

[113] 黃彰健，二二八事件真相考證稿，台北： 中央研究院、聯經出版公司，2007 年 2 月，pp.479-486.原見 a.美國政府檔案"Foreign Relations of the United States"1947， The Far East China， Volume VII， pp.429-430. b.林君彥，「獨家披露美國國務院二二八事件機密檔案」，新新聞週刊，1991 年 3 月 4 日.c.林德龍輯註，陳芳明導讀，二二八官方機密史料，台北：自立晚報社文化出版部，1992 年 2 月，pp.27：38.

（1）林茂生與美駐台特務接觸可能受其蠱惑

時光暫先倒流至上（1946）年 5 月 30 日晚，林茂生與其次子林宗義徹夜長談時，林茂生稱「照國際法，中國不能算是臺灣的統治者。是麥克阿瑟要蔣介石指派人來接受日軍的投降和武器。只不過，中國卻派出前進指揮所，把臺灣視為佔領地，視為收回的版圖，一切的處理方針以此為準則，連美國領事館的人或軍事人員，都無法參與其事，受其排斥。……戰後各國的命運，像是戰敗國的處置，領土重劃問題或是主權轉換問題，世界輿論曾發揮驚人的力量，但是，我們沒有機會讓他們知道……」[114]。

今人不解的是，林茂生是怎知道美國領事館的人及美方軍事人員，無法參與接收臺灣之事，還受我方排擠。這就如同現在一般臺灣民眾，不可能知道美國在臺協會台北辦事處內美方官員平日做些什麼事？及其與臺灣當局的實質關係如何？很顯然，除了美方駐我國台北領事館官員告訴他，否則林茂生是不會知道。此外，這種外國駐我領事館內的政治業務及其與我方實質關係，事涉機密，或至少是非常敏感事情，美方外交官員不可能透過他人傳話。合理推斷，斯時林茂生當與美國駐台北領事館官員有所接觸，且非泛泛接觸，因為交情不夠，美方官員是不會透露這些敏感內容。

此外，當時正值四月陳儀政府舉辦臺灣首次完全自由的民主選舉，本省菁英透過此次選舉，獲得空前的社會政治地位，本土菁英如林獻堂、黃朝琴、吳新榮……等等，均發自內心肯定政府在臺辦理選舉。再者，臺灣光復之初，全島台民認為日人因戰敗而將搶自我國滿清政府的臺灣歸還我國，是天經地義的事，他們熱烈慶祝臺灣回歸祖國幾達渾然忘我般地程度。當時林茂生不但稱中國為「祖國」，且作詩云「萬里河山返帝州，……痛心漢土三千日，孤憤楚囚五十秋」，也認為臺灣是回返漢土中華帝國。但短短的幾個月，從事教育的林茂

---

[114] 林宗義口述、胡慧玲整理，「我的父親林茂生」，胡慧玲著，島嶼愛戀，1995 年 10 月，pp.16-17.

生，怎麼突然談起即使是今天一般知識份子也陌生的「國際法」，且還會從「國際法」的角度切入，認為中國不能算是臺灣的統治者。斯時，還未有台人菁英能從洋人所謂的「國際法」角度，闡釋臺灣分離主義論述，那林茂生怎麼會有如此與同時代本省菁英不同的分離主義理念？合理的推斷，顯然林茂生可能又是因與美國駐台北領事館官員有所接觸，受到美方駐外官員觀點的蠱惑。

關於林茂生可能與美國駐台北領事館官員有所接觸事，其子林宗義證實，美國駐我台北領事館副領事 George H. Kerr（中文姓名為葛超智），曾數次探望林茂生[115]。那時，美國駐我國台北領事館內的職員不算，美籍官員只有三位，即領事 Ralph J. Blake、副領事 George H. Kerr 與新聞官 Robert J. Catto[116]。鬼使神差，與林茂生接觸的這位副領事 Kerr，其真實身份是美國特務。

（2）Kerr 的真實身份當為美國特務

George H. Kerr（1911 年 11 月-1992 年 8 月），美國賓州人，紐約哥倫比亞大學畢業，1935 年獲夏威夷大學藝術碩士後，前往日本。1937-1941 年間 Kerr 來臺灣，在「總督府台北高等商業學校」「台北州立第一中學（今建國中學）」與「台北高等學校」擔任英文教師，當時就有人懷疑他是美國情報部門派來臺灣臥底的間諜。1941 年 12 月 7 日，太平洋戰爭爆發，日人將 Kerr 遣送回美國。後來美軍計劃進攻日本，臺灣屬於尼米茲上將（Admiral Chester Nimitz）的海軍戰區，海軍部為了作攻略臺灣的準備，訓練了二千人，作為一旦攻佔臺灣後的美國軍政府幹部。斯時，Kerr 即以臺灣專家的角色參與，並於1942-1943 年任職美國國防部軍事情報總部，1944-1945 年則任職於美國海軍情報中心。二次大戰結束後，Kerr 以美國駐中國重慶大使館海

---

115 劉明堂，「記者劉明堂專訪報導」，林德龍輯註，二二八官方機密史料，台北：自立晚報出版部，1992 年 2 月，p.256.原文見〈自立晚報〉1991-02-25。
116 朱源源、黃文範，「葛超智二二八事件中的角色」，二二八事件 60 週年紀念論文集，pp.432-433.

軍武官處職員的身份，於 1945 年 10 月 25 日抵台開辦美國駐我國台北領事館，任「海軍副武官（Assistant Naval Attache）」，及後改任副領事。Kerr 抵台後第一份報告，行文的副本送美國駐我重慶的大使館，正本卻是呈日本東京「盟國最高統帥總部」的「美國政治顧問辦公室」（Office of The United States Political Advisor），再轉呈美國國務院，簽署官銜為「備役海軍上尉」（Lt. George H. Kerr）。在嚴謹的內部公文流程上，Kerr 顯然非來自美國國務院外交體系的真正外交官，且 Kerr 沒有美國陸海軍官校的正式資歷。此外，Kerr 能在短短三、四年間，先後以海外的高中英文「教師」、軍職「海軍副武官」與外交官「副領事」三種截然不同專業職銜的面目出現，合理推斷，Kerr 當是隸屬於美國情治單位的特務[117]。

（3）美國駐我台北領事館對臺灣的顛覆

　　就在林茂生與其子對話的一個月前（1946 年 1-4 月），美國陸軍情報部居然在我國剛光復的領土臺灣，辦理有關臺灣人國家認同的「臺灣民意測驗」。全案係 Kerr 計劃，由情報組長摩根上校（Col, Morgan）伴同日人通譯員，公開訪問不同階層、不同政治思想派別的臺灣人談話，由「出生」問起，從問學歷、問到「對中國政府及中共的看法」和「臺灣的未來」等問題，共費時三個月，訪問過三百多名臺灣人。不久，美國《紐約時報》與上海美國人辦的《密勒氏評論報》就刊出評論稱「假如臺灣實行公民投票，臺灣人首先選擇美國，其次選擇日本，決沒有人選擇中國」[118]。這句「決沒有人選擇中國」的評論，實

117　a.黃彰健等著，「檔案與口述歷史之間（二）：美國與二二八」，海峽兩岸二二八事件學術研討會論文，中國大陸：廈門大學，2006 年 8 月，pp.1-5；63-68.
　　b.朱源源、黃文範，「葛超智二二八事件中的角色」，二二八事件 60 週年紀念論文集，pp.429-439.
　　c.司馬文武，「檀島一老，台灣見證者」，新新聞周刊，1991 年 3 月 18-24 日，p.75.
　　d.陳翠蓮，「檢視二二八事件需多方發掘討論」，中國時報，1999 年 3 月 1 日，第 15 版.
118　蘇新，「美軍情報部的『台灣民意測驗』-光復初期托管論與臺獨」，海峽評論雜誌社編輯部，台灣命運機密檔案，台北：海峽評論雜誌社，1991 年 11 月，pp.84-85.

在太過分，但也看得出此一「臺灣民意測驗」的預設立場。

　　另一方面，在 Kerr 的主使下，本省人黃紀男於 1947 年 1 月 15 日曾草擬一份致馬歇爾將軍的臺灣人請願書，計 141 人簽名、代表 708 人。該請願書結論稱「改組臺灣省政府的最迅速方法，端賴聯合國接管臺灣，切斷與中國之政治經濟連帶關係，以俟完全獨立」（shortest way of reformation of the Provincial Government （of Taiwan） is wholly to depend upon the United Nations Joint Administration in Formosa, and cut the political and economical concern with China proper for years until Formosa becomes independent）。是（1947）年 3 月 3 日，處委會林宗賢等五委員拜訪美國駐我台北領事館後，Kerr 乃於向美駐我國大使館報告二二八事件時，乘機將此請願書併案電呈[119]。在此，因無這份 114 人之簽名名單，無法得知何人曾否簽名？惟此請願書要點與林茂生半年前 5 月 30 日的分離主義理念，居然如出一轍。

（4）林茂生不瞭解國府的情報能力

　　林茂生一介書生，一生在教育界工作，無公務行政經歷，對國家機器的情治監控難有深入瞭解。例如日據時期台人菁英的反日一舉一動，都遭日人嚴密監控，而留下了《臺灣總督府警察沿革誌》。此外，相信當時的林茂生，很難想像與他接觸的美國副領事 Kerr，居然是美國特務。當然，相信林茂生也很難瞭解國府的情治作業能力。例如，早在 1946 年 4 月，國府保密局就派陳愷來台，籌組臺灣站，其運作方法居然是以社會中下階層為然。二二八事變前，保密局已在各地積極吸收如經營酒家、舞廳、茶室等特種營業從業人員，包括流氓及流氓頭子，為該局所用，以建立所謂之社會基礎。二二八事件時，保密局臺灣站站長是臺灣雲林莿桐人林頂立[120]。2 月 28 日下午台北發生大暴

119 黃彰健，二二八事件真相考證稿，台北： 中央研究院、聯經出版公司，2007 年 2 月，pp.479-483：525-536.

120 陳翠蓮，「解讀許德輝《台灣二二八事件反間工作報告》」，台灣史料研究，第 27 號，台北：財團法人吳三連台灣史料基金會，2006 年 8 月，pp.134：138-139.原引陳愷，「二二八事

動，參謀長柯遠芬立即前往長官公署晉見陳儀，奉令部署戒嚴。柯遠芬旋準備戒嚴，同時指示所有情報機構，包括憲兵特勤組（張慕陶團長）、軍統局台北站站長林頂立及警備總部調查室陳達元（1946 年 2 月陳達元曾辦理許丙臺灣獨立運動乙案），自即日起動員所有人力偵查事變為首份子，並嚴密監視[121]。斯時，林頂立指揮的甲級流氓頭子許德輝（臺灣人），還率人從事反間工作[122]。

此外，臺獨份子黃紀男於 1948 年 1 月 25 日抵香港，廖文毅帶了兩位來自臺灣西螺及另一葉姓友人來接。在赴葉氏住處途中，黃紀男告以他係透過美國新聞處卡度（Robert. J. Catto）處長幫助，搭乘美國救濟分署漁船離台。隔天大早，《文匯報》就詳細報導了卡度如何幫助黃紀男的偷渡經過[123]。由前述諸事可見國共的情報能力，遠非林茂生所能想像。因此，林茂生與美國副領事特務 Kerr 的接觸種種情事，合理推斷，勢已早遭國府情治單位監控。

（5）林茂生與二二八事件

二二八事件發生後第二天的 3 月 1 日，台北就出現了「臺灣獨立」「打死中國人」等標語[124]。是日下午二時，民眾千餘人，衝擊延平南路之鐵道管理委員會警察署，經過一個多小時的混亂後，該署被接收，斯時鐵道管理委員會亦被民眾接管[125]。當天，林茂生與王添燈等至石頭橋（今台北市延平北路一段與長安西路交叉）會合，一起前往長官

件前後台北地區之政績與社會民狀況追憶」，侯坤宏、許進發編，二二八事件檔匯編（十六），新店：國史館，2004，pp.210-213.

[121] 柯遠芬，「台灣二二八事變之真像」，中央研究院近代史研究所編，二二八事件資料選輯（一），台北： 中央研究院近代史研究所，1992 年 2 月，pp.17-18：24.

[122] 陳翠蓮，「解讀許德輝《台灣二二八事件反間工作報告》」，台灣史料研究，第 27 號，台北：財團法人吳三連台灣史料基金會，2006 年 8 月，pp.134-141.

[123] 黃紀男口述，黃玲珠執筆，黃紀男泣血夢迴錄，台北：獨家出版，1991 年 12 月 25 日，p.185-186.

[124] 林德龍輯註，二二八官方機密史料，台北：自立晚報文化出版部，1992 年 2 月，pp.10-11. 見 3 月 1 日「台北一日下午二時發參考電」密。

[125] 唐賢龍，台灣事變內幕記，南京：中國新聞社出版部，pp.101-102.

公署抗議，途中林茂生曾勸郭琇琮，絕不能傷害無辜的外省同胞可[126]。2 日，有國立臺灣大學、私立延平學院與省立師範學院的學生數百人集會，會中出現擁護「臺灣獨立」的標語[127]。斯時，在 3 月 1、2 兩日台北市街出現「臺灣獨立」口號的反政府示威群眾中（在場群眾不一定全是擁護「臺灣獨立」），應以林茂生的聲望為最，引人側目。故當時林茂生不可能不遭情治單位監控，且極易使人將他與當時的臺獨運動相連結。

　　3 月 4 日，林茂生赴中山堂「二二八事件處理委員會」開會，並受邀擔任主席。是日，林茂生也曾去台大開會[128]。同日下午，「處委會」在中山堂的會議中，會上有人提出「聯合國托管臺灣」，復原軍屬亦喊出「臺灣獨立」的口號[129]。

　　此外，林茂生與美國駐台副領事特務 Kerr 接觸，可能由於林茂生為留美博士且英語流利，致為 Kerr 相中，數次探望。林茂生可能受其蠱惑，對祖國光復臺灣所予的榮耀無感念之情，反而有與 Kerr 雷同的臺灣分離主義理念，二二八時甚至有所行動，與王添燈等前往長官公署抗議。期間，國府情治單位偵知，林茂生不但與副領事 Kerr 過從甚密，甚且請美供給槍枝及經費。

---

[126] 藍博洲，「革命醫師郭琇琮（中）」，傳記文學，84（5）：123.

[127] a.李翼中，「台灣二二八事件日錄」，中央研究院近代史研究所編，二二八事件資料選輯（二），1992 年 5 月，p.378.
　　b.陳興唐編輯，台灣二二八事件檔案史料（上卷），台北：人間出版社，1992 年 2 月，p.237. 見台灣省行政長官公署新聞室編「台灣暴動事件紀實」。
　　c.柯遠芬，「台灣二二八事變之真像」，中央研究院近代史研究所編，二二八事件資料選輯（一），台北：中央研究院近代史研究所，1992 年 2 月，p.21.

[128] a.林宗義，「林茂生與二二八-他的處境與苦悶」，陳芳明編，二二八事件學術論文集，台北：前衛出版社，1991 年 1 月台灣版第四刷，p.25.
　　b.林德龍輯註，二二八官方機密史料，台北：自立晚報文化出版部，1992 年 2 月，pp.64-65. 見 3 月 5 日，新生報訊密。

[129] 褚靜濤，二二八事件實錄（上卷），台北：海峽學術出版社，2007 年 6 月，p.313.原引自《台灣省「二‧二八」暴亂事件日誌》，《台灣人民「二二八」運動史料》，無頁碼。

（6）林茂生因從事臺灣獨立運動被捕

1947 年 3 月 13 日陳儀呈蔣主席文附件〈辦理人犯姓名調查表〉中，所列林茂生的罪名有三「（一）陰謀叛亂，鼓動該校（臺灣大學）學生暴亂（二）強力接收國立臺灣大學（三）接近美國領事館，企圖由國際干涉，妄想臺灣獨立」[130]，其第三條罪狀，就是超越了陳儀的臺獨紅線。

3 月 16 日，閩台監察史楊亮功視察臺大回來，順路訪問在臺養病的白鵬飛先生（廣西大學校長）。白告訴楊亮功有關林茂生被捕事。楊亮功問「林茂生有沒有參加暴動」，白鵬飛答稱：「林並未參加。有人（杜聰明）曾勸他出來，說：『此時不來，尚待何時？』林並未理會」。楊亮功為這事去見陳儀，詢問林的被捕事，陳儀卻說，林是因搞獨立運動被捕，陳儀並對楊亮功講了些林怎樣搞獨立運動的話，但未答覆楊亮功處理林茂生的辦法。楊亮功回到監察使署辦公處後，再電話找陳儀的顧問沈仲九，要他們慎重處理林茂生的案子，沈亦含糊答覆。後來才知道當楊亮功查問時，林已被處決了[131]。由此可知，林茂生可能是因搞獨立運動被捕，而陳儀對林茂生的痛惡，主要是因為陳儀認為林茂生從事獨立運動，且對林茂生怎樣搞獨立運動，知之甚詳。就公務流程而言，這反應了當時國府情治單位已掌握林茂生從事獨立運動多時，並將相關細節呈報陳儀。

3 月 18 日下午六時三十分，蔣經國於致其父蔣介石的電文要點中，曾提及「親美派—林茂生、廖文毅與副領事 Kerr，請美供給槍枝及 Money，美允 Money」[132]。蔣經國與林茂生無冤無仇，全台那麼多本省菁英，不提別人，僅提林茂生與廖文毅。蔣經國在此一拍發的電文中，

---

[130] 陳儀，「陳儀呈　蔣主席三月十三日呈（第四０號之附件）」，中央研究院近代史研究所編，二二八事件資料選輯（二），台北：中央研究院近代史研究所，1992 年 5 月，p.175.

[131] 黃彰健，二二八事件真相考證稿，台北：　中央研究院、聯經出版公司，2007 年 2 月，p.494. 見楊亮功先生年譜。

[132] 林德龍輯註，二二八官方機密史料，台北：自立晚報文化出版部，1992 年 2 月，pp.157：159.

有關林茂生的簡述，可說是林茂生全案的濃縮結論，這顯然是有關方面曾向渠彙報林茂生的種種情況。

關於美方願提供武器事，據二二八事件時担任《自由報》記者之蔡子民與吳克泰的回憶，兩人均曾獲悉美方提議供給武器事。前者是經常出入美國新聞處之陳姓友人，於二二八事發約三天時告稱「Kerr說如果臺灣人要武器，他可以從馬尼拉送過來」。後者是其周圍一名學生稱，美國人願意提供武器，從馬尼拉用快艇運來，只要六個小時就可抵達淡水[133]。在此，美方不但有武器的運輸路線計劃，並且連需時六個小時都算計出來，這可印證確有 Kerr 提供武器之事。

（7）高規格專案逮捕

3 月 9 日晚，國軍駐閩憲兵團兩營登陸基隆，立即星夜奔往台北平變。3 月 12 日晚，陳儀才召開重大會議，與會者有秘書長葛敬恩、嚴家淦、參謀長柯遠芬⋯⋯等人。會議徹夜進行，一直無法達成結論。13 日凌晨三時，陳儀才下決斷，凌晨四時始展開行動，陳儀願擔負全部責任，與二二八事件有關的嫌疑人士，不問姓名，當場處決。是時，陳儀發出緊急措施條例，四點開始行動，六點抓人[134]；然而，早在此事前兩天的 11 日下午一時，就有六名身份不明，其中兩名穿中山服佩帶手槍和四名在屋外監視的人員，其中操閩南語口音者前來，以「臺灣大學校長請去談話」為辭，將林茂生自其宿舍帶走，從此音訊全無。

也就是說，陳儀下達最後決斷捕殺有關二二八事件涉嫌者兩天前，也就是局勢稍微穩定，林茂生就遭當局以迅雷不及掩耳方式逮捕處決。換言之，即使有美國勢力干預相救，亦為時已晚。就逮捕方法而言，是以「臺灣大學校長請去談話」為辭邀挾以去，當係公務體系

---

[133] 劉國基整理，「二二八在北京發言-『二二八事件座談會』記錄」，王曉波編，台盟與二二八事件，台北：海峽學術出版社，2004 年 2 月，pp.345-346.

[134] 歐陽可亮著、張志銘譯，「二二八大屠殺的證言」，台灣史料研究，11 號，台北：財團法人吳三連台灣史料基金會，1998 年 5 月，pp.145：147：149.原見歐陽可亮，「戰慄の三月十三日」，台灣青年，台灣獨立聯盟。

內瞭解案情者。如果是一般挾私報復者，則可能無法以如此準確知曉林茂生與政府間關係的理由，邀挾林氏以去。此外，就逮捕時派出六人與一部轎車，可說是高規格的專案逮捕。即使今日臺灣文官系統的高階長官，也很難下達口頭指令，就能動員六名人員出勤辦案，逮捕博士級的教授，故下達逮捕林茂生指令的層級一定極高。

再者，在林茂生被捕前兩個月的去年 12 月 28 日，情治單位臺灣省警備總司令部中山俱樂部的「正氣學社」，邀林茂生出席該社第一屆社員大會，並請其致詞，可說備受禮遇。然而僅事隔二個月，陳儀政府從視林茂生為座上賓，卻突然下獄並予處決。何況在逮捕林茂生前一天的 3 月 10 日，陳儀還親下手令，命參謀長柯遠芬立即通令軍憲，不得隨意傷害臺灣人，應加意保護善良民眾。因此，除非有極其重大原因，陳儀政府絕無理由要捕殺林茂生。更何況，與林茂生一起接收台北帝大旋任臺灣大學醫學院院長的另一台籍博士杜聰明，二二八事件時不但參加，並且活躍於「二二八事件處理委員會」[135]，也平安渡過二二八風暴[136]。由此可見，事涉二二八事件並非林茂生之死的主要原因。就前述的種種分析與推斷，林茂生應早已被鎖定，罪狀極其嚴重，且恐美國勢力干預，故提前專案逮捕。合理推斷，在陳儀心中，有什麼罪是比使臺灣脫離祖國更嚴重呢？也就是說，林茂生應是跨越了陳儀的臺獨紅線。

斯時，林茂生妻王采繁告其次子林宗義稱：「你父親為何被捕，我並不知道，必然是有令當局不愉快的言行。……，你要時時刻刻提防抄家滅族的危險」[137]。王采繁出身嘉義王家，是王得祿的後裔，王得祿曾於清代出任福建提督與浙江提督[138]，相當於今之福建軍區司令員，

[135] 林德龍輯註，二二八官方機密史料，台北：自立晚報文化出版部，1992 年 2 月，pp.9：13：57：70：75：105.

[136] 杜聰明，回憶錄，加拿大：自刊，1972 年 8 月，pp.126-127.

[137] 林宗義口述，胡慧玲整理，「母親」，胡慧玲著，島嶼愛戀，台北：玉山社出版，1995 年 10 月，pp.28-29.

[138] 林宗義口述，胡慧玲整理，「母親」，胡慧玲著，島嶼愛戀，台北：玉山社出版，1995 年 10 月，p.34.

故王采繁是出身顯赫的官宦世家，非一般尋常人家可比。對傳統的中國人而言，任何人即使是作奸犯科，罪僅及於自身，無需抄家滅族，只有造反叛國才要抄家滅族。就這個意義而言，就是從事臺灣獨立運動。

（8）陳儀紅線

斯時，英國駐我淡水領事館首任領事 G. M. Tingle，在就任領事環島七週後，於二二八事件前兩星期的 1947 年 2 月 12 日，在其內部上呈的一份十四頁視察報告中稱，1.臺灣人由熱切歡迎國府，轉為遺憾與失望，現在臺人最希望統治的國家第一是美國、第二是日本、第三才是中國，2.臺灣問題之解決，是從中國統治中解脫，即臺灣人追求自治，在對日合約簽訂前，應舉行公民投票，在此之前先由聯合國託管等[139]。與此同時，保密局在其 2 月 26 日上呈蔣（介石）主席的「情報提要」中稱，在一個月前元月十二日，臺灣參議員郭國基於三青團高雄分團在該地青年館舉行分團部成立典禮上，向八百餘名群眾演講時稱，期望青年立志為臺灣獨立而努力，勿再受中國大陸之管轄，當場獲得不少掌聲[140]。在保密局上呈報告後的兩天，臺灣就發生了二二八事件，而 3 月 1 日，台北即出現「臺灣獨立」的標語。2 日，國立臺灣大學、私立延平學院與省立師範學院居然有數百學生集會，高舉標語，擁護獨立[141]。4 日下午，「處委會」續於中山堂開會，會上更

---

139 黃富三，「二二八事件的台灣：英國人之『如是我見』」，紀念二二八事件 60 週年學術研討會論文集（下冊），台北：中央研究院台灣史研究所，2007 年 2 月，p.13.原引自 G. M. Tingle，British Consulate, Tamsui, to R. S. Steverson, British Embassy, 12th, February 1947., No. 7, PRO, FO 371/63425-36272.

140 「保密局呈蔣主席 2 月 26 日情報」，中央研究院近代史研究所，二二八事件資料選輯（二），台北：中央研究院近代史研究所，1992 年 5 月，p.63.

141 a.林德龍輯註，二二八官方機密史料，台北：自立晚報文化出版部，1992 年 2 月，pp.10-11.見 3 月 1 日「台北一日下午二時發參考電」密.

b.李翼中，「台灣二二八事件日錄」，中央研究院近代史研究所編，二二八事件資料選輯（二），1992 年 5 月，p.378.

c. 陳興唐編輯，台灣二二八事件檔案史料（上卷），台北：人間出版社，1992 年 2 月，p.237.

有人提出「聯合國託管臺灣」，復原軍屬甚至喊出「臺灣獨立」的口號[142]。3 月 6 日，台籍省參議長黃朝琴特逕電呈蔣主席，解釋「外傳託治及獨立並非事實」[143]，此亦反證當時不乏臺灣託治及獨立的輿論。此外，當時不但有黃紀男向美方提出由 141 名台人簽名（代表 708 人）的臺灣人請願書，要求聯合國接管臺灣，還有蔣渭川與美國駐我台北領事館的接觸。3 月 8 日，美國香港總領事館某華籍情報員（俗稱曾博士），以「臺灣民主聯盟」主席名義，向「聯合國組織」通電稱「我們有自治政府和直接受聯合國組織監督的權利」。美國報紙旋以重要位置，報導此一消息稱「臺灣人向聯合國請願託管」[144]。事平後陳儀在其致國府文官長吳鼎昌電，還提及臺獨活動的種種情形與臺灣人「七次向英、美領館運動托治」[145]。

　　所有這些有關臺灣獨立或臺灣問題國際化的資訊，都不是當時臺灣各地參與起事者所能瞭解。但對陳儀而言，可說觸目驚心。3 月 5 日晚，陳儀曾與記者長談，坦言局勢惡化，政令不出公署，「處委會」實際成為另外設立的「民間政府」。陳儀懼問題國際化，影響臺灣領土主權。為確保領土主權完整及避免共產主義化，祇要臺灣同胞遵守此兩原則，他將允諾任何要求等語[146]。次（6）日，陳儀與蔣渭川單獨會談，蔣渭川承諾臺灣永為中國的一省，與臺灣不共產化兩抽象條件，陳儀立即同意了蔣渭川所提的種種具體要求[147]。陳儀，堂堂鎮守我國

　　見台灣省行政長官公署新聞室編「台灣暴動事件紀實」。

[142] 褚靜濤，二二八事件實錄（上卷），台北：海峽學術出版社，2007 年 6 月，p.313.原引自
　　　《台灣省「二‧二八」暴亂事件日誌》，《台灣人民「二二八」運動史料》，無頁碼。

[143] 黃朝琴呈蔣主席電，台灣省文獻委員會，台灣省文獻委員會，二二八事件文獻續錄，南投：
　　　台灣省文獻委員會，1992 年 2 月，p.51.

[144] 蘇新，「美軍情報部的『台灣民意測驗』-光復初期托管論與臺獨」，海峽評論雜誌社編輯
　　　部，台灣命運機密檔案，台北：海峽評論雜誌社，1991 年 11 月，pp.85-86.

[145] 王曉波，「陳儀報告『二二八』事件情形致吳鼎昌等電」，陳儀與二二八事件，台北：：海
　　　峽學術出版社，2004 年 2 月，p.372.

[146] 林德龍輯註，二二八官方機密史料，台北：自立晚報文化出版部，1992 年 2 月，pp.107-108.
　　　見台北六日參電（禮密）。

[147] 林德龍輯註，二二八官方機密史料，台北：自立晚報文化出版部，1992 年 2 月，pp.113-115.
　　　見三月六日中央社訊。

南天的封疆大吏，竟然落得要以許多實質條件，去換取蔣渭川的兩抽象條件，其情想必是何等的悲憤。日後陳儀欲行投共，雖然未果，但顯然後者臺灣不可共產化的條件是虛（是做給周遭非心腹者看的，免得在國民黨內鬥之際遭人誣陷），前者條件是實。也就是說，陳儀的紅線只有一條，就是確保我國臺灣領土主權的完整，越此紅線，即意味著災難。

　　陳儀戎馬一生，一方大員，深知當時我國國情、國力與國際局勢。陳儀也是全台最高行政首長，能獲悉各單位所呈報的各方情報資訊，對當時臺灣的內外嚴峻情勢，瞭若指掌。對陳儀而言，最可慮者，就是臺灣獨立或臺灣由聯合國託管問題浮出枱面國際化。一旦臺灣分離問題浮出枱面國際化，以當時我國綜合國力的衰弱，其結局難以想像。

（9）斷然處置

　　有論者謂，「縱使林氏以上罪狀（指 3 月 13 日陳儀呈蔣主席文第40 號之附件所列『罪跡』）確鑿，是否即構成立即逮捕、不經法律審判即殺害之正當理由？」[148]。

　　所謂將事涉變亂者經法律審判定罪，那是承平之際或國力強大之際所為。例如有清一代，臺灣二大民變的 1721 年朱一貴案及 1787 年林爽文案，後者逾時一年，兵災殃及全台，其對臺灣社會所造成的破壞，遠甚二二八事件，但兩案主犯如前者的朱一貴與杜君英、後者的林爽文與莊大田等及其從犯等，即使造反事實俱在，且對當時臺灣社會造成空前的災難，但仍押赴北京，案經當事人答辯依律審理後，或伏法、或入獄。但那是在國家處於大一統的承平時期，無虞臺灣自中土分裂出去。

　　再者，對於當時的臺灣分離運動，臺灣方面軍司令官兼總督安藤利吉，在其於 1945 年 8 月中下旬將該運動有力者邀集到司令部講話

---

[148] 李東華，「二二八事件中的臺灣大學」，二二八事件 60 週年紀念論文集，台北：台北市政府文化局、台北二二八紀念館、中央研究院台灣史研究所，2008 年 3 月，p.189.

時，除極力表示反對外，亦明白警告臺獨份子若仍堅持要做的話，將以日本軍實力斷然討伐；可見臺灣分離事，在那個處於二戰結束兵馬倥傯的時代，是屬於需「斷然討伐」的政治問題，而非承平時期的法律問題。

就陳儀政府而言，二二八事件是處於我國內戰且國力極度衰弱，世界超強美國虎視眈眈亟欲顛覆分離我國之際，情勢不允經由法律程序審理，否則豈非自行將臺灣分離問題浮出枱面國際化。故二二八案當時已成為臺灣是否永為中國一省，國土再遭分裂的急迫高度政治事件。在那樣的時空下，陳儀只有不惜任何代價，乾坤一擊[149]，全力紛碎使臺灣分離問題浮出枱面國際化的任何可能性。

十、總結

林茂生精通中、日、英三種語言。前二者程度，漢文可作詩詞、日文可作「和歌」，雖說他年少時學習語言的環境得天獨厚，但語言如此精通，也反映他天資聰穎與努力上進的毅力。但也可能就是這過份聰明與上進毅力的人格特值，使林茂生漠視當時民族的苦難，漠視同胞慘遭日人大規模鎮壓屠殺的悲慘境況，未能投入民族抗日的洪流，反而為了自己前程，投靠日本殖民政府，於三十三歲之年（1920），寫下數宗忘典的「國民（日本）性涵養論」乙文。次（1921）年，林茂生以公立學校一名台籍老師的身份，居然可奉命赴中國大陸南部及英領香港出差。

對於台人菁英展開如火如荼的「臺灣議會設置請願運動」及文化協會從事的溫和啟蒙運動，林茂生並不熱中。當時，在臺灣總督府的

---

[149] 三月十三日清晨十幾個便衣逮捕歐陽可亮要將他載往大直槍決時，歐陽可亮不願死的不明不白，要求能知道死因。逮捕者告以「哼，你是台灣獨立黨的成員」，見歐陽可亮著，張志銘譯，「二二八大屠殺的證言」，台灣史料研究，第 11 號，台北：財團法人吳三連台灣史料基金會，1998 年 5 月，pp.145-146. 此外，林茂生的三大罪狀之一，就是「接近美國領事館，企圖由國際干涉，妄想台灣獨立」，也是與「臺獨」因素息息相關。

監控下，日本情治單位有份包括林獻堂、蔣渭水、韓石泉等六十六名反日菁英的名單，其中就無林茂生的名字。相反的，當時在臺屬行教育二元化極度歧視臺灣人的臺灣總督府，不但未視林茂生為反日份子，反而出乎常理的以專案送他赴美留學，且日據五十年僅一例。合理推斷，恐係對林茂生多年來投靠日人（或著至少是與日人合作）的回報。及後，林茂生獲美國哥倫比亞大學博士學位，1931年返台任教。直至此時，林茂生一路走來，風光無比，可說是日據時代的日人樣板，是那個時代的政治受益者。

或許因林茂生不擅長袖舞，或許因日人統治鞏固而鳥盡弓藏，或許因日人的強烈民族歧視，致遭冷凍在臺南十年。林茂生心中對此不滿之情，或偶興漢詩私下抒懷，惟在日人高壓政治氛圍下，也不敢溢於言表，……。東港冤獄事件，數百台人遭日警酷刑迫害，即使其摯友歐清石律師遭冤獄酷刑，亦無能為力，靜默不語。日本投降，據日方文件所載，林茂生曾欲從事臺灣獨立運動，惟該運動遭末代總督安藤利吉的阻止而事敗。

祖國光復臺灣，國府接收人員抵台，旋命林茂生接收並兼任淡水中學、淡水女子中學、中山女子中學三校校長。陳儀長官聘林茂生為臺灣大學的「接收委員」，擔任教授與「校務委員」，後甚至代理文學院院長職務。長官公署教育處則聘林茂生為「教員甄選委員會」的十二位委員之一。斯時，林茂生社會地位迅速提升，榮耀超越大部份的前述日據時期六十六名反日台人菁英。回顧當時的情境，陳儀政府對林茂生，不但無惡意，反而頗為倚重提攜，二二八前的兩個月，情治單位的「正氣學社」還邀林茂生出席該社的首屆社員大會，並請其致詞，可說相當禮遇。

在二二八事件中，陳儀的最後紅線就是臺灣永為祖國領土的一部份，越此紅線，就是災難，就是死亡。就陳儀政府而言，臺灣光復，祖國對林茂生可說禮遇提攜有加，與日據時期其遭日人歧視冷凍境遇截然不同。惟林茂生與美國特務副領事 Kerr 過從甚密，可能受到 Kerr

的蠱惑，林茂生似未能體諒當時戰後百廢待舉與日人顛覆破壞之困境，及國府視台人為同胞之治理，其對國府的抨擊與敵視，居然遠甚渠對日本殖民政府。二二八事件隔日的 3 月 1 日，林茂生似投入（或置身）於要求臺灣獨立的反政府示威群眾，是時甚且請美方提供槍枝及經費，從而被官方視為走上叛國的臺獨道路。在國府情治單位的監控下，陳儀對林茂生怎樣搞臺獨活動，知之甚詳。

斯時，倘林茂生以其臺灣第一位留美博士之社會聲望等複雜因素，遭 Kerr 利用使臺灣分離問題國際化，以當時我國國力的衰弱，其結果難以想像，這是陳儀所絕難容忍。換言之，在當時島內動亂連結美方欲分裂我國的國際情勢，林茂生案已非法律問題，而是可能引發美國干涉並使臺灣自中土分離出去的高度政治問題。因此，就在國軍增援部隊抵台兩天，情勢稍為平定，早在 13 日晨陳儀下令大逮捕前的 11 日中午，就以迅雷不及掩耳的方式，先行專案捕殺林茂生，或許這就是林茂生的真正死因。

十一、附記：北京再展雄姿

林茂生妻子王采蘩，出身嘉義王家，家世顯赫，是我國大清福建提督（相當今福建軍區司令員）十年及浙江提督王得祿的後裔。王采蘩是其父王子瓊的長女，臺灣第一位女性留日學生。其祖母去逝前，堅持將王家的傳家之寶—先祖王得祿的御賜拐杖—傳給王采蘩。

王采蘩直至 1976 年臨終前，有兩個深埋心底的夢，其中之一就是盼至中國一遊。因王采蘩之父王子瓊，曾遊歷祖國，常常對她提及祖國的故宮、寺廟、名勝。童年的憧憬交織著想像，使王采蘩很盼望去那個對她而言，彷彿夢般的中國一遊。但因冷戰年代的兩岸隔離，這個夢想終其一生並未實現[150]。對王采蘩而言，雖有渠夫林茂生的不幸

---

[150] 林宗義口述，胡慧玲整理，「母親」，胡慧玲著，島嶼愛戀，台北：玉山社出版，1995 年
10 月，p.51.

事情，但其臨終前的兩個願望之一，居然仍是父親王子瓊傳承的祖國夢，聞之令人不勝噓唏！就祖國而言，歷經百年滄桑，王子瓊與王采蘩父女心中之夢的帝都北京，今已再現風華，再展雄姿。

國防科技跨越半個世紀

中華帝國、奧地利帝國（Austrian Empire）與鄂圖曼土耳其帝國（Ottoman Empire）曾於十九世紀併立於世，惟後二者已遭列強支解，萎縮成今日中歐的奧地利與中亞的土耳其，只有中國仍屹立東方，並於二十一世紀初崛起。

中國於 1949 年完成統一，並於今日成為「後進入」近代的崛起大國。回首當時統一之際，除社會經濟極度落後，還須面對列強的圍堵與遏制，外加走過彎路，受到重創。在這樣困頓的情勢下，仍能復興崛起，甚至開漢、唐未有的盛世，成為世界近代史上民族復興的典範，絕非僥倖，那是中國人一步一腳印艱苦拼博奮的成就。那段民族拼博的崢嶸歲月，是我們民族引以為傲的壯麗史詩。

一、振興中國的使命

列強之所以能橫行天下，是因為他們「先進入」近代，亦即先行完成內部政爭與政治體制的整合，及有能力以近代科技生產先進軍事裝備[1]。前者使西方列強可藉自由、民主、自決、人權等亮麗口號，在意識型態上顛覆後進國家，後者使列強持憑先進武器干預、訛詐、裂解或侵略後進國家。

十八世紀末法國大革命的政體整合過程，屍橫遍野，白色恐怖下千萬人頭落地，斯時革命家羅蘭夫人（Madame Roland）在被送上斷頭枱前，留下對無序自由的痛心名句「自由、自由，多少罪惡假汝之名而行」。至於美國，其在 1861-1865 年間的內戰中，南北雙方戰死將士共 61.7 萬人[2]，佔當時全美總人口 3,100 萬[3]的 2%（這還不包括

---

[1] 毛鑄倫，「論近代中國民族主義運動曲折發展」，海隅微言集，台北：海峽學術出版社，1998 年 7 月，pp.3-6.

[2] Hugh Brogan，The Penguin History of the United States of America. England: Longman Group Limited. 1985. p.355.

[3] 龍文軍、包躍芳，「美國西部農業開發的歷程和經驗」，http：

傷者）。斯時，美國南方人民是沒有自決與分離公投的自由，即使今天也沒有。

　　1949 年 10 月，以毛澤東為首的中國共產黨人，以雷霆萬鈞之勢，迅速完成統一大業。相較美國，國共內戰完成不完全統一（因台港澳除外），較美國南北內戰完成統一，整整晚了 84 年。中國完成統一後，緊接著的首要使命就是建立獨立自主的現代國防體系，使中國免於外敵侵略。然而，在此之前，中國飽受列強侵凌，慘遭蹂躪。與此同時，則面臨美、蘇列強對我廣大領土的虎視眈眈，東南臺灣國府又不時反攻突擊。最嚴峻者，是國防科技與西方差距不但宛如隔代，有些可說幾近原始。因此，這一次的全國統一，其處境艱險遠非元明、明清的改朝換代所可比擬，因為它還肩負著振興中國的使命。

二、落後宛如隔代

　　抗戰勝利，那是慘勝，歷經百年戰亂，中國已是一窮二白，海軍主力已在 1895 年的中日海戰中，全軍覆沒，僅存的小型艦艇，也在八年抗戰中遭日軍摧毀殆盡。1945 年 8 月 15 日日本投降，10 月國府派 1,500 名海軍官兵自福建馬江渡海抵臺灣基隆接收，是分乘二十艘僱用的大帆船，好似時光倒流。戰後國府從同盟國那兒分到 34 艘日本本土殘存的艦艇，及國府以喪失主權為代價獲自英、美所贈 1920、30 年代所造十幾艘千餘噸老艦，這也是解放軍海軍 1949 年所接收的主力兵艦[4]。1949 年 10 月新中國成立之際，中國完全無力自製汽車、坦克、戰機、軍艦與潛艇。斯時，解放軍甚至無力修復日軍所留坦克內已遭毀壞的無線電通訊設備[5]。1950 年初解放軍成立雷達部隊，卻不會使

//number.cnki.net/Show-result.aspx？searchword=t%E7%BE%E5%9B%BD%E4%…
2008/Jan/15　p.1.

[4] 海軍司令部「近代中國海軍」編輯部編輯，近代中國海軍，北京：海潮出版社，1994，pp.950-992：1003：1012-1043.

[5] 中央電視台，開國大典（電視節目），2004 年 10 月。

用所繳獲的日本雷達[6]；但戰敗的日本，在 1941 年 12 月發動偷襲珍珠港前夕，卻擁有飛機 2,400 架、甲級巡洋艦 18 艘、乙級巡洋艦 20 艘、驅逐艦 112 艘、航空母艦 10 艘、潛水艇 65 艘、戰艦 10 艘[7]，其中「大和號」戰艦排水量是高達 65,000 噸。

中日相較，十年前日本擁有的強大陸海空軍，除體現其先進的國防科技與雄厚的重工業實力外，亦體現其官兵素質，是有駕駛潛水艇、巨型戰艦與航空母艦的能力；但戰功顯赫的「人民解放軍」，幹部戰士卻大部份是文盲。中日兩軍官兵文化水平反差之大，由此可見。自 1950 年起的三年間，全軍曾掀起向文化大進軍的高潮，才將部隊戰士的文化，普遍提升至高小以上程度，有些達到中學或更高的程度[8]。

三、成立「中國科學院」

面對如此嚴峻落後的情勢，建立自主的國防科技與重工業，是攸關中華民族存亡的大事，刻不容緩。中國共產黨於 1949 年 10 月 1 日在天安門前舉行開國大典後，就迫不及待地於 11 月 1 日成立了「中國科學院」。1950 年，周恩來曾寫過幾百封信，呼籲海外學子回國。是年，共有二百多名海外傑出的科學家返國，例如鄧稼先、金星南、蕭健等。1951-57 年間又有錢學森、陳寬能、郭永懷等一批科學家返回內地。一時間，中國科學領域群星璀璨[9]。最令人動容的是，這些科學家在歐美多已獲理工的博士學位，在專業領域各有傲人成就。但這次國家的再統一，是中國自大清覆亡後的實質一統，雖然百年戰爭，國家處於極度落後的窮困狀態，但血濃於水的民族情，召喚著這群身懷絕技的科學家，放棄海外優渥待遇，甚至突破美國特務重重阻攔，攜

[6] 羅來勇，中國國防科技人才培養紀實，北京：中共中央黨校出版社，2005 年 8 月第二版，p.53.

[7] 服部卓四郎著，軍事譯粹社，大東亞戰爭全史 I，台北：軍事譯粹社，1978 年 3 月，pp.148-149.

[8] 《聶榮臻傳》編寫組，聶榮臻傳，北京：當代中國出版社，1994 年 12 月，p.486.

[9] 彭繼超，中國核武試驗紀實，北京：中共中央黨校出版社，2005 年 6 月第 2 版，p.34.

家帶眷，回歸祖國，為建設明日中國獻身。

四、「抗美援朝」乾綱決斷

　　就在解放軍南下勢如破竹的 1949 年春夏，面對世界已分裂成以蘇聯為首的社會主義和以美國為首的資本主義兩大陣營，毛澤東審時度勢地先後提出了「另起爐灶」「打掃乾淨屋子再請客」和「一邊倒」的外交大方略；前二者即不繼承滿清與國府兩舊政權與列強建立的不平等關係，清除西方在華勢力後，再與西方建立關係；後者即二選一地加入以蘇聯為首的社會主義陣營。第二年夏 1950 年 6 月 25 日，韓戰爆發（1953 年 7 月 27 日停戰），毛澤東乾綱決斷，在中國百廢待舉之際，於同年 10 月派遣「中國人民志願軍」渡過鴨綠江，抗美援朝[10]，使蘇聯有和平環境從事二戰後的復原建設。韓戰期間，「中國人民志願軍」11.5 萬人陣亡、22.1 萬人負傷[11]，戰費支出高達 100 億美元，多是向蘇聯購買武器，所購武器許多還是過時武器。但「抗美援朝」對中國的正面歷史意義，除了禦敵於國門之外，是使美國日後無法直接侵擾東北，提供和平建設東北的環境，且因戰爭結盟的友好政治氛圍，虎口拔牙，使蘇聯於 1952 年歸還東北的長春鐵路，1955 年歸還旅順、大連港和解散其在新疆、大連等一批剝削我方的中蘇「合資公司」[12]。此外，無論毛澤東是否已經預見或未能預見，筆者認為「抗美援朝」最重要且影響最深遠者，是為中國換得建立從無到有之初步國防科技與重工業體系的蓋世機遇。

　　就俄人的立場而言，斯大林對中國的興盛衰敗常處於矛盾狀態，史大林不願毛澤東揮師渡江一統中國，但中國的勝利又曾使他振奮。

---

[10] Roderick MacFarquhar and John K. Fairbank 著，　楊品泉等譯，　劍橋中華人民共和國，　北京：　中國社會科學出版社，　2006 年 10 月第二次印刷，　p.54.

[11] 鄧禮峰，建國后軍事行動全錄，山西：山西人民出版社，pp.313-314.

[12] Roderick MacFarquhar and John K. Fairbank 著，　楊品泉等譯，　劍橋中華人民共和國，　北京：　中國社會科學出版社，　2006 年 10 月第二次印刷，　pp.163-164：255：257-259.

中國實施「一邊倒」的外交政策，從而與美、英、日、法等西方陣營抗衡，雖然使史大林感到社會主義陣營的強大，但「一邊倒」仍不足以使史大林放心，因為他怕中國會成為南斯拉夫，毛澤東會成為另一個狄托。及至毛澤東派軍入朝，血戰美軍，史大林才相信中國不是南斯拉夫，不是狄托。當然，從民族利益上看，史大林雖然很難承受中國強大到接近蘇聯的程度，但剛成立的新中國又太弱，其工業落後的程度如果不加以改變，中國僅憑其豐富的人力難以抗衡美日構成的東方威脅。給予中國一定程度的支援，協助中國改善其工業落後狀態和改進其軍事裝備，是符合蘇聯的利益，這在朝鮮戰爭中尤其必要[13]。

五、明日長劍：哈爾濱軍事工程學院

韓戰初期的 1950-1951 年間，武漢、瀋陽、濟南、哈爾濱、杭州、成都等地冒出一批航空學校和空軍基地，大連、煙台、青島、武漢、廣州、上海、南京、九江等地則湧現一批海軍學校和海軍基地[14]。唯上述學校與海空基地，多屬中等專業性質，量多而質有限，或為修理或為裝配[15]。當時在華與中國人併肩對抗美國的蘇聯專家，將中國軍事學校仍處於培訓低階人才的信息，反饋給蘇聯的將軍們，經研議後，將軍們向史大林提出除非中國能再提升現有的軍事裝備水平，否則中國很難擔當社會主義陣營東方砥柱的意見。因為，與美軍相比，解放軍裝備之差，近乎原始。因此，在朝鮮戰爭激戰中的 1952 年春，史大林建議毛澤東辦一所培養軍事工程人才的軍事技術學校，並表示可派出專家協助辦校[16]。

毛澤東與周恩來，精準地抓住此一歷史機遇。韓戰可說是二戰後的局部現代化戰爭，韓戰不但使中國人有機會直接從戰場上獲得當時

---

[13] 同註 6，pp.20-21.

[14] 同註 6，p..21.

[15] 滕敘克，哈軍工傳，湖南：湖南科學技術出版社，2006 年 7 月，pp.27-28.

[16] 同註 6，pp.9：21.

世界上最先進的輕武器和重武器[17]，也使中國領導人深刻瞭解其與蘇聯、美國武器裝備相較的隔代差距。故周恩來立即於同（1952）年 6 月 3 日代表中國政府向蘇聯提出，要求派遣專家協助建立高級軍事工程技術學院。與此同時，中央密電在朝鮮戰場上的副司令員陳賡大將返京，籌辦高等軍事工程學院。總參副總長粟裕並特許辦校經費實報實銷[18]，因為這是百年來我們民族第一所培育國防尖端科技人才的軍事大學。

斯時，史大林的威權在蘇聯達到頂峯，史大林的命令是被認真的執行，故蘇聯航空專家奧列霍夫中將旋即率四名專家先於 7 月飛抵北京。陳賡大將除立即勘選哈爾濱為校址，懇切延攬與徵調全國一流理工學者任教，秘密開展招生，另並徵調數千名幹部戰士，日以繼夜大興土木建築校舍。9 月 3 日周恩來和陳毅二人並親自主持專門討論建校問題的聯席會議，會上周恩來要求各單位全力支持。次（1953）年 9 月 1 日哈爾濱軍事工程學院（簡稱「哈軍工」）開學，同年底「哈軍工」已購進教學用設備、模型等 9,500 件，教具 8,600 件。1954 年底學校已建成五座教學大樓、一座萬餘米的實習工廠、399 個實驗室與兵器陳列館、75 間教研辦公室[19]。

斯時，陳賡等一批英雄群體，懷著振興民族國防的強國夢，在北國荒原平地拔起一座被列為重大機密的現代軍事科技大學，全校教授盡力為培育中國未來國防科技人才，為鑄造祖國明日的衛國長劍而努力。「哈軍工」的建成，標誌著中國國防現代化向前跨出重要的一步，它為中國培養了上萬名高質量的軍事工程技術幹部，為日後中國發展核武、宇航科技、超高速巨型計算機技術等提供一批科學巨子。「哈軍工」可說是近代國防建設史上的一座豐碑，為中國國防現代化奠下堅實的基礎[20]。

---

[17] 馬成翼，中國常規兵器試驗紀實，北京：中共中央黨校出版社，2005 年 7 月第 2 版，pp.7-8.

[18] 同註 6，pp.11：58-59.

[19] 同註 6，pp.20：29：70-71：86：103.

[20] a.同註 6，p.13.

六、「紙老虎」vs.「這是決定命運的」

　　關於毛澤東的研究，雖然汗牛充棟，但誠如內地暢銷書「毛澤東傳」作者 Ross Terrill 所云，由於無法研究中國的軍事檔案，而難洞悉歷史真相。Terrill 就誤認毛澤東「不熱心發展擁有大量昂貴常規武器的中等水準的正規軍」[21]；1946 年 8 月，毛澤東在與美國記者安娜・路易斯・斯特朗對話時，提出「原子彈是紙老虎」的著名論述[22]。關於毛澤東鄙視核武原子彈一事，昔日兩蔣臺灣當局即就此事於島內外全面妖魔化毛澤東。影響所及，日前余與臺灣某企業家友人話及此事，友人認為核武器可怕是一件常識，但毛澤東卻無知地鄙視核武器，從而認為毛澤東不學無術，並對毛澤東「原子彈是紙老虎」之說，痛心疾首。海外華人亦不乏認為毛澤東在核武問題上無知，歷史學者唐德剛，也以此事冷嘲熱諷地抨擊毛澤東[23]。

　　回首 1954 年秋某日，地質專家將在廣西開採到的鈾礦石送到北京（該礦石是次生礦，開採價值不大，但證明中國的土地上有鈾礦，因有次生礦就很可能找到原生礦）。當時任地質部副部長的劉杰，第二天就奉召帶著一塊次生鈾礦石至中南海滙報，因毛澤東一定要親自看一看鈾礦石。事畢劉杰離去前，毛澤東在門口握住劉杰的手，告以「這是決定命運的」（劉杰后任地質部長，曾用很大精力抓地質工作，幾乎去過所有搞鈾礦地質勘探的地方）。試想毛澤東身為國家領導人，日理萬機，核閱各地各部會送呈的大量公文，但當他閱及此一有關次生鈾礦石公文，立即批示第二天召見劉杰，由此可見毛澤東是何等重視核武器；是年，赫魯雪夫率團訪問中國參加五周年慶典，10 月 3 日在中南海頤年堂舉行的中蘇兩國最高級會議上，赫魯雪夫問：你們對我們還有什麼要求？毛澤東乘機提出關鍵性的要求，告以：我們對原

---

b. 同註 15，pp.1-3：1355.

[21] Ross Terrill 著，胡為雄、鄭玉臣譯，毛澤東傳，台北：博雅書屋公司，2007 年 12 月，p.358.

[22] 同註 9，p.16.

[23] 唐德剛，毛澤東專政始末（1949-1976），台北：遠流出版公司，2007 年 2 月，pp.234-235.

子能、核武器感興趣……。赫魯雪夫愣住了,思想毫無準備,旋答以:……那麼我們可幫助先建設一個小型原子堆(蘇聯於 1958 年援建了一座重水反應堆);次(1955)年 1 月 15 日,毛澤東主持中共中央書記處擴大會議,決定發展核武事業[24]。

　　1964 年 10 月中國第一顆原子彈試爆成功後,1965 年 1 月 9 日毛澤東在人民大會堂接見美國記者埃德加・斯諾(Edgar Snow)時,斯諾問「……你現在還認為原子彈是紙老虎嗎?」。毛澤東答以「那是一種說話的方式,一種形象化的說法。……」。顯然,毛澤東對核武的論述,可說是因時制宜。試想,接受斯特朗採訪時,中國面對美國「先進入」核武時代,而解放軍幹部戰士大部份仍是文盲的天大反差下,作為領導人,將心比心,難道要長美國士氣,滅自己威風嗎?更何況 1950 年代,美國不但全面圍堵中國,動輒以核武恫嚇中國。1960年代除多次進行針對中國的核戰演習[25],甚至還將核彈運抵臺灣[26];反之,如果對外或對內講話,承認核武重要,那美國又要懷疑中國欲積極發展核武器。君不見,本世紀初的伊拉克,只因美國懷疑伊拉克欲發展核武,就遭美國先發制人打擊,而遭亡國滅頂之災。故毛澤東等領導人,當時一面隱匿中國重視核武的意圖,一面以極機密方式發展核武的作法,是決定命運的正確。

七、訪團赴蘇絡繹於途

　　中共政權成立之初,內戰仍局部持續,毛澤東就率團於 1949 年12 月 16 日抵莫斯科,尋求經濟技術援助,於 1950 年 2 月 14 日簽訂「中蘇友好同盟互助條約」,僅獲 3 億美元的貸款,但一年前波蘭卻獲得蘇聯 4.5 億美元的貸款[27]。及後,在「一邊倒」加入社會主義陣營

[24] 同註 9,pp.27-3153:55.

[25] 同註 9,pp.16-20:24-25.

[26] 高智陽,「美國在台部署核武秘辛」,全球防衛雜誌,267 期,2006 年 11 月,p.88.

[27] 同註 10,p.247.

建立的共同革命理想，與參加韓戰對抗美國西擴的共同利益下，中蘇
建立起緊密關係，使蘇聯願意協助中國建立初級軍事科技。

　　1952年底著名核物理專家錢三強率「中國科學院」代表團訪蘇[28]。
1954年9月9日彭德懷同劉伯承率粟裕、陳賡等組團訪蘇，參觀原子
彈實地軍事演習[29]。1955年1月20日，中蘇簽訂《關於在中華人民共
和國進行放射性元素的尋找、鑒定和地質勘察工作的議定書》，依協
定中蘇兩國將在中國境內合作普查勘探，由中方開採，鈾礦石除滿足
中國自己的需要外，其餘均由蘇聯收購（此後大批蘇聯地質專家來到
中國，協助進行鈾礦的普查勘探）。同年4月27日，以劉杰、錢三強
為首的代表團在莫斯科，與蘇聯簽訂《關於為國民經濟發展需要利用
原子能的協定》。1956年8月17日，中蘇簽訂《關於蘇聯援助中國
建設原子能工業的協定》，依協定蘇聯將援助中國建設一批原子能工
業項目和一批進行核科學技術研究用的實驗室。1957年5月，Vorbiev
率領十幾位核物理專家抵華工作[30]。同（1957）年9月7日，以聶榮
臻為團長，陳賡、宋任窮為副團長的代表團訪蘇，歷經35天的談判，
10月15日中蘇簽訂《關於生產新式武器和軍事技術裝備以及在中國
建立綜合性原子能工業的協定》「（簡稱《國防新技術協定》（此後
蘇聯先后向東風基地派出三批技術專家、近二千人）[31]。《國防新技
術協定》簽訂18天後，11月2-21日，毛澤東率鄧小平、彭懷德等組
團訪蘇，參加十月革命四十周年慶祝大會[32]。1958年9月29日，中蘇
進一步簽訂《關於蘇聯為中國原子能工業方面提供技術援助的補充協
定》（簡稱《核協定》）。此協定對前述《國防新技術協定》內有關
項目的規模、設計完成期限和設備供應期限有大致的確認，多數項目

---

[28] 沈志華，「檔案解密：蘇聯與中國核武器」http:
　　//www.ywpw.com/forums/mosaic/post/AO/pO/html/46.html　Access：2008/Jan/9. p.1.
[29] 同註9，p.52.
[30] 同註28，pp.2-3.
[31] 梁東元，飛天外傳，湖北：湖北人民出版社，2007年，p.67.
[32] 同註9，p.55.

應在兩年內完成[33]。

1958 年 10 月 22 日，海軍政委蘇振華為團長的代表團訪蘇，經由艱苦談判，1959 年 2 月 4 日，中蘇簽訂《關於蘇聯政府給予中國海軍製造艦艇方面新技術援助的協定》（簡稱《二·四協定》）。依此協定，蘇聯同意售予中國海軍五型艦艇（常規動力導彈潛艇、中型魚雷潛艇、大型和小型導彈艇及水翼魚雷艇）、兩種導彈（潛對地彈道導彈和艦對艦飛航導彈）以及這些艦艇的動力裝置、雷達、聲納、無線電、導航器材等 51 項設備的設計技術圖紙資料和部分裝備器材，並第二次有償轉讓幾種型號潛艇的建造權及部份器材裝備這些項目的製造特許權，中國海軍領導人為此興奮不已。《二·四協定》的實施，使中國的海軍建設，邁入了一個新的階段，也使中國成為世界上能夠成套自行設計建造潛艇的少數國家之一[34]。

八、全力發展國防科技

1955 年 4 月聶榮臻與彭德懷聯名向中央報告，要求籌建第二殲擊機製造廠、噴氣式輕型轟炸機製造廠、發動機廠等。1956 年 8 月，中國仿製米格-17 飛機成功[35]，同年起中國建立航空材料、空氣動力、風洞、飛行試驗等一系列航空工業的基礎研究所[36]。1958 年時，中國航空工業建成 13 個大型企業，其中包括 2 個飛機製造廠、2 個航空發動機製造廠、以及與飛機製造廠配套的航空附件、儀表、電器等工廠；至於海軍裝備，1957 年成功製造 1,000 噸級的中型常規魚雷潛艇[37]。

---

[33] 同註 28，p.5.

[34] a. 國防科技論壇，「蘇聯與中國核武器的恩怨歷史」，http：//bbs.81tech.com/read.php？tid-60901.html Access：2007/11/5 p.7.

　　b. 彭子強，中國核潛艇研制紀實，北京：中共中央黨校出版社，2005 年 7 月第 2 版，pp.28-32.

[35] 《聶榮臻傳》編寫組，聶榮臻傳，北京：當代中國出版社，1994 年 12 月，p.529.

[36] 羅來勇，中國國防科技人才培養紀實，北京：中共中央黨校出版社，2005 年 8 月第二版，p.117.

[37] 同註 8，pp.529-530.

1958 年藉由進口配件成功仿造四艘國產的第一代火炮護衛艦[38]。1960年前後，中國造船工業相繼成立了船舶科學研究所、船舶產品設計院等科研設計機構，建成了艦船、動力、水中兵器、導航儀錶等 13 個大型企業，可自行設計建造反潛護衛艦[39]。

　　1958 年春，中國自北韓調回精銳的志願軍第 20 兵團，拔赴內蒙額濟納地區建設導彈試驗靶場。當時，近十萬人在大漠安營札寨，日夜趕工，用二年零六個月的時間，完成蘇聯專家預言要用十五年才能建成的數千座建築物的基地（蘇聯專家原先是以此龐大工程的建設遷延費時，以拖延技術援助，因為蘇聯的援助是有時間條件，他們斷定中國短期內不會完成靶場的建設）[40]；此外，在蘇聯專家的協助下，開採礦石的鈾礦場、粉碎礦石的水冶廠、提取二氧化鈾和製作核燃料棒的核燃料廠、製造濃縮鈾的核擴散廠、製造原子彈的核武器研製基地及核實驗場等核工業主要工程項目的基礎工程和附屬工程，均於 1958 年 5 月後陸續開工建設[41]；1957 年 12 月，蘇聯將兩枚「P-2」型導彈（射程 590 公里、當時蘇聯先進的是「P-12」導彈）及其器材運交中國。1958 年 6 月蘇聯續運交首批「P-2」導彈武器系統的圖紙資料。8 月蘇聯專家多人抵華協助進行仿製。9 月在空軍建制下成立導彈學校。11 月 20 日蘇聯再陸續運來生產圖紙、技術條件、計算資料、標準件、工藝規程、和部份工裝模具、試驗設備及冶金資料等約一萬冊。中國科學家努力翻譯並設法仿製[42]；同（1958）年 9 月，蘇聯援助的 7000 千瓦實驗性重水反應堆和 1.2 米直徑的廻旋加速器在北京建成，交付中國使用[43]。

---

[38] 曲儉，「國產 054A 護衛艦魚貫式投產」，廣角鏡，423 期，p.31.

[39] 同註 8，p.530.

[40] 同註 31，pp.28-40.

[41] 同註 28，p.6.

[42] a.同註 31，pp.77-78.
　　b.同註 28，p.6.

[43] 同註 8，p.553.

九、優先建立重工業

從百年列強侵凌血的教訓，落後不但就要挨打，甚至還要遭致裂解，故基於國家的長遠利益，自強的首要目標就是建立強大的國防力量。建立強大國防力量的基礎是要有重工業。因此，建立自主的重工業體系，是 1950 年代中華民族的唯一選擇。

如前所述，「一邊倒」與「抗美援朝」的外交大戰略，尤其是後者，戰爭同盟的友好政治氛圍，使蘇聯願意協助改善中國的工業落後狀態，故蘇聯是在中國加入韓戰後，才決定對中國提出 141 個援助項目。毛澤東等領導人也抓住此一百年歷史機遇，1952 年底蘇聯同意援助中國建設和改造 50 個重點項目，1953 年 5 月 15 日簽訂蘇聯援助中國發展國民經濟的協定，同意再援助和改建 91 個工業企業[44]。1954 年 10 月，蘇聯給予中國 5.2 億盧布貸款，並擴大前述 141 項工程的設備供應範圍，同時再增加 15 項新工業項目，此即 1953-1957 年間第一個五年計劃（簡稱「一五計劃」）蘇聯援助的 156 項工業項目（後經多次商談，最後實際確定為 154 項，但因 156 項公佈在先，故以後仍稱 156 項工程）。蘇聯對這些重點工程的建設，從勘察地質、選擇廠址、蒐集基礎資料、設計指導、供應技術資料、建築安裝、開工運轉到建成投產，均給予全面的援助，且提供必要的資金與設備。此外，東德、捷克、波蘭、匈牙利、羅馬尼亞、保加利亞等國也提供了共 68 項工業項目機器設備的援助[45]。斯時，蘇聯向中國提供機床、起重機、空氣壓縮機、水泵、柴油機、發電機、汽車、農業機械、工具和其他貨物，中國則以硫磺、水銀、燒鹼、焙燒蘇打、大米、茶葉、毛製品等償還[46]。

1958 年 5 月，一機部部長汪道涵率團前往莫斯科，商談蘇聯援助

---

[44] 張柏春、張久春，「蘇聯援華工業項目中的技術轉移」，http：//bbs.stagelst.com/archiver/tid-173397.html　Access：2007/11/7　p.1.

[45] 黃輔初主編，中華人民共和國經濟史（上卷），香港：三聯書店（香港）有限公司【經濟科學出版社授權】，2001 年，pp.272-273.

[46] 同註 44，p.2.

中國第二個五年計劃項目。8 月 8 日，中蘇兩國在莫斯科簽訂《關於蘇維埃社會主義共和國聯盟在技術上援助中華人民共和國建設和擴建47 個工業企業的協定》。同年 11 月 10 日開始，對外貿易部部長葉季壯率團在莫斯科，進行請蘇聯供應成套設備項目的談判。1959 年 2 月7 日，周恩來同赫魯雪夫在莫斯科簽訂《蘇維埃社會主義共和國聯盟在技術上援助中華人民共和國建設和擴建 78 個工業企業的協定》[47]。

十、工業科技跨越半個世紀

　　1950 年，中國工業生產技術水平十分落後，工業產品的產量，如鋼鐵、原煤、原油等，與西方列強資本主義國家相比，要落後一百年。

　　斯時，蘇聯協助的 156 項重點工程全部是重工業，到 1957 年底有135 個已經施工建設，有 68 個已經全部建成和部份建成投產。至於東德等國的 68 個工程項目，1957 年底有 64 個已經施工建設，有 27 個已經建成投產。這些建設項目是中國工業現代化的骨幹，其中許多是過去沒有的新工業，包括飛機、汽車、發電設備、重型機器、新式機牀、精密儀錶、電解鋁、無鏠鋼管、合金鋼、塑料、無線電和有線電的製造；156 項重點工程項目中，包括機械工業、冶金工業、化學工業、能源工業、輕工業、醫藥工業和軍事工業，其中軍事工業共 44項（分別是航空 12 項、電子 10 項、兵器 16 項、航天 2 項、船舶 4項）。就個案而言，包括鞍山、武漢、包頭三個大型鋼鐵聯合企業的多項重點工程、長春第一汽車製造廠、武漢重型機牀床廠、哈爾濱汽輪機廠、蘭州煉油化工設備廠、洛陽第一拖拉機製造廠等機械工業企業。這些新工業的建立，改變了中國工業的原始面貌，為中國實現工業化打下了基礎。以機械工業為例，有飛機、載重汽車、客輪、貨輪、容量 1.2 千瓦的成套火力發電設備、1.5 萬千瓦的成套水力發電設備、容量 1,000 立方米的高爐設備、聯合採煤機、200 多種新型機牀、自動

---

[47] 同註 44，p.1.

電話交換機、以及全套紡織、造紙、製糖設備[48]。

　　1956 年周恩來說「由於努力向蘇聯學習的結果，我國工程界現在已經學會了許多現代化的工廠、礦井、橋樑、水利建設的設計和施工，在設計大型機械、機車、輪船方面的能力也有很大提高[49]。是時，獨立設計製造的工業技術水平大幅提高，1957 年中國已有能力設計建設一些比較大型的複雜技術工程，例如年產 150 萬噸鋼的鋼鐵聯合企業、年產 250 萬噸原煤的大型煤礦、年產 7.5 萬噸合成氨的化肥廠、總容量 100 萬千瓦的水電站、65 千瓦的火電站等；獨立設計建造 1,000 立方米的高爐與獨立製造大型精密磨牀等[50]；此外，1955 年以前，中國在原子能、噴氣技術、電子學方面還是空白，但 1958 年底時，中國已經有了實驗型原子反應堆和回旋加速器。另也順利進展有關導彈、火箭、電子計算機的研製[51]。短短十年不到，中國工業技術一下子跨越了近半個世紀[52]。

十一、蘇聯撤回專家

　　中國國防科技與工業技術的進步，一日千里。蘇聯不可能容忍中國的與日強大，因此無論是什麼理由，切斷技術援助的時間，遲早會來到。1959 年 9 月 15-28 日，赫魯雪夫第一次訪問美國，與美國總統舉行了三天會談，會後發表公報；9 月 30 日赫魯雪夫最後一次訪問中國，第二天與毛澤東會面，正式告知蘇聯正考慮撤回專家的問題[53]。1960 年 7 月 6 日- 8 月 23 日，中國核工業系統的 233 名蘇聯專家，全部撤離中國，並帶走重要圖紙資料[54]。

[48] 同註 45，pp.268：284：287.

[49] 同註 44，p.6.

[50] 同註 45，pp.287-288.

[51] 同註 8，p.530.

[52] 同註 45，pp.287-288.

[53] 同註 31，pp.60-61.

[54] 《聶榮臻傳》編寫組，聶榮臻傳，北京：當代中國出版社，1994 年 12 月，p.586.

十二、社會成本

　　為能自蘇聯大規模引進國防科技，在「一邊倒」塑造同屬社會主義陣營中蘇友好的政治氛圍下，中國也為「一邊倒」政策付出了那個時代的社會成本。例如，在「一邊倒」親蘇政策下的「百花運動」，某些學者認為應少一些蘇聯的學術統治，多接觸一些西方的論述，甚至抨擊蘇聯學術和蘇聯專家在中國居於統治地位，從而遭致嚴厲打擊[55]。

　　斯時，留美著名學者錢偉長，在當時有關教育政策的大辯論中，就堅持己見地大肆反對照搬蘇聯的教育制度，其觀點專文曾於 1957 年刊於「人民日報」與「光明日報」[56]。然而，就微觀（Micro）角度而言，錢偉長可能因未涉及外交工作，不知蘇聯駐北京大使館的外交官、武官、國安官員、顧問、及主管教育文化、財經等各級官員，肯定是將當時中國政情與社會輿情，向莫斯科其原各對口單位滙報，相關分析報告與電報可說常年有如雪片。莫斯科當局綜合所獲各種情資，彙整研析後據以擬定其對華政策。俄人研判若非認為中國真的是「一邊倒」靠向蘇聯（包括高等教制度偏向俄式），中國是不可能獲得蘇聯大力的各項支援。例如 1957 年 9 月聶榮臻所率代表團於 9 月 7 日抵莫斯科，9 日開始分軍事、原子、導彈、飛機、無線電等五組同時與蘇聯談判，14 日蘇方提交了協定草案（即 10 月簽署的《國防新技術協定》）。當時，蘇方談判代表團團長 Pervukhin 就對聶榮臻說，這種協定在蘇聯外交史上是第一次，那是因為中國是最可靠、最可信託的朋友[57]。故就宏觀（Macro）角度而言，當時中國能獲得蘇聯如此大力援助，以從事國防科技與重工業體系的建設，那是中華民族百年的機遇啊！在這個意義上，身為清華大學副校長及國務院科學規劃委員會委員的錢偉長，參與國家機要，似未能著眼大局，反以其社會地

55 同註 10，pp.222-236.
56 錢偉長，「八十自述（1993）」，錢偉長學術論著自選集。北京：首都師範大學出版社，1994 年 12 月， p.602.
57 同註 28，p.5.

位與影響，反對蘇聯的教育制度，從而被劃為大右派。就類此錢偉長的個人而言，可說是中國在那個時代所付出的社會成本。

及後，錢君困頓十餘年，1979 年平反，1983 年鄧小平親署錢偉長出任上海大學校長的派令[58]。

十三、清季洋務運動 vs.1950 年代國防科技大引進

清季 1860-1895 年間，滿清中國也曾推動一次國防科技引進的洋務自強運動，斯時最高統治者慈禧太后葉赫那拉氏，昧於當時的世界潮流，但卻洞悉人性，工於心計，熟諳權力場上的帝王之術[59]，於奪權、保權、擴權，無所不用其極，統御群臣「權奇英斷，足以籠絡一世」，揮金如土，喜好虛榮奢華，但於影響民族存亡之洋務自強大事，卻「才地平常」[60]。是時，我國重金禮聘法國海軍軍官德克碑（Neveve D'Aiguebelle）與日意格（Prosper Giguel）協助，於 1876 年成立海軍造船工業「福州造船廠」[61]。但趙孟能貴之，趙孟能賤之，法國因參與「福州造船廠」的建廠，故我國海軍對法毫無國防機密可言。及後法國侵略我國，乃於 1884 年派其遠東艦隊將「福州造船廠」全面摧毀。北洋艦隊則於 1895 年的甲午海戰，遭日本殲滅。三十年洋務自強運動心血，付之流水，影響所及，因喪失民族武裝自衛的能力，遭致日本狼子野心入侵半個世紀，中國人所受苦難，罄竹難書。

這一次的國防科技與工業技術大引進，較 1860 年代洋務運動時的國防科技引進困難千百倍，因為此時中國與世界的科技差距拉大。同樣是從無到有，但 1950 年時的西方科技已能造出現代飛機、軍艦、艇艇、航空母艦、甚至原子彈。因此，這次毛澤東乾綱決斷，以「一邊

---

58 同註 56，pp.635-636.

59 隋麗娟，說慈禧，北京：中華書局，2007 年 2 月，p.253.

60 李恩涵，近代中國外交史事新研，台北：台灣商務印書館，2004 年 8 月，pp.69-71.

61 林崇墉，沈葆楨與福州船政，台北：聯經出版事業，pp.242-246.

倒」與「抗美援朝」大外交取得俄人信任。毛澤東與周恩來等國家領導人，抓住此一千載難逢的機遇，派團絡繹於途前往蘇聯，競相爭取援助。如前文所提，毛澤東並親自向赫魯雪夫開口，稱中國對原子能、核武器感興趣，……。對在華的蘇聯專家，生活上顧關照顧，從而使蘇聯願意在一定層次內的技術領域提供大規模援助。

　　這次國防科技引進的重要意義如后，一、籌辦「哈軍工」，低調機密地為日後國防高科技培育人才。二、國防科技與重工業技術的全面引進建設，規模之大，前所未有。1950 年代的十年間，約有一萬名蘇聯專家在華工作，約有 2.8 萬名中國技術人員和熟練工人前往蘇聯受訓[62]。三、優先發展重工業，在第一個五年計劃期間（1953-1957），重工業基本建設投資佔工業基本建設總投資的 85%，佔工農業基本建設總投資的 72.9%[63]，從而建立初步的重工業體系，為自製近代武器裝備奠下堅實基礎。四、毛澤東以降中央各級領導，不尚奢華，崇尚節儉，為強國而全力支持國防科技的引進，科學家們亦無私奉獻，工程人員則努力學習新技術。此一國防科技大引進的國家意識及實現，是清季洋務運動所遠遠無法比擬的。

十四、如果錯過這一次

　　雖然歷史不能回頭，但可做事後的合理檢驗。例如，當時如果中國外交游走於美、蘇之間，則因無法獲得美、蘇其中任何一方的高度信任，故中國不可能從美、蘇任何一方獲得類似蘇聯於 1950 年代及予中國的大援助；如果是「一邊倒」的靠向美國，以美國資本主義政治體制，一則國會眾口雜舌地審議難以通過。二則任何高科技的工業技術移轉，在資本主義體制下是要付出天價的專利轉讓費。更何況在美國遏阻中國振興的國策下，即使中國願意支付天價的專利費，也是買

---

[62]　同註 10，pp.161-162.

[63]　國家統計局編，中國統計年鑒，北京：中國統計出版社，1990 年 8 月，p.166.

不到的。例如 1980 年代中美關係熱絡，但在 1989 年以前整整十年的中美政治蜜月期間，中國是連一件主要武器也未買到[64]。故中國當時即使採行「一邊倒」偏向美國的政策，也不可能從美國那兒獲得類似蘇聯 1950 年代的援助。

事實上，不但是「一邊倒」，而且是參加韓戰，十萬將士埋骨異域，戰時與蘇聯建立起的革命情感，方換得史大林信任，願予中國一定程度內的大力援助，但蘇聯最後仍於 1960 年 7 月寒盟背信的撤離援華專家。換言之，即使是以「一邊倒」的政治結盟與「抗美援朝」為蘇聯頂住東方威脅的代價，所換得的蘇聯援助，也只有短短十年不到。雖然蘇聯拒絕援助核武器、核潛艇等尖端國防科技，並不乏在某些關鍵技術有所保密，欲使中國仿製的是蘇聯第三線甚至是停產的裝備，而非第一線或第二線的最新裝備[65]。惟但無論如何，獲取蘇聯的援助，使中國從無到有地建立了初步的重工業體系與國防科技。總的來說，如果錯過這一次的十年機遇，或未努力把握這十年機遇認真學習，則中國的國防科技與重工業，可能將長期處於落後狀態。

十五、強國夢

毛澤東作為中國的領導人，他的重大決策，無論正面或負面，例如「一邊倒」、「打掃乾淨屋子再請客」、「抗美援朝」、「發展國防科技」、「發展核武」、「建立重工業」、或災難性的「三面紅旗」與「文化大革命」、晚期的「中美建交」及第三次起用鄧小平等決策，都影響甚至決定中國的命運。對 1949-1976 年間的中國而言，可說成也毛澤東、敗也毛澤東。

就成也毛澤東而言，當時新興的中國共產黨人，外要抗拒美國對新疆與西藏少數民族的顛覆（1950 年代美國曾策動達賴出走並援助西

64　佘陽，「中國武器亮相透明程度空前」，廣角鏡，420 期，p.52.

65　同註 28，p.7.

藏叛亂），內要防禦蔣介石國軍的沿海突擊與反攻大陸，且人口文盲眾多，經濟又是歷經五十年戰火的摧殘，其所處的大環境當遠較元明、明清改朝換代艱險。在毛澤東等共產黨人的領導下，勤儉建國，壓縮全民奢侈消費，優先發展重工業，極密發展國防科技，從而建立了初步的國防工業，這在十年前的 1950 年，是不可想像的。

　　回顧 1950 年代國防科技與重工業大引進的這段歷史，宜實是求事，以事實結果檢驗歷史。回首往事，當時毛澤東高瞻遠矚的外交政策，可說是那個時代的唯一選擇，它為中華民族爭取到國防科技與重工業百年未遇的建設。在毛澤東主席與周恩來總理等一代領導的爭取引進與規劃，錢學森等一代科學家的無私刻苦奉獻，廣大工程技術人員與建設兵團等的萬眾一心，艱苦學習新技術，爭分奪秒地珍惜這十年，才使中國的國防科技與重工業一下子跨越了半個世紀，從而為日後中國的國防科技與重工業體系的建立，奠下堅實基礎。那是一代中國人壯烈篇章的強國夢，是我們民族的光榮與驕傲。

中國三十年經改沉思
-悲壯的強國夢、臺灣經驗與小平維新-

一、1950 年內地不俱備現代經濟發展之啓始條件

　　回顧歷史，1870 年代時清政府已在臺灣啓動現代化的洋務建設，架設府城至安平的臺灣第一條電報線，並遠自英國購進開礦機器，創辦臺灣第一座西式煤廠，1881 年年產煤高達 5.3 萬餘噸（即日產 140 公噸）。但 1867-77 年間清軍在西北先後平定陝甘回亂與新疆獨立事件，戰事綿延十年。1876-79 年間，華北山西、陝西、河南、河北、山東等省大旱，死亡人數高達一千萬人以上，茫茫浩劫慘酷至極。1894 年日本發動侵華的甲午戰爭，殺人無數，並索賠 2.3 億兩白銀（當時清政府每年歲入僅 0.89 億兩白銀）。1900 年八國聯軍侵華火燒圓明園，復又索賠 4.5 億兩白銀[1]，我國財政破產，國家建設與工業投資停滯。1911 年國民革命推翻滿清王朝，中央解體，祖國漸陷於大規模內戰，接著日本全面侵略，八年抗戰使中國更陷於空前災難，續經三年內戰，1949 年 10 月方告統一。

　　二十世紀上半世紀，1930 年代時我國整個廣大的西北地區，可說仍處於民生凋敝，餓殍載道，饑民成群逃荒，苦力多嗜鴉片，丐童寒夜哀嚎的落後狀態，甚至有地方宗法豪強自擁武裝力量抗官，為國家政令所不及[2]。西南地區亦然，1941 年時雲南馬關縣內，「從縣境東端走到西端，看不到一條公路、一輛腳踏車、一具電話、一個籃球場、一張新聞紙（報紙）和一間診病室」，該縣後面的哀牢山村民，亦是一片赤貧[3]。文明似只至沿海及大城市邊緣為止，廣大鄉村的苦難落後，不乏仍處於「近代前」社會，無警察、無郵政、無學校、無稅吏

[1] 徐中約，中國近代史（上冊），香港：中文大學出版社，2002 年，pp.348：352：401.
[2] 范長江，中國的西北角，1983 年台灣戒嚴時代，出版者不詳。
[3] 黃仁宇，放寬歷史的視界，台北：允晨文化實業公司，1990 年 9 月 11 版，p.148.

的狀態[4]。中國共產黨主政共和國的 1950 年，其所面對的是歷經列強百年蹂躪，戰火摧殘，民生凋敝，「一窮二白」的社會。當時中國無力自製手錶，更遑論汽車、船艦、飛機。此外，西北有美國中央情報局（CIA）特務貝賽克（Frank B. Bessac）、和通曉哈薩克語與蒙古語並獲CIA交付其三百盎司金條的美國駐我新疆迪化副領事特務馬克南（Douglas Mackiernan），煽動主導哈薩克族等少數民族進行長達一年的分離武裝叛亂，社會則有現代政府政令所不及之偏區宗法豪強私人武裝力量，淪陷區日本及其所扶植的汪偽政權與偽滿政權所遺之仇怨權力關係，國民黨政權在內地殘存勢力的破壞，及其在臺以政權機器時時海空武裝突擊東南沿岸，甚至支援「藏獨」。

1950 年代初，國人人力素質仍普遍低落，誠如毛澤東所言「識字的人只那麼一點點」[5]，以當時戰功赫赫的「人民解放軍」為例，大部份的幹部戰士是文盲[6]；相對臺灣而言，內地當時的落後是難以想像。約十年前的 1943 年，日人在臺灣征召陸、海軍特別志願兵時，是依年齡、體位、學歷等條件，嚴格挑選青少年，將其送往陸、海軍兵「志願者訓練所」訓練六個月，結業後方分發部隊當兵[7]，該年臺灣學齡兒童就學率已達 71.3%（其中男童達 80.9%）[8]。

就相關統計數據而言，1950 年時面積較臺灣大 266 倍中國大陸的主要工業年產量，原油 20 萬噸、原煤 0.43 億噸、鋼 61 萬噸、發電量 46 億千瓦小時、水泥 141 萬噸[9]。但 1943 年時，臺灣水泥產量已達 26.7

---

[4] 汪彞定，走過關鍵年代，台北：商周文化公司，1991 年 10 月，pp.27-30.

[5] 薄一波，若干重大決策與事件的回顧（下卷），北京：中共中央黨校出版社，1993 年 6 月，p.717.

[6] 《聶榮臻》編寫組，聶榮臻傳，北京：當代中國出版社，1994 年 12 月，p.486.

[7] a.台灣總督府編纂，曾培堂、山本壽賀子譯，台灣統治概要，台北：台灣總督府，1954 年，pp.110-111.
　　b.鄭麗玲，「不沈的航空母艦-台灣的軍事動員」，台灣風物，44（3）：63-65.

[8] 台灣省行政長官公署編，台灣省五十一年來統計提要，台北：台灣省行政長官公署，1946 年 12 月，p.1241.

[9] 國家統計局編，1991 年中國統計年鑑，北京：中國統計出版社，pp.422-426.

萬噸、發電量 11.9 億千瓦小時[10]。又例如臺灣早在 1930 年代已完成農業綠色革命（本質是壓榨剝削），1938 年時臺灣稻作化學肥料施用量為 38.9 萬公噸[11]，但十餘年後 1950-52 年的經濟恢復期，整個大陸所生產的農用化肥，平均每年僅 2.7 萬公噸[12]。此外，1950 年時涵蓋臺灣全省的輸電網路、電話、公路、複線鐵路、港口等基礎建設，均已具規模，遠非內地各省可比，當時基隆與高雄兩港口可直接停泊兩萬噸以上的貨輪，遠勝上海或廣州[13]。因此，1950 年時內地可說完全不具備現代經濟發展的啓始條件。

二、悲壯的強國夢：二十年間三次大躍進

從百年列強侵凌的血淚教訓，落後不但就要挨打，甚至還要遭瓜分與裂解。基於民族的核心利益，建立保衛民族生存的基本武裝力量，是共和國建國的歷史責任。故共和國開國的首要目標，就是建立國防工業，也就是重工業，那是民族的唯一選擇。再者，亦因執政者「中國共產黨」的主體意識型態及當時的國際形勢，故在經濟發展策略上，也只有選擇前蘇聯模式，即壓縮農業與輕工業的資源，投入重工業。1950 年代，中國抓住世界一分為二的冷戰千載良機，斷然「一邊倒」地加入前蘇聯社會主義陣營與參加韓戰，取得前蘇聯的友誼與信任，於其願提供現代工業援助的關鍵時刻，成功建立起初步的現代重工業體系。此外，並於 1958-78 的二十年間，傾舉國之力，發動了三次大躍進，分別是大躍進（1958-60）、文化大革命的自力更生躍進（1966-70）及其後引進外資機械裝備的洋躍進（1977-78），企圖以政治力量加速工業的發展，惟均以失敗告終。

---

[10] 張宗漢，光復前台灣之工業化，台北：聯經出版公司，1980 年 5 月，pp.166-171.

[11] 李登輝，台灣農工部門之資本流動，研叢（106）：73，原引自台灣省糧食局。

[12] 國家統計局編，「主要工業產品產量」，1991 年中國統計年鑑，北京：中國統計出版社，pp.425-426.

[13] 高希均、李誠主編，台灣經驗四十年，台北：天下文化，1991，p.207.見汪一彝定，「貿易政策」。

　　1958 年大躍進的結果，可說是一場「大災難」[14]，文革十年 1976
年時大陸經濟再度瀕臨崩潰邊緣[15]。究其原由，主要是優先發展重工
業的政策，使「一五時期（1953-57）」重工業投資在整個基本建設投
資中的比例高達 36.2%，「二五時期（1958-62）」更升至 54.0%，且
自此以後重工業投資比率均在 50.0% 上下[16]。此一長期壓縮農業與輕工
業以支援重工業的政策，雖然建立了保衛民族生存的基本武裝力量，
但也付出了農業與輕工業相對長期停滯的代價。而農業生產的停滯，
又造成輕工業原材料短缺及輕工業許多行業的開工不足。此外，各項
大型工程的上馬，都是資本技術密集的大型工廠，其對勞動力的需求
極低，亦即相對於輕工業所提供的就業機會有限。失業的嚴重，甚至
迫使文革時將數以千萬計的中學畢業生遣往農村安家落戶[17]。此外，
重集體忽個體的經濟制度，因其排斥市場機能，無法反映生產成本與
市場供需。至於分配上提倡低工資平均主義的大鍋飯政策，則重挫群
眾的生產積極性。

　　就歷史宏觀角度檢視那個時代，百年的極度積弱與慘遭蹂躪，使
首次完成近代中國實質統一的共和國，以振興中國的使命感，強力政
治動員與感召，帶領億萬中國人民以「敢教日月換新天」的豪情、壯
志與幹勁，建設新中國。1950-58 年間，中國從「一窮二白」與戰爭
破壞的慘狀中，「從無到有」地建立起初步的現代重工業體系，中國
共產黨人使中國的國防科技與重工業水平，一下子躍升了半個世紀。
然而，自國共內戰、完成統一、恢復經濟與初期現代重工業建設等一
系列勝利，也使得「毛澤東同志，中央和地方不少領導同志在勝利面

---

[14] 薄一波，若干重大決策與事件的回顧（下卷），北京：中共中黨校出版社，1993 年 6 月，
　　p.719.
[15] 鄭竹園，「中國大陸經濟三十年」，中共經濟的診斷，台北：聯經出版公司，1980 年，p.17.
　　見華國鋒報告，「北京週報」，1978 年第 10 期，p.12.
[16] 國家統計局，1992 中國統計年鑑，北京：中國統計出版社，1992 年，pp.149：158.
[17] 鄭竹園，「中共經濟發展策略總檢討」，台灣模式與大陸現代化，台北：聯經出版事業公司，
　　1986 年 8 月，pp.79-116.

前滋長了驕傲自滿情緒，急于求成」[18]。誠如中共第一代元老前國務院副總理薄一波所云「把根本改變中國的貧困面貌看得太簡單太容易」[19]，故二十年間進行三次大躍進，這在人類史上可說絕無僅有。

斯時，中國經由政治力量的強行介入，以揠苗助長的群眾運動方式，希望將極度貧困落後的經濟迅速現代化。雖然可能局部有成，但總體而言每次均以失敗告終，但於歷經退卻、調整與鞏固，當經濟開始復甦後，又再啓動新一輪的躍進，可說是屢敗屢戰，其結果自是總體經濟再度陷於絕境。尤其是文革動亂的「十年浩劫」[20]，將經濟推近崩潰邊緣，導致人心思變。就在此時，一代偉人鄧小平復出。

三、三十年奮鬥建立現代經濟發展啓始條件

1950-1979 年間三十年的艱苦奮鬥，包括人類史上從所未有的國防科技與重工業水平十年間成功跨躍半個世紀，及二十年間的三次大躍進。後者在追求現代化的道路上，摸索掙扎前進，失敗再起，跌倒再起。昔日西方列強，是以海外殖民掠奪資源和發動戰爭勒索賠款的方式，累積資本[21]。但今日中國，則是三十年間，舉國緊衣縮食，以一代人低工資的苦行，累積國家資本。

前三十年的奮鬥犧牲，中國終於從無到有地建立了全面的規模宏大的現代重工業基礎，並建立了基本的核武力量。試想，二十一世紀初伊斯蘭世界的強者伊拉克，僅是被懷疑欲發展核武，即遭西方美國的致命打擊，遭滅頂之災。又東鄰驕橫不可一世的大和民族日本，即使對美俯首稱臣，亦步亦趨，但在美國的制約下，也不得擁有核武。故昔日「一窮二白」的中國，前三十年發展核武事業，是在「絕對機

---

[18] 薄一波，若干重大決策與事件的回顧（下卷），北京：中共中央黨校出版社，1993 年 6 月，p.725.

[19] 薄一波，若干重大決策與事件的回顧（下卷），北京：中共中央黨校出版社，1993 年 6 月，p.720.

[20] 劉華清，劉華清回憶錄，北京：解放軍出版社，2007 年 8 月，pp.312：360.

[21] 黃宇仁，近代中國的出路，台北：聯經出版公司，1995 年 4 月，p.47.

密」的情況下，集舉國能力所及資源，突破科技上的千萬道難關，一代科學菁英隱姓埋名奮鬥下完成的偉業。同時，在外交上則合縱連橫，游走於兩大超強之間，避過西方美國與前蘇聯先後的重重意欲致命打擊，終於輕舟已過萬重山，建立民族自衛武裝力量。

此外，前三十年歷經拒敵於國門之外的韓戰與越戰，暫時解除了美國的威脅。珍寶島事件，全國動員的臨戰之勢，力抗北方，解除了前蘇聯的威脅。因此，前三十年反帝反蘇鬥爭及核武力量的建立，為中國換得自鴉片戰爭以來百年所無的後三十年（1980-2010）和平發展機遇。「中美建交」的外交戰略佈局，使中國突破西方世界的經濟封鎖定，為後三十年經改創造與西方經濟接合的外部機遇。

四、鄧小平復出

1970 年代，除了「中美建交」外，另一影響國運的大事，就是 1973 年 4 月毛澤東拍板鄧小平復出任副總理。中國共產黨的開國，一如大清盛世，不但猛將如雲，且無私謀國之國家領導人輩出，周恩來與鄧小平即是。

1975 年 1 月 5 日，鄧小平出任軍委副主席兼解放軍總參謀長。1976 年 1 月 8 日周恩來世逝，4 月 5 日天安門前廣大群眾悼念周恩來，7 日鄧小平遭撤銷黨內外一切職務，9 月 9 日毛澤東世逝，10 月 6 日華國鋒與元老葉劍英等聯手，一舉逮捕江青、王洪文、張春橋與姚文元「四人幫」，結束了「四人幫」亂政，從危難中挽救了國家，功不可沒。1977 年 7 月 21 日，中共「十屆三中全會」在京閉幕，鄧小平再度復出工作。兩個星期後的 8 月 6 日，鄧小平就在「科學和教育工作座談會」上，果斷決定該年恢復高考[22]，為民族復甦啓動生機。1978 年 12 月 18-22 日，「十一屆三中全會」在北京順利舉行，開啓了「小平維新」經濟改革的大時代。

---

22 余瑋、吳東菲，中國高端訪問，北京：經濟日報出版社，2007 年 9 月，pp.166-170.

五、重視臺灣經濟成就

1970 年代臺灣經濟欣欣向榮，取得相當成就，人民生活水平約較大陸領先二十年[23]。斯時內地，在文革的政治掛帥下，對西方與臺灣的經濟成就，幾乎視而未見。直至鄧小平復出，方正視西方與臺灣的經濟成就。1974 年春，鄧小平接替周恩來成為中方與美國的主要對話人。斯時，美國與中方打交道的國務卿季辛吉（Henry Kissinger），就印象深刻地回憶稱，鄧小平不諱言中國落後，需要美國的技術與經濟合作，以改善中國人民的生活[24]；1979 年夏，中共「政治局委員」前國務院副總理余秋里，首次承認大陸與臺灣在經濟這場和平競賽中已居下風，承認「臺灣經濟迅速發展，一般人民生活都比各省人民生活高幾倍」[25]。

自此以後，中共內部漸理性開展探討臺灣的經濟成就。例如在福建廈門設立「臺灣經濟研究所」，在北京「中國社會科學研究院」內設立「臺灣研究所」，介紹臺灣行之有效管理方式的《臺灣企業管理文集》亦可公開印行。《經濟管理》、《經濟日報》、上海《世界經濟導報》等經濟刊物，則常摘要轉載臺灣報刊有關企業管理文章，甚至有刊物提出仿傚臺灣的呼聲。1985 年 3 月，《中國經濟問題》月刊並以「新竹科學園區」為例，建議中共仿照臺灣作法，才能將「經濟特區」建成現代化的「窗口」[26]。同年 8 月 12 日中共內部刊物《學習參考資料》，刊登以西德、臺灣、瑞典、新加坡四個實例，說明社會主義面臨嚴重挑戰，稱「1952 年的時候，我們大陸每人平均收入的美元，比臺灣平均只少四元，相差不多，可是 1980 年，臺灣人民收入達

[23] 鄭竹園，「以台灣經驗作為重建大陸藍圖」，台灣經驗與中國重建，台北：聯經出版社，1989 年 5 月，p.450.

[24] 傅建中「談判桌折衝樽俎　毛•周•鄧各領風騷」，中國時報，1999 年 3 月 18 日，第 14 版。

[25] 鄭竹園，「以台灣經驗作為重建大陸藍圖」，台灣經驗與中國重建，台北：聯經出版社，1989 年 5 月，p.457.見余秋里「關於政治與經濟關係」講話，原文刊載於中共「國務院辦公廳秘書處」，1979 年 9 月 4 日編印之〔學習資料〕中。

[26] 鄭竹園，「以台灣經驗作為重建大陸藍圖」，台灣經驗與中國重建，台北：聯經出版社，1989 年 5 月，pp.457-458. 該月刊係廈門大學「經濟研究所」出版。

到 2,278 美元，我們大陸每人平均 256 美元，差不多相差九倍。同樣
是搞了三十多年，這也是資本主義向我們提出的挑戰」[27]。1986 年 12
月，頗具權威的雜誌《經濟研究》，刊載討論經濟發展策略課題之文，
其中就有文章讚揚臺灣採取出口替代策略，「改變出口結構，擴大出
口規模是實現經濟起步成功祕訣」[28]、「惟臺灣經濟成功的真實原因，
是臺灣在日本殖民五十年所留下的巨大近代基礎建設規模，在國府將
人才、上海紡織產業和全國黃金等移往臺灣，在美國原創規劃與大力
援助十五年，及蔣氏父子與財經官員努力等的綜合因素」。

六、臺灣外省學者官員傾囊相授

1985 年 7 月，趙紫陽總理邀宴經濟學家鄒至莊博士（廣東），盼
鄒君能邀幾名經濟學者為大陸經改提供建議；1986-89 年間，鄒至莊、
蔣碩傑（湖北）、顧應昌（江蘇）、費景漢（北京）、劉遵義（廣東
潮州）、于宗先（山東）等臺灣頂尖經濟學者，應國務院「體制改革
委員會/簡稱體改委」之邀，先後多次在香港、北京與「體改委」官員
會談，就經濟制度改革、價格問題、通貨膨脹、物價控制、銀行改革、
國營企業改革、房屋私有化、外滙改革、利率政策與金融改革等許多
經濟問題提出建議，效果良好（前四人曾於 1970 年代出任臺灣「國際
經濟合作委員會/簡稱經合會」的經濟顧問，參與策劃斯時臺灣的經
濟政策）[29]。

1993 年 6 月，朱鎔基副總理亦邀曾參與臺灣早年經濟規劃發展的
前臺灣經濟部長與財政部長李國鼎（南京）訪問內地。期間，李國鼎

27　鄭竹園，「以台灣經驗作為重建大陸藍圖」，台灣經驗與中國重建，台北：聯經出版社，1989
　　年 5 月，pp.466-467.原見高放，「社會主義的挑戰」，原文刊載《紐約探索月刊》，1978 年
　　3 月，pp.58-62.

28　鄭竹園，「以台灣經驗作為重建大陸藍圖」，台灣經驗與中國重建，台北：聯經出版社，1989
　　年 5 月，p.467.見黃方毅，「再論中國對外經濟策略的選擇」，經濟研究月刊，北京，1986
　　年 12 月，pp.26-27.

29　訪問者劉素芬、樊沁萍，中國現代經濟學的播種者鄒至莊先生訪問紀錄，台北：八方文化
　　企業公司，1997 年 10 月，pp.63-79.

在北京與江澤民主席相處整日，告以臺灣早期農村發展經驗等事[30]。李國鼎另也與朱鎔基單獨暢談關於中國經濟改革事，多所建議。據報導，事後證實朱鎔基全盤接受李國鼎的建議[31]。2001 年 10 月 28 日，李國鼎夫婦骨灰葬於南京，魂歸故里[32]。

　　1980 年代的經濟大改革，是一無任何經驗可循的改革，問題千題萬緒，鄧小平及其有志之士，依大陸當時的政經社會情勢，摸索前進。此時，同文同種的臺灣地方經濟發展成功，在信心與經驗上，自當有某種的燈塔指標作用。趙紫陽與朱鎔基兩總理先後邀訪臺灣學者官員獻策之舉，即為證明。鄒至莊博士就認為，臺灣經濟發展成功的經驗，對大陸經改影響很大，增加推動經濟改革的信心，因為既然同文同種的臺灣能經濟發展成功，大陸當然也能做到[33]。大陸的經濟改革，可說曾部份吸取臺灣的經驗。隨著經改的不斷深化，所碰到的經濟現象也愈加複雜，市場經濟機制下，新生問題層出不窮。就技術層面而言，例如控制通貨膨脹與金融改革等課題就至關重要，尤其是通貨膨脹，因為它牽動著每個群眾的切身利益，其形成因素又事涉複雜的經濟專業，廣大群眾難以理解。一旦發生急遽通貨膨脹，勢必引發強烈民怨，甚至造成重大社會事件（1989 年天安門事件發生的主要原因之一，就是通貨膨脹[34]）。

　　昔日 1948 年 8 月至 49 年 4 月，國府在大陸濫發紙幣 4,524 倍，上海物價指數居然飛漲 135,742 倍[35]，剎時間使得多少人傾家蕩產？多

---

[30] 林文集、欽國于，「推動台灣經濟、科技奇蹟的舵手--李國鼎」，工商時報，2001 年 6 月 1 日，第 4 版。

[31] 林志成，「兩岸經改　都有他的影子」，中國時報，2001 年 6 月 1 日，第 3 版。1998 年 7 月，中國科技部部長朱麗蘭訪問台灣時還特別表示，朱鎔基交待一定要代為向李國鼎先生致謝。

[32] 方寒星，「少小離家老大回，李國鼎大陸行」，聯合報，2002 年 6 月 26 日，第 39 版。

[33] 訪問者劉素芬、樊沁萍，中國現代經濟學的播種者鄒至莊先生訪問紀錄，台北：八方文化企業公司，1997 年 10 月，p.30.

[34] 訪問者劉素芬、樊沁萍，中國現代經濟學的播種者鄒至莊先生訪問紀錄，台北：八方文化企業公司，1997 年 10 月，p.71.

[35] 徐中約著，計秋楓等譯，中國近代史，香港：中文大學出版社，2003 年二次印刷，p.648.

少人飢寒而亡？從而導致國府一夕崩潰，兵敗如山倒的悲慘教訓，使得蔣氏父子痛定思痛，於其治台期間，在經濟政策上極其重視防止不良通貨膨脹，臺灣也因此累積了這方面的經驗；1985 年初，大陸首次出現通貨膨脹[36]，當時內地自無處理市場經濟新生事物通貨膨脹的經驗。惟自 1986 年始，前述鄒至莊、蔣碩傑、顧應昌、費景漢等四名學者，曾於 1970 年代出任臺灣「國際經濟合作委員會/簡稱經合會」的經濟顧問，參與策劃斯時臺灣的經濟政策[37]，尤其包括防止通貨膨脹事。故他們以其處理臺灣通貨膨脹的經驗，適時多次為大陸提供解決通貨膨脹的寶貴建議，協助母國經改渡過重重驚濤駭浪的通貨膨脹，貢獻良多[38]。

　　此外，1993 年，李國鼎對中共高層更提出了改變其觀念的極重要建議，改革公務員原有的低工資制[39]，即大幅調增公務員工資，亦被採納，從而維持官員的身份和尊嚴，激勵其榮譽感與使命感，助益經改深遠。此外，李國鼎更為內地財政問題，向江澤民提供中央與地方財政收支劃分法的寶貴建言。1994、95 兩年，朱鎔基總理以軟硬兼施的雷霆之勢，逐省協調，打破嚴峻的省市「諸侯經濟」割據態勢，成功推行中央與地方之分稅制，大幅改善中央財政收入[40]，為持續的經濟改革，奠下堅實基礎。

36　訪問者劉素芬、樊沁萍，中國現代經濟學的播種者鄒至莊先生訪問紀錄，台北：八方文化企業公司，1997 年 10 月，p.71.

37　訪問者劉素芬、樊沁萍，中國現代經濟學的播種者鄒至莊先生訪問紀錄，台北：八方文化企業公司，1997 年 10 月，pp.63-79.

38　訪問者劉素芬、樊沁萍，中國現代經濟學的播種者鄒至莊先生訪問紀錄，台北：八方文化企業公司，1997 年 10 月，pp.30：69-75.

39　例如 1966 年文革時，在「勤儉辦外交」的低工資政策下，中國大陸駐外使領人員，自大使至秘書與工勤人員的工資一律按 120 元的標準發放當地幣，約合 30、-40 美元，見馬繼森，外交部文革紀實，香港，中文大學出版社，2003 年，p.73.有關人員訪談，原見杜易，《大雪壓青松-「文革」中的陳毅》（北京：世界知識出版社，1997），p.96.

40　楊中美，朱鎔基傳，台北：時報文化出版社，1998 年 3 月，pp.175-183.

七、現代西方經濟發展策略

　　1950 年代，在美國專家的原創規劃下，國府實施符合當時臺灣社會情勢的「進口替代」策略，發展進口替代品產業（import substitution industries），例如紡織、肥料、水泥、化學品等進口替代品，尤其是撤退時自上海移入的整個紡織產業。1960 年代，則實行以出口帶動經濟快速成長的「出口擴張」策略，使臺灣的對外貿易持續大幅成長，外貿總額 1960 年時 4.6 億美元，1973 年時增至 82.8 億美元[41]。1970 年代則從事規模龐大的十項建設，建設臺灣。1980 年代更前瞻性的規劃並推動電子資訊高科技產業的發展，為臺灣的經濟奠下堅實基礎。

　　三十年（1979-2009）來大陸的經濟改革亦然，也是實行了符合當時社會情勢的經濟發展策略，鄧小平以「實踐是檢驗真理的唯一標準」實事求是地推動經濟改革，例如放寬農業政策，在農村實行「包產到戶」，容許個體經濟，提出「辦好集體經濟，儘量發展個體經濟」的方針。改革價格制度，部份商品容許買賣雙方自由議價。改變經濟發展的優先次序，緊縮重工業，優先發展輕工業，並鼓勵興辦服務性行業[42]。除辦好 1979 年設立的經濟特區[43]外，並於 1984 年開放天津、上海、大連、秦皇島、煙台、青島、連雲港、南通、寧波、溫州、福州、廣州、湛江和北海等沿海十四個城市[44]。

　　就整個大方向而言，大陸的經濟改革與臺灣經濟發展有下列四個共同之處：（1）經濟改革都是從農業部門出發。（2）對外開放鼓勵出口。（3）政府對於經濟的干預和計劃管理逐漸減少。（4）重視控制通貨膨脹[45]。在工業發展策略上，無獨有偶，內地經改之初與臺灣

---

[41] Council for Economic Planning and Development, Taiwan Statistical Data Book 2001, Taipei：Council for Economic Planning and Development, ROC, June, 2001, p.212.

[42] 鄭竹園，台灣海峽兩岸的經濟發展，台北：聯經出版事業公司，1983 年 7 月，pp.143-154.

[43] 中共中央文獻研究室，鄧小平文選（一卷本），北京：人民出版社，1996 年 7 月，pp.255：519.

[44] 中共中央文獻研究室，鄧小平文選（一卷本），北京：人民出版社，1996 年 7 月，pp.266：520.

[45] 訪問者劉素芬、樊沁萍，中國現代經濟學的播種者鄭至莊先生訪問紀錄，台北：八方文化

經濟發展初始亦同，即重視紡織業與輕工業，1979-81 年間調整計劃的焦點集中在紡織業與輕工業[46]，亦即在投資優先及原料電力供應上，由重工業轉移至輕工業，故 1986 年時輕重工業總產值已大致相等[47]。此外，亦仿效臺灣重視外貿，從原來長期強調「自立更生」，轉為擴張輸出[48]，並仿照臺灣高雄及楠梓加工出口區，在廣東的深圳、珠海、汕頭和福建的廈門，設立四個「經貿特區」，作為吸引外資及技術的窗口[49]。

八、六四風波

1890 年代末，「經改」已推動十年，成效顯著，但經改不但是無任可中外前例可循，且是一巨大複雜的經濟社會變革。在此曠古未有的巨變中，固然有許多人是「經改」的受益者，惟無可諱言，亦不乏「經改」的非受益者。例如國營企業關閉所導致的數百失業工人。又例如在市場經濟追求效率與績效的壓力下，有人固然因有機會適應新環境並努力工作而增加工資或發家致富，惟亦有人倍感工作壓力而適應不易。而 1988 年的高通貨膨脹，更是損及群眾每個人的切身利益，形成普遍的民怨；換言之，在經改的漫長過程中，在受益者或受益氛圍尚未壓倒性的超過非受益部份，或者受益與非受益二者尚未達到平衡點之前，任何的政治事件都可能引發社會風暴。再者，「經改」引進西方的資金與技術，但也滲入了西方的自由思潮，與因落後與先進、

企業公司，1997 年 10 月，pp.30-31.

[46] 鄭竹園，「中共經濟發展策略總檢討」，台灣模式與大陸現代化，台北：聯經出版社，1986 年 8 月，p.109.

[47] 鄭竹園，「以台灣經驗作為重建大陸藍圖」，台灣經驗與中國重建，台北：聯經出版社，1989 年 5 月，p.459.原見冀佼，「十年來我國工業發展概況」，經濟管理月刊，北京，1986 年 12 月，p.3.

[48] 鄭竹園，「以台灣經驗作為重建大陸藍圖」，台灣經驗與中國重建，台北：聯經出版社，1989 年 5 月，p.459.原見李揚，「淺談外向型經濟」，經濟管理月刊，北京，1986 年 12 月，pp.22-23.

[49] 鄭竹園，「以台灣經驗作為重建大陸藍圖」，台灣經驗與中國重建，台北：聯經出版社，1989 年 5 月，p.458.原見鄭竹園，「中共開放政策的經濟效果」，見《台灣模式與大陸現代化》，pp.247-268.

極貧與巨富的過度反差，所形成盲目崇美的意識型態。更何況還有虎視眈眈，伺機弱化中國顛覆中國的西方列強，終於爆發生了六四天安門風波。誠如鄧小平後來指出的「這場風波遲早要來。這是國際的大氣候和中國自己的小氣候所決定了的，是一定要來的，是不以人們的意志為轉移的」[50]。

　　2008 年 3 月 14 日，西藏拉薩發生暴民打砸搶燒事件，西方主流媒體如美國的 CNN、英國的 BBC、德國的 RTL 等電視台，有志一同地以假造照片與虛構栽贓的手法，抹黑中國，惟恐中國不亂，但被廣大中國網民即時揭發。網民從知識份子到高校學生，清楚地認識到這是以美國為首的西方勢力，蓄意藉「藏獨」打擊中國。然而二十年前發生的六四風波，因當時中國綜合國力仍弱，無力抗拒西方顛覆。

　　話說 1989 年 4 月 15 日，中共前總書記胡耀邦去世，最初由大學生在天安門前為胡耀邦舉行的悼念遊與靜坐，在美國媒體的推波助瀾下，旋即迅速形成以民主、自由與反貪為訴求的大規模學運，並擴及其它重要城市。斯時，對西方而言，是弱化欣欣向榮中國的千載良機，美英特務平時在中國的佈建，養兵千日用在一時，適時串連活動，自是不在話下。但最大的災難，是美國以其傳媒的巨大優勢，惟恐中國不亂的煽風點火，CNN 電視台更是乘機鼓動挑撥造謠，無所不用其極，二十四小時全天候滾動式播報天安門及其它城市學運，前後持續長達兩個月之久。當時，中國社會知識界相對於今日，遠處於貧窮封閉的狀態，學生年青，少不更事，對美國 CNN 等電視台與「美國之音」（The Voice of America, VOA）的電台的居心叵測造謠廣播，在盲目崇美的心態下，無力分辨美國用心。學生嚮往抽象的自由民主口號，無視「經改」已取得的成就及其艱難性，無視中國最需要的是「穩定」與「紀律」，社會動盪失序解體，只會為民族帶來災難。尤其是激進的學生代表，不知是真的無知，還是在西方媒體操控下，利慾薰

---

[50] 鄧小平，「在接見首都戒嚴部隊軍以上幹部時講話/1989 年 6 月 9 日」，鄧小平文選/一卷本，香港：人民出版社與三聯書店（香港）有限公司，1996 年 7 月，p.427.

心，不願見好就收，即使國家頒布戒嚴令，亦不肯收手，使社會一步一步地走向動亂的崩潰邊緣；6 月 4 日，中共中央採取果斷措施，平息暴亂。是時，隱藏在黑暗中的西方特務，終於顯示了其平日的佈建工作績效，在美國中央情報局及英國情報單位的「助力」下，有約二百名學運份子得以逃離大陸，其中 15 名是大陸所公佈的 21 名學運領袖[51]。

即使網路發達，但限於地理隔閡，一般中國人（包括廣大網民）可能渾然不知，當 3 月 14 日發生拉薩事件，二十年前六四天安門前搞民主自由人權的王丹等 17 名民運份子，立即於六天後齊聚臺灣台北市的臺灣大學校友會館，對在拉薩遭毆傷與被殺害的無辜群眾，無隻言片語的哀慟之心，而是喪心病狂的聲援拉薩暴動，撕裂中國，其中民運份子楊建利甚至惡毒地揚言，在北京奧運前「會用一切的行動動搖中國的政權」[52]。

九、九二鄧小平南巡

六四風波后，面對西方強大壓力的嚴峻形勢，鄧小平適時提出穩定壓倒一切的論述，穩住大局。1992 年初，87 歲高齡的鄧小平登上專列，自北京奔向中國南方大地—深圳與珠海，沿途發表不少經典著名講話，例如「要警惕右，但主要是防止『左』」。3 月上旬，中共中央政治局連續二天召開全體會議，認真學習了鄧小平的南方談話，一致通過決議，支持鄧小平的言論和思想。鄧小平的「南方談話」成為中國經改的「偉大行動指南」[53]。

對許多海外華僑及港澳台同胞而言，鄧小平在 1992 年的南巡及這突如其來地推動中國新生，讓不少散居四海的華裔大亨深受激勵，甚

---

[51] 朱建陵，「陳達鉦『黃雀行動』幕後功臣」，中國時報，2007 年 6 月 4 日，第 A13 版.

[52] 《聯合報》，2008 年 3 月 21 日，第 A21 版。

[53] Robert Lawrence Kuhn 著，談崢、于江海譯，他改變了中國—江澤民傳，上海：世紀譯文出版社，2005 年 2 月第 4 次印刷，pp.178-182.

至目眩神移。經過幾個世代的苦候，這些海外游子，原本以為再也等不到故土的強大。鄧小平登高一呼，散居各地的許多華裔大亨，情緒沸騰，立即以大筆資金回轉中國，投資中國，以實際行動回應，並多以超級投資案為主。這些大亨大多年愈六十，兒時曾經住過中國，如今年華老大才衣錦還鄉，似乎只有大手筆投資方能彌補流逝的光陰[54]，他們對母國的鉅額投資具體行動，具體驗證了鄧小平的睿智。

十、增量改革與試點推廣

西方政治學經典《君王論》稱「沒有比改革更困難了，因為改革者會使自己成為舊體制的敵人，而新體制的受益者卻心存觀望，這種觀望來自於對舊體制的畏懼，及對改革沒有信心。因為，人們在沒有看到令人信服的確實證據以前，是不會真正相信新生事物的」[55]。

（一）先「增量改革」再「存量調整」

中國大陸的計劃經濟體系，歷經前三十年的建構，其意識型態與運作已非常嚴密與僵化。鄧小平推動經改之初，大體上並非自其舊體制內開展，而是透過各經濟部門新增部分，實施新政策和制度，這種方式稱為「增量改革」。由於此一溫和方式較少觸及舊有體制，不致遭受既得利益和保守派的激烈反對，使改革得以順利推動，同時維持了經濟運作的穩定。新制度不但激發群眾工作誘因，並激發強度競爭而提高效率，故其新增部分成長較快且具競爭力，使得舊體制所佔比例日漸減少。當改革進行一段時期後，舊體制已不再具重大影響時，然後再對舊體制改革，稱之「存量調整」。

1990 年代中期，資源的限制使「增量改革」發揮的效果漸漸減弱，舊體制開始束縛經濟的進一步發展，改革逐漸進入了「存量調整」階

---

[54] Joe Studwell 著、齊思賢譯，中國熱/The China Dream，台北：時報文化公司，2002 年，pp.90-98.
[55] 陳水扁，台灣之子，台中：晨星出版社，2000 年 6 月 20 日，112 版，p.128.

段，即深化對舊體制的轉型。以國有企業（簡稱國企）為例，雖然自1979年國企改革就開始進行，但一直未能大力處理冗員和破產退出市場的問題。當時國企占有大部分產值，如果對國企大力改革，數量龐大的下崗工人和破產企業，必定造成社會動亂和經濟混亂。經改的辦法是開放非國有企業，按照比較利益法則進入競爭性的輕工業消費品市場，使非國有經濟迅速發展起來。從1978年至2002年，國有企業占工業總產值比重由77.6%大幅降至30%以下，國企的重要性被非國企取代後，經改才積極整頓國企冗員和破產問題。「九五計畫」期間，國有企業家數由87,905家大幅下降至53,489家[56]。

（二）先「試點」再「推廣」

中國大陸是社會主義陣營中，最先進行大規模經濟改革者，歷史上無前例可循，故改革的方向和路徑都是逐步自行探索出來。先「增量改革」再「存量調整」，本身就屬於漸進式的改革方法。中國大陸許多改革措施都是先在較小的範圍實施，即所謂的先行「試點」，如果發覺有問題或不完善的地方，即行修正，在取得成果後再逐步推廣到較大的範圍，最後方全面在全國推行。這種改革方式的優點是風險較小，讓經濟體有充分時間適應新的制度，成功機率較高。缺點是往往未能及時推出配套措施，新制度會與原來的舊制度發生衝突，但隨著改革的進一步深化，衝突的情況逐漸會改善。例如在推動價格改革期間，雙軌制的改革方式讓有權力者以官方低價取得產品後，再在市場上高價拋售取得暴利，引發貪污腐敗和「尋租現象」，不過隨著1990年代以後各種雙軌制陸續併軌，「尋租現象」已漸緩解[57]，甚至解除。此外，就廣義的「試點」而言，可說也包括臺灣地方的經濟發展經驗，尤其是有關通貨膨脹控制與中央地方分稅制的經驗，後者更是有助於

---

56 李志強，「中國大陸的經濟體制與制度發展」，張五岳主編，中國大陸研究，台北：新文京開發出版公司，pp.338-339.

57 李志強，「中國大陸的經濟體制與制度發展」，張五岳主編，中國大陸研究，台北：新文京開發出版公司，p.339.

建構國家經濟制度的一體化與稅制合理化。

十一、民族英雄鄧小平

　　1978 年，面對「文革」后的政經嚴峻局勢，及繼續肯定「文革」的「兩個凡是」[58]與「實踐是檢驗真理唯一標準」論戰的關鍵時刻，鄧小平挺身旗幟鮮明地批評了「兩個凡是」，並堅決支持「實踐是檢驗真理唯一標準」[59]。1978 年 12 月 18-22 日中共「十一屆三中全會」在北京順利召開。鄧小平在該會召開前的「中共中央工作會議」閉幕會上，提出「解放思想」「實是求是」，稱「一個黨，一個國家，一個民族，如果一切從本本出發，思想僵化，迷信盛行，那它就不能前進，它的生機就停止了，就要亡黨亡國」。鄧小平並睿智地指出「不講多勞多得，不重視物質利益，對少數先進分子可以，對廣大群眾不行，一段時間可以，長期不行。革命精神是非常寶貴的，沒有革命精神就沒有革命行動。但是，革命是在物質利益的基礎上產生的，如果只講犧牲精神，不講物質利益，那就是唯心論」。另並要求集中力量制定各種必要的法律，「國家和企業、企業和企業、企業和個人等等之間的關係，也要用法律的形式來確定；它們之間的矛盾，也有不少要通過法律來解決」[60]。鄧小平上述在「中共中央工作會議」的論述指引，使得「十一屆三中全會」實現了思想、政治與組織等路線上的撥亂反正，從根本上衝破了長期「左」傾錯誤的嚴重束縛[61]，使中國走上以經濟建設為中心的道路。

---

[58] 「兩個凡是」：「凡是毛主席的決策，我們都堅決維護，凡是毛主席的指示，我們都始終不渝地遵循」。

[59] 《瞭望》文章：真理標準大討論來龍去脈，見 http://news.hexun.com/2008-09-01/108490137.html Access：2008/9/6 pp.2-3.

[60] 中共中央文獻研究室，「解放思想，實事求是，團結一致向前看－1978 年 12 月 13 日」，鄧小平文選（一卷本），北京：人民出版社，1996 年 7 月，pp.75-82.

[61] 「中共十一屆三中全會（1978 年）」，http://big5.xinhuanet.com/gate/big5/news.xinhuanet.com/ziliao/2003-01/20/content-697… Access：2008/9/5.

在接著的幾年，鄧小平除提出「社會主義是共產主義的初級階段」
「社會主義階段的最根本任務就是要發展生產力」，及「建設有中國
特色的社會主義」[62]等與時俱進的政治論述，另並諄諄告誡，稱「十
年的文化大革命，更使我們吃了很大的苦頭，造成很大的災難。現在
要橫下心來，除了爆發大規模戰爭外，就要始終如一地，貫徹始終地
搞這件事（實現四個現代化）」「就是爆發大規模戰爭，打仗以後也
要繼續幹，或著重新幹」[63]、「現在說我們窮還不夠，是太窮，同自
己的地位完全不相稱。所以，從去年（1979）起，我們就把工作著重
點轉到了建設上。我們要把這條路線一直貫徹下去，決不動搖」[64]，
將抓經濟視為和平年代國家最核心的大事，要求「一心一意搞建設」[65]。

國家領導人是希望的化身，必須擬定願景（vision），提出明確的
國家目標，指引未來的國家方向，凝聚群眾願為共同願景努力奮鬥的
信心[66]。然而，願景的體現依賴政治論述。因此，政治論述可說是一
個政治領袖的靈魂。鄧小平復出實施經改，以其大無畏的氣魄，提出
一系列為振興中華之磊落雄偉的政治論述，表達了斯時群眾期盼改變
貧窮落後的民族心聲，為經濟大改革提供信心指引方向。但空有論述
不足，還需有劍及履及的毅力與推動大規模經改的方法，鄧小平以其
一生三起三落波瀾壯濶的政治聲望與睿智，平撫調和各派政治勢力，
並以先「增量改革」再「存量調整」的方式，推行經改。也就是先將
經濟的餅做大，對原有的餅暫予保存，改革增大的部份，待增大的部
份漸大於或遠大於原有的經濟餅，此時受益者眾，則全面的經改，水
到渠成。此外，鄧小平亦沿襲中共優良傳統，先行「試點」再「推廣」

---

62 中共中央文獻研究室，「建設有中國特色的社會主義－1984 年 6 月 30 日」，鄧小平文選（一
　卷本），北京：人民出版社，1996 年 7 月，pp.263-264.
63 中共中央文獻研究室，「實現四個現代化必須具備四個前提－1980 年 1 月 16 日」，鄧小平
　文選（一卷本），北京：人民出版社，1996 年 7 月，p.134.
64 中共中央文獻研究室，「社會主義首先要發展生產力－1980 年 4 月-5 月」，鄧小平文選（一
　卷本），北京：人民出版社，1996 年 7 月，p.176.
65 中共中央文獻研究室，「一心一意搞建設－1982 年 9 月 18 日」，鄧小平文選（一卷本），北
　京：人民出版社，1996 年 7 月，p.244.
66 胡忠信，新台灣新文化，台北：我識出版社，2005 年 11 月，pp.212-218.

的方式，「摸著石頭過河」，將改革風險降至最低，終於成功推動此
一規模空前劃時代經濟大改革的「小平維新」，功在當代中國。

中美建交、經改與臺灣

對中國而言，1970 年代「中美建交」是二十世紀中後期的大事，其影響有如 1949 年毛澤東實施對前蘇聯「一邊倒」，及 1989 年鄧小平實施與前蘇聯「關係正常化」的外交政策。因為，「中美建交」為 1980 年後中國改革開放引進西方技術資本打下了基礎，如果沒有「中美建交」，中國無法回到遭美國封鎖的西方世界，其結果是上世紀末最後二十年的經濟發展與今日崛起，將成為不可能。如果沒有「一邊倒」加入社會主義陣營與參加韓戰，則無法取信於前蘇聯而獲其援助，使得中國國防科技與重工業，十年間從無到有地一下跨越半個世紀。最後，如果沒有 1989 年的「中蘇關係正常化」，則無法再次自前蘇聯引進國防科技，使得中國的海空國防科技趕上西方近代水平，成為名實相符的「中國崛起」。

回首二十世紀 1900 年至 1950 年時極衰狀態下的中國，我們的民族遭凌虐，我們的子民遭屠殺，我們的領土遭裂解，中華民族陷於近代歷史上最黑暗的時期。但六十年後，我們民族不但崛起興旺，綜合國力已今非昔比，這是那時中國人所無法想像的。然而，在短短的半個世紀內，「一邊倒」、「中美建交」與「中蘇關係正常化」三次外交大戰略的制定與實施，影響中國國運至鉅。

一、臺灣問題是中國內政

1959 年 9 月 30 日-10 月 4 日，前蘇聯領導人赫魯雪夫訪華。10 月 2 日，中蘇兩黨會議在中南海懷仁堂舉行。關於兩岸事務，赫魯雪夫建議參考列寧曾於蘇聯內戰時期（1920-1922 年）同意成立「遠東共和國」之模式，處理臺灣問題。對赫魯雪夫的建議，周恩來總理首先回答稱「要解決我們跟美國的關係，唯一辦法是美國撤出臺灣，從臺灣撤兵。至於臺灣和大陸關係，那是我們的內政，我們用什麼辦法解放臺灣，用和平的辦法還是用武力的辦法來解放臺灣，別人不能干

涉」，毛澤東也率直地說「赫魯雪夫同志，你們把問題搞錯了，你把兩個不同性質的問題搞混了。一個問題是我們跟美國的關係問題，這是國際問題，另一個問題是我們跟臺灣的關係問題，這是中國國內的問題。我們跟美國的關係問題是美國侵略我國臺灣的問題，是我們要求美國撤出臺灣而美國應該撤兵的問題。至於我們跟臺灣的關係，則是臺灣怎樣解放的問題。這個問題只能由中國人自己來解決，別人無權過問。你赫魯雪夫同志，對前一個問題有發言權，可以勸艾森豪從臺灣撤出一切武裝力量。對後一個問題，你是無能為力的，不宜說三道四」。赫魯雪夫聽後很尷尬，聳聳肩膀，攤攤手[1]。

1960 年 7 月 16 日，前蘇聯突然片面撕毀中蘇簽訂援助中國的協定與合同，撤回全部在華的蘇聯專家[2]，中蘇關係全面破裂。1969 年 3 月，中蘇在黑龍江邊界的珍寶島（Zhenbao Island、英文為 Damansky Island）發生軍事衝突，震驚世界[3]。整個 1960 年代，中蘇關係全面對抗，甚至瀕臨戰爭邊緣；1969 年 1 月 20 日，尼克森（Richard M. Nixon）就任美國總統。尼克森認為由於中蘇交惡，中國正在改變其外政策，乃思藉中國的協助結束越戰，並牽制蘇聯的威脅，故應推動美國與中國間的和解[4]。

二、蔣介石接受兩個中國

1970 年兩岸在聯合國有關「中國代表權」的爭奪戰中，國際情勢已開始對臺灣不利。1971 年 7 月 20 日，美國國務卿羅傑斯（William P. Rogers）正式告知國府駐美大使沈劍虹，美國認為雙重代表權必須要將安理會的席次交給中國大陸。為此，國府副總統兼行政院長嚴家

1　大陸新聞中心台北報導，「赫魯雪夫曾建議中共在台成立遠東共和國　毛澤東拒絕」，中國時報，1999 年 5 月 29 日，第 14 版，見吳冷西，《十年論戰•1956 至 1966•中蘇聯係回憶錄》。

2　壽孝鶴與奏，二十世紀中國大事觀，青島：青島出版社，1992 年，p.570.

3　Tyler，P. A Great Wall： Six President and China. New York： Public Affairs，1999，pp.47-48.

4　Nixon，R. Seize the Moment. New York： Simon & Schuster. 1992，pp.164-166.

淦召集會議，商討對策。7 月 25 日，嚴家淦在其所擬之呈文對策稱，願配合美國的建議，接受雙重代表權案，但不接受安理會席次也交給中共。文中並強調，如果有此種提案，國府不只會口頭上強烈反對，也會投票反對；次日，蔣介石批示時，將「並投票」反對的「並投票」三個字刪除，意即國府代表已經可以在聯合國表決時「接受雙重代表權」，甚至連安理會席次也不投反對票了[5]。

三、大外交：中美建交 vs 美軍撤台

1969 年，中國正處於「文化大革命」反美帝反蘇修的極左高潮政治氛圍，陳毅、葉劍英、聶榮臻與徐向前四位老帥受毛澤東、周恩來委託，打破思想框框，研議國際形勢建議供參。是時，前外長陳毅打破外交部門寧左勿右強調對美鬥爭的思想禁錮，提出打開中美關係之建議，獲毛澤東重視[6]；關於當時的中、美、蘇三邊國際形勢，毛、周亦曾反覆思索。最後，毛澤東決斷，發出一系列欲改善中美關係的信號，首先於 1970 年 10 月 1 日與美國作家斯諾（Edgar Snow）夫婦在天安門城樓上一起檢閱遊行隊伍，旋於 12 月 18 日在中南海書房會見斯諾，長談五小時，表示歡迎美國總統尼克森訪華，並於數天後的 25 日在《人民日報》頭版，刊登二人於 10 月 1 日在天安門城樓上的合影照片[7]，續於次（1971）年 4 月 6 日決定邀請美國乒乓球隊訪華，從而開啓了中美交往的大門。

1972 年 2 月 21-28 日，尼克森總統訪問中國大陸，中美發表「上海公報」，美方聲明美國認識到臺灣是中國的一部份，並「確認從臺灣撤出全部美國武裝力量和軍事設施的最終目標」[8]。為了進一步改善

---

[5] 錢復，「外交老兵談我退出聯國真相」，中華日報，2008 年 2 月 18 日，A4 版。

[6] 熊向暉，我的情報與外交生涯，北京：中共黨史出版社，2006 年 3 月第 2 版，pp.175-206.

[7] 「一張珍貴的照片：毛澤東 1970 年會見斯諾『時間調查』，http：//www.haoo.cn/Html//Article/2006/05/23/1965228.html pp.2-6. Access： 2008/8/20」。

[8] PRC/US， 中華人民共和國和美利堅合眾國聯合公報/1972 年 2 月 28 日，1972 年. Internet：//http：//usinfo.org/docs/basic/Shanghai-C.htm Acess： 30 June 2004. p. 2.

美中關係，美國於 1974 年撤除部署在臺灣的核子武器、兩個中隊的 F-4 幽靈式戰鬥機及 U-2 高空偵察機。原預定與中國於 1975 年春完成建交談判，尼克森總統隨即重訪中國大陸，宣佈中美建交，但因水門事件，尼克森去職而暫緩[9]。

1978 年 5 月 20 日，美國總統卡特（Jimmy Carter）授權國家安全顧問布里辛斯基（Zbigniew Brzezinski）訪華，向中國表達美國反對蘇聯謀求全球或地區霸權的決心，美國實現與中國關係正常化的決心，及接受中方所提中美關係正常化三原則，即斷交、撤軍與廢約（就是美國與臺灣斷絕外交關係、從臺灣撤軍、廢除與臺灣的共同防禦條約）[10]。1978 年 12 月 15 日，美國發表與中國的建交聲明，稱美國自 1979 年 1 月 1 日起承認中華人民共和國是中國的唯一合法政府。自 1979 年 1 月 1 日起，美國結束與臺灣的外交關係，終止與臺灣間的共同防禦條約，並聲明在四個月內自臺灣撤出美方餘留的軍事人員[11]。

中美建交，可說毛澤東以其絕對威望，扭轉當時反帝反修的雙反外交路線，擺脫左右樹敵的外交處境，其結果不但是使中國恢復聯合國席位之事水到渠成，尤其是使中國能於 1980 年代回到西方世界，為鄧小平的經濟改革提供了關鍵的外部條件。此外，在中美建交的過程中，當時中國國力遠不如美，但毛、周、鄧基於民族大義，堅持一個中國原則，歷經七年艱苦談判，方達成建交，並使美國武裝力量撤出臺灣。試想，自二戰結束迄今的六十年間，美國可有自日、韓、德、歐等地主動撤軍者，即使自吹神武的大和民族日本與彪悍的朝鮮民族，其國土內的美國駐軍迄今仍在，日、韓又奈何！但虎口拔牙，美國武裝力量正式自我中國領土臺灣撤出。就此而言，實為斯時中國外交上的重大成就，且美軍一旦撤離臺灣，除非有瀕臨戰爭的政治變化，

9　傅建中，「新雅爾達密約-美撤除在台核武始末」，中國時報，2002 年 3 月 4 日，p.11.

10　李鴻生，中美關係五十年，上海：百家出版社，1993 年，pp.178-179.

11　「美國發表與中共建交聲明，承認中共是中國唯一合法政府」，人民日報，1978 年 12 月 17 日。見一個中國論述史料彙編編集小組編輯，一個中國論述史料彙編史料件（一），台北：國史館，2000 年，p.394.

美國難以借口再行駐軍臺灣。

四、悲壯的強國夢：二十年間三次大躍進

　　從百年列強侵凌的血淚教訓，落後不但就要挨打，甚至還要遭列強瓜分與裂解。基於民族的核心利益，建立保衛民族生存的基本武裝力量，是共和國建國的歷史責任。故共和國開國的首要目標，就是建立國防工業，也就是重工業，那是民族的唯一選擇。再者，亦因執政者「中國共產黨」的主體意識型態及當時的國際形勢，故在經濟發展的策略上，也只有選擇前蘇聯模式，即壓縮農業與輕工業的資源，投入重工業。1950 年代，中國抓住世界一分為二的冷戰千載良機，斷然「一邊倒」地加入前蘇聯社會主義陣營與參加韓戰，取得前蘇聯的友誼與信任，於其願提供現代工業援助的關鍵時刻，成功發展資本密集技術密集的重工業。此外，並於 1958-78 的二十年間，傾舉國之力，發動了三次大躍進，分別是大躍進（1958-60）、文化大革命的自力更生躍進（1966-70）及其後引進外資機械裝備的洋躍進（1977-78），企圖以政治力量加速工業的發展，惟均以失敗告終。

　　1958 年大躍進的結果，可說是一場「大災難」[12]，文革十年 1976 年時大陸經濟再度瀕臨崩潰邊緣[13]。究其原由，主要是優先發展重工業的政策，使「一五時期（1953-57）」重工業投資在整個基本建設投資中的比例高達 36.2%，「二五時期（1958-62）」更升至 54.0%，且自此以後重工業投資比率均在 50.0%上下[14]。此一長期壓縮農業與輕工業以支援重工業的政策，雖然建立了保衛民族生存的基本武裝力量，但也付出了農業與輕工業相對長期停滯的代價。而農業生產的停滯，

---

[12] 薄一波，若干重大決策與事件的回顧（下卷），北京：中共中黨校出版社，1993 年 6 月，p.719.

[13] 鄭竹園，「中國大陸經濟三十年」，中共經濟的診斷，台北：聯經出版公司，1980 年，p.17. 見華國鋒報告，「北京週報」，1978 年第 10 期，p.12.

[14] 國家統計局，1992 中國統計年鑑，北京：中國統計出版社，1992 年，pp.149：158.

又造成輕工業原材料短缺及輕工業許多行業的開工不足。此外,各項大型工程的上馬,都是資本技術密集的大型工廠,其對勞動力的需求極低,亦即相對於輕工業所提供的就業機會有限。失業的嚴重,甚至迫使文革時將數以千萬計的中學畢業生遣往農村安家落戶[15]。此外,重集體忽個體的經濟制度,因其排斥市場機能,無法反映生產成本與市場供需。至於分配上提倡平均主義的大鍋飯政策,則重挫群眾的生產熱情。

就歷史宏觀角度檢視那個時代,百年的極度積弱與慘遭蹂躪,使首次完成近代中國實質統一的共和國,以振興中國的使命感,強力政治動員與感召,帶領億萬中國人民以「敢教日月換新天」的豪情、壯志與幹勁,建設新中國。1950-58 年間,中國從「一窮二白」與戰爭破壞的慘狀中,「從無到有」地建立起初步的現代重工體系,中國共產黨人使中國的國防科技與重工業水平,一下子躍升了半個世紀。然而,自國共內戰、完成統一、恢復經濟與初期現代重工業建設等一系列勝利,也使得「毛澤東同志,中央和地方不少領導同志在勝利面前滋長了驕傲自滿情緒,急于求成」[16]。誠如中共第一代元老前國務院副總理薄一波所云「把根本改變中國的貧困面貌看得太簡單太容易」[17],故二十年間進行三次大躍進,這在人類史上可說絕無僅有。

斯時,中國經由政治力量的強行介入,以揠苗助長的方式,追求經濟現代化。雖然每次均以失敗告終,但於歷經退卻、調整與鞏固,當經濟開始復甦後,又再啟動新一輪的躍進,可說是屢敗屢戰,其結果自是經濟再度陷於絕境。尤其是文革動亂的「十年浩劫」[18],將經濟推近崩潰邊緣,導致人心思變。就在此時,一代偉人鄧小平復出。

---

15 鄭竹園,「中共經濟發展策略總檢討」,台灣模式與大陸現代化,台北:聯經出版事業公司,1986 年 8 月,pp.79-116.

16 薄一波,若干重大決策與事件的回顧(下卷),北京:中共中央黨校出版社,1993 年 6 月,p.725.

17 薄一波,若干重大決策與事件的回顧(下卷),北京:中共中央黨校出版社,1993 年 6 月,p.720.

18 劉華清,劉華清回憶錄,北京:解放軍出版社,2007 年 8 月,pp.312:360.

五、鄧小平復出

1970 年代，除了「中美建交」外，另一影響國運的大事，就是 1973 年 4 月毛澤東拍板鄧小平復出任副總理。中國共產黨的開國，一如前清盛世，不但猛將如雲，且無私謀國之國家領導人輩出，周恩來與鄧小平即是。

1975 年 1 月 5 日，鄧小平出任軍委副主席兼解放軍總參謀長。1976 年 1 月 8 日周恩來世逝，4 月 5 日天安門前廣大群眾悼念周恩來，7 日鄧小平遭撤銷黨內外一切職務，9 月 9 日毛澤東世逝，10 月 6 日華國鋒與元老葉劍英等聯手，一舉逮捕江青、王洪文、張春橋與姚文元「四人幫」，結束了「四人幫」亂政，從危難中挽救了國家，功不可沒。1977 年 7 月 21 日，中共「十屆三中全會」在京閉幕，鄧小平再度復出工作。兩個星期後的 8 月 6 日，鄧小平就在「科學和教育工作座談會」上，果斷決定該年恢復高考[19]，為民族復甦啟動生機。1978 年 12 月 18-22 日，「十一屆三中全會」在北京順利舉行，開啟了「小平維新」經濟改革的大時代。

六、重視臺灣經濟成就

在大陸經濟困頓的 1970 年代，臺灣經濟欣欣向榮，取得相當成就，人民生活水平約較大陸領先二十年[20]。斯時內地，在文革的政治掛帥下，對西方與臺灣的經濟成就，幾乎未見。直至鄧小平復出，方正視西方與臺灣的經濟成就。1974 年春，鄧小平接替周恩來成為中方與美國的主要對話人。斯時，美國與中方打交道的國務卿季辛吉（Henry Kissinger），就印象深刻地回憶稱，鄧小平不諱言中國落後，需要美

---

[19] 余瑋、吳東菲，中國高端訪問，北京：經濟日報出版社，2007 年 9 月，pp.166-170.
[20] 鄭竹園，「以台灣經驗作為重建大陸藍圖」，台灣經驗與中國重建，台北：聯經出版社，1989 年 5 月，p.450.

國的技術與經濟合作，以改善中國人民的生活[21]；1979 年八、九月，中共「政治局委員」前國務院副總理余秋里首次承認大陸與臺灣在經濟這場和平競賽中已居下風，承認「臺灣經濟迅速發展，一般人民生活都比各省人民生活高幾倍」[22]。

　　自此以後，中共內部漸理性開展探討臺灣的經濟成就。例如在福建廈門設立「臺灣經濟研究所」，在北京「中國社會科學研究院」內設立「臺灣研究所」，介紹臺灣行之有效管理方式的《臺灣企業管理文集》亦可公開印行。《經濟管理》、《經濟日報》、上海《世界經濟導報》等經濟刊物，則常摘要轉載臺灣報刊有關企業管理文章，甚至有刊物提出仿傚臺灣的呼聲。1985 年 3 月，《中國經濟問題》月刊並以「新竹科學園區」為例，建議中共仿照臺灣作法，才能將「經濟特區」建成現代化的「窗口」[23]。同年 8 月 12 日中共內部刊物《學習參考資料》，刊登以西德、臺灣、瑞典、新加坡四個實例，說明社會主義面臨嚴重挑戰，稱「1952 年的時候，我們大陸每人平均收入的美元，比臺灣平均只少四元，相差不多，可是 1980 年，臺灣人民收入達到 2,278 美元，我們大陸每人平均 256 美元，差不多相差九倍。同樣是搞了三十多年，這也是資本主義向我們提出的挑戰」[24]。1986 年 12 月，頗具權威的雜誌《經濟研究》，刊載討論經濟發展策略課題之文，其中就有文章讚揚臺灣採取出口替代策略，「改變出口結構，擴大出口規模是實現經濟起步成功祕訣」[25]。

---

[21] 傳建中「談判桌折衝樽俎　毛‧周‧鄧各領風騷」，中國時報，1999 年 3 月 18 日，第 14 版。

[22] 同註 20，p.457.見余秋里「關於政治與經濟關係」講話，原文刊載於中共「國務院辦公廳秘書處」，1979 年 9 月 4 日編印之〔學習資料〕中。

[23] 鄭竹園，「以台灣經驗作為重建大陸藍圖」，台灣經驗與中國重建，台北：聯經出版社，1989 年 5 月，pp.457-458. 該月刊係廈門大學「經濟研究所」出版。

[24] 鄭竹園，「以台灣經驗作為重建大陸藍圖」，台灣經驗與中國重建，台北：聯經出版社，1989 年 5 月，pp.466-467.原見高放，「社會主義的挑戰」，原文刊載《紐約探索月刊》，1978 年 3 月，pp.58-62.

[25] 鄭竹園，「以台灣經驗作為重建大陸藍圖」，台灣經驗與中國重建，台北：聯經出版社，1989 年 5 月，p.467.見黃方毅，「再論中國對外經濟策略的選擇」，經濟研究月刊，北京，1986 年 12 月，pp.26-27.

七、臺灣學者官員傾囊相授

1985 年 7 月，趙紫陽總理邀宴經濟學家鄒至莊博士（廣東），盼鄒君能邀幾名經濟學者為大陸經改提供建議；1986-89 年間，鄒至莊、蔣碩傑（湖北）、顧應昌（江蘇）、費景漢（北京）、劉遵義（廣東潮州）、于宗先（山東）等臺灣頂尖經濟學者，應國務院「體制改革委員會/簡稱體改委」之邀，先後多次在香港、北京與「體改委」官員會談，就經濟制度改革、價格問題、通貨膨脹、物價控制、銀行改革、國營企業改革、房屋私有化、外滙改革、利率政策與金融改革等許多經濟問題提出建議，效果良好（前四人曾於 1970 年代出任臺灣「國際經濟合作委員會/簡稱經合會」的經濟顧問，參與策劃斯時臺灣的經濟政策）[26]。

1993 年 6 月，朱鎔基副總理亦邀曾參與臺灣早年經濟規劃發展的前臺灣經濟部長與財政部長李國鼎（南京）訪問內地。期間，李國鼎在北京與江澤民主席相處整日，告以臺灣早期農村發展經驗等事[27]。李國鼎另也與朱鎔基單獨暢談關於中國經濟改革事，多所建議。據報導，事後證實朱鎔基全盤接受李國鼎的建議[28]。2001 年 10 月 28 日，李國鼎夫婦骨灰葬於南京，魂歸故里[29]。

1980 年代的經濟大改革，是一無任何經驗可循的改革，問題千題萬緒，鄧小平及其有志之士，依大陸當時的政經社會情勢，摸索前進。此時，同文同種的臺灣地方經濟發展成功，在信心與經驗上，自當有某種的燈塔指標作用。趙紫陽與朱鎔基兩總理先後邀訪臺灣學者官員獻策之舉，即為證明。鄒至莊博士就認為，臺灣經濟發展成功的經驗，

---

[26] 訪問者劉素芬、樊沁萍，中國現代經濟學的播種者鄒至莊先生訪問紀錄，台北：八方文化企業公司，1997 年 10 月，pp.63-79.

[27] 林文集、欽國于，「推動台灣經濟、科技奇蹟的舵手--李國鼎」，工商時報，2001 年 6 月 1 日，第 4 版。

[28] 林志成，「兩岸經改　都有他的影子」，中國時報，2001 年 6 月 1 日，第 3 版。1998 年 7 月，中國科技部部長朱麗蘭訪問台灣時還特別表示，朱鎔基交待一定要代為向李國鼎先生致謝。

[29] 方寒星，「少小離家老大回，李國鼎大陸行」，聯合報，2002 年 6 月 26 日，第 39 版。

對大陸經改影響很大，增加推動經濟改革的信心，因為既然同文同種
的臺灣能經濟發展成功，大陸當然也能做到[30]。

　　大陸的經濟改革，可說曾部份吸取臺灣的經驗。隨著經改的不斷
深化，所碰到的經濟現象也愈加複雜，市場經濟機制下，新生問題層
出不窮。就技術層面而言，例如控制通貨膨脹與金融改革等課題就至
關重要，尤其是通貨膨脹，因為它牽動著每個群眾的切身利益，其形
成因素又事涉複雜的經濟專業，廣大群眾難以理解。一旦發生急遽通
貨膨脹，勢必引發強烈民怨，甚至造成重大社會事件（1989 年天安門
事件發生的主要原因之一，就是通貨膨脹[31]）。1985 年初，大陸首次
出現通貨膨脹[32]，當時內地自無處理市場經濟新生事物通貨膨脹的經
驗。惟自 1986 年始前述鄒至莊等臺灣外省學者，適時多次為大陸提供
解決通貨膨脹的寶貴建議，為祖國經改渡過重重驚濤駭浪的通貨膨
脹，貢獻良多[33]；1993 年，李國鼎對中共高層更提出了改變其觀念的
極重要建議，改革公務員原有的低工資制[34]，即大幅調增公務員工資，
亦被採納，從而維持官員的身份和尊嚴，激勵其榮譽感與使命感，助
益經改深遠。此外，李國鼎更為內地財政問題，向江澤民提供中央與
地方財政收支劃分法的寶貴建言。1994、95 兩年，朱鎔基總理以軟硬
兼施的雷霆之勢，逐省協調，打破嚴峻的「諸侯經濟」割據態勢，成
功推行中央與地方之分稅制，大幅改善中央財政收入[35]，為持續的經

---

[30] 訪問者劉素芬、樊沁萍，中國現代經濟學的播種者鄒至莊先生訪問紀錄，台北：八方文化
　　企業公司，1997 年 10 月，p.30.
[31] 訪問者劉素芬、樊沁萍，中國現代經濟學的播種者鄒至莊先生訪問紀錄，台北：八方文化
　　企業公司，1997 年 10 月，p.71.
[32] 訪問者劉素芬、樊沁萍，中國現代經濟學的播種者鄒至莊先生訪問紀錄，台北：八方文化
　　企業公司，1997 年 10 月，p.71.
[33] 訪問者劉素芬、樊沁萍，中國現代經濟學的播種者鄒至莊先生訪問紀錄，台北：八方文化
　　企業公司，1997 年 10 月，pp.30：69-75.
[34] 例如 1966 年文革時，在「勤儉辦外交」的低工資政策下，中國大陸駐外使領人員，自大
　　使至秘書與工勤人員的工資一律按 120 元的標準發放當地幣，約合 30、-40 美元，見馬繼
　　森，外交部文革紀實，香港，中文大學出版社，2003 年，p.73.有關人員訪談，原見杜易，
　　《大雪壓青松-「文革」中的陳毅》（北京：世界知識出版社，1997），p.96.
[35] 楊中美，朱鎔基傳，台北：時報文化出版社，1998 年 3 月，pp.175-183.

濟改革，奠下堅實基礎。

八、臺灣經濟發展始啓條件之迷思

美國經濟學家 Rostow 於 1960 年代，提出將一個國家的經濟發展過程分為五個階段，依次為傳統社會階段、準備起飛階段、起飛階段、走向成熟階段與大眾消費階段的論述。上個世紀末，海外華裔與西方學者，受臺灣強力宣傳的影響，誤以為國府有奪天造化之功，謂臺灣在 40 年內就脫離落後的經濟結構，完成英、美、德等先進國家費時約百年方能完成的經濟發展[36]，從而將 1960、70 年代的臺灣經濟起飛（take-off），譽為「臺灣經驗」或「臺灣經濟奇蹟」。1980 年左右，先後得過諾貝爾獎的四名經濟學者顧志耐（Simon Kuznets）、海耶克（Frederick Hayet）、傅利曼（Milton Friedman）及克萊恩（Lawrence Klein），亦皆為文讚揚「臺灣經濟奇蹟」，譽為第三世界的楷模[37]。

當然，「臺灣經濟奇蹟」論述的前提推理，自然是臺灣社會在 40 年前是極其落後，而謂「40 年來，我們從無到有，到現在的富裕」[38]「像臺灣，在民國三十八年（1949）的時候，根本就是一個一無所有的貧窮落後社會」[39]「民國三十八年政府遷來臺灣時，臺灣的農業和工業發展連基礎都談不上，農業無法自給自足」[40]，然而臺灣僅花了約二十年左右發展經濟，即成為「新興工業國」[41]。但實際邏輯很簡單，如果國府主政真的如自己宣傳的那樣偉大，那為何大陸失敗的如此快速？反之，既然國府在大陸如此不堪，即使遷台後銳意改革，又怎能短期

---

[36] 李誠，「人力資源」，高希均、李誠主編，台灣經驗四十年，台北：天下文化，1991 年，p.270.

[37] 同註 20，p.451.原見 Simon Kuznets，「Growth and Structural Shifts，」in Walter Galenson（ed.），Economic Growth and Structural Change in Taiwan（Ithaca，New York. Cornell University Press，1979，pp.15-131.

[38] 王作榮，「走上現代化之路」，天下雜誌，1990 年 5 月 1 日，p.176.

[39] 王作榮，「走上現代化之路」，天下雜誌，1990 年 5 月 1 日，p.188.

[40] 王作榮，「走上現代化之路」，天下雜誌，1990 年 5 月 1 日，p.146.

[41] 許介鱗，「東亞的政治社會變動」，張台麟，展望東亞新局勢，台北：國立政治大學國際關係研究中心，1990 年 6 月，p.5.

間將一個一無所有的貧窮落後社會，發展成所謂的「臺灣經濟奇蹟」？故臺灣能於短期間創造所謂的「經濟奇蹟」，其前提是當時臺灣經濟發展的啓始條件（Initial conditions）已相當成熟，例如日本在臺留下的近代建設，國府大撤退注入了全國資源精華，及美國援助等。這些啓始條件，為臺灣經濟發展提供了堅實的基礎。

九、日人在臺近代建設

　　日人據台五十年，歧視壓榨台人無所不用其極，惟從未想到有朝一日會因戰敗而將臺灣歸還我國，故也將臺灣視為「帝國」的一部份，以其強大國力及先進科技，慘淡經營此一「新領的殖民地」。雖然日人在臺的建設，其目的並非為臺灣人民，但日人戰敗離去，其在臺的軟硬體近代建設成果，也就留在臺灣。

　　日人據台初期，殺人如麻，同時也於清末我國洋務運動在臺近代化初始建設的基礎上，繼續建設。例如 1984 年時我國已在臺灣完成基隆至新竹段的鐵路 106 公里，日人據台後續大規模地從事鐵路建設，築路工程相繼不絕，1920 年時臺灣公營鐵路里程已達 637 公里；日人據台中期後，為其自身利益，日人亦在臺推動其他建設，例如興建嘉南大圳（1916-25），歷時十年，灌溉面積約 14.5 萬公頃，1927 年時臺灣灌溉排水面積佔耕地總面積之比率達 47.4%，另並改良稻作品種，增加耕地面積。1930 年代開始大量施用化學肥料，完成近代農業的綠色革命。1939 年時臺灣農業人口佔當時臺灣總人口的比例首次低於 50%；經濟發展前提所需的電力，日人先後歷時十五個寒暑，完成臺灣電力史上劃時代鉅大工程的日月潭水力發電所[42]。此外，日人投降前夕仍有數項規模宏大艱鉅的發電工程正在進行，例如烏來、天輪、立霧、霧社等，其中烏來日人已完成 95.0%、天輪則完成約 70.0% 的土木工程。因此臺灣光復後，國府在臺半個世紀的電力事業發展，可

---

[42] 陳俊勳，「台灣、大陸的經濟發展與日本經驗」，台灣銀行季刊，39（3）：220.

說是立足於日人在臺電力事業的原有規模上繼續發展；至於基隆與高雄兩現代化港口的建設，前者先後延續長達 45 年、後者 36 年。港內面積前者為 0.95 平方公里、後者達 1.55 平方公里；教育方面，1943年時，臺灣人小學學齡兒童就學率已達 71.3%。在軟體方面，日人則在臺灣留下近代縣市鄉鎮的各級政府組織，及近代的金融體系、司法體系、郵政體系，包括各地的農會、與詳盡的戶政、兵役、地籍等資料檔案與體制，臺灣可說早在 1940 年代初已邁入初期的近代社會。

十、國府注入的全國資源菁華

國府於 1949 年大撤退遷台時，注入全國資源的菁華。當時國府除將中央銀行全國國庫所存黃金、白銀與外幣約共五億美元轉至臺灣外，也將沿海大城市一些大型工廠（包括資金、設備、技術、人才等）遷往臺灣，對臺灣經濟發展貢獻至鉅。以紡織產業為例，光復初臺灣棉紡織工廠能實際運轉的紡錠僅 0.83 萬錠[43]，斯時日人殘留在臺的棉布生產力，約僅能供應臺灣需求的 5-10%[44]。后因上海的中紡、華南、大秦、雍興、申一、台北、台元、六和、彰化、遠東等十家大型紡織工廠遷台，1953 年時全台紡錠遽增至 16.9 萬錠[45]。此時期之棉紗年產量，亦自 1948 年之 730 噸，增至 1953 年的 19,546 噸，島內棉製品產量大體可自給自足，1954 年始紡織品已有能力輸出。斯時，紡織品棉紗及其製品外銷佔臺灣全部外銷比例，從 1954 年的 0.34%升至 1962年的 12.2%[46]。紡織工業的飛躍成長，形成 1960 年代以紡織工業為主的「進口替代」工業發展。

再者，更重要的是注入了可貴的人力資源，當時隨國府遷台的 91

---

[43] 黃東之，「台灣之棉紡工業」，台灣之紡織工業，台灣研究叢刊（簡稱研叢）第 41 種，台北：台灣銀行經濟研究室，1956 年 4 月，p.19.

[44] 劉慶進著、王宏仁等中譯，台灣戰後經濟分析，台北：人間出版社，1992 年 6 月，pp.222.

[45] 黃東之，「台灣之棉紡工業」，台灣之紡織工業，台灣研究叢刊（簡稱研叢）第 41 種，台北：台灣銀行經濟研究室，1956 年 4 月，p.21.

[46] 林邦充，「台灣棉紡織工業發展之研究」，台灣銀行季刊，20（2）：81-82：89.

萬外省軍民（1943 年臺灣本省人共 613.4 萬人），是有價值的人力資源，新加坡前總理李光耀即指出，1949 年一兩百萬難民湧入香港，「裡挾著大批來自中國最傑出的企業家、專業人士和知識份子。他們有來自上海的，也有來自浙江、江蘇和廣東的。這些大陸精英形成了一個厚實的人才基礎」，他們將香港建成了世界最有活力的城市之一。同樣的形情也發生在臺灣，若無 1949 年國府的大遷徙，「臺灣不可能把 1949 年以前治理中國多年的頂尖領導人才，都吸納過去。他們的行政，加上美國的援助，改變了臺灣。當這一切在 1949 年發生時，我還不了解人才的重要性，特別是創業人才，也未曾意識到這些訓練有素的人才，正是改變社會、提升社會的酵母」[47]。

外省移民的另一關鍵貢獻，是急遽擴增大專教育，提升臺灣人力品質。例如日據末期 1944 年時臺灣僅有五所大專（台北帝國大學、台中農林專門學校、臺南工業專門學校、台北經濟專門學校與台北帝國大學附屬醫學專門部），教員共 319 人（日人 305 人、台籍僅 14 人）、學生 2,163 人（日人 1,710 人、台籍僅 453 人）；然而，由於內地大批教授與知識份子隨國府遷台，不但填補因日人教員離台所形成中、小學校師的師資荒，並急速擴增充實臺灣的大專教育。僅五年後的 1955 年，臺灣大專院校已增至 15 所、教員增至 1,662 人、大學生增達 17,997 人[48]。大專教育的急遽擴充，為日後臺灣經濟發展提供了良好的勞動人口素質。

關於美國援助，1948 年大批外省難民與軍隊的突然湧入臺灣，對臺灣經濟衝擊非常巨大。為穩定臺灣的經濟，美國在 1948、49 年時即已經援臺灣麵粉、肥料、醫藥等物資。此外，美國亦透過國府所聘顧問懷特工程公司（J. G. White Engineering Corporation），為臺灣制定擬使臺灣透過增加生產與輸出，減少當時所需進口之 1950 年代初各年

---

[47] 李光耀，李光耀回憶錄，台北：世界書局，2000 年，pp.632-633.。

[48] 台灣省行政長官公署統計室編印，台灣省五十一年來統計提要，台北：台灣省行政長官公署，1946 年 12 月，pp.1222-1226.

自給自足的工業計畫[49]，也就是後來學者所闡釋的「進口替代」經濟策略。至於美援具體金額，自 1950 年 6 月至 1965 年 6 月的十五年間，美援計共 14.8 億元，平均每年約一億美元。據統計，美援金額約佔 1951-60 年間臺灣進口金額的 40.0%、臺灣投資總額的 38.0%、電力固定資本形成總額的 50.0%、交通運輸固定資本形成總額的 40.0%。因此，美援不但直接增加當時臺灣的物資供應，並且對臺灣經濟發展所需基本設施的重建與新建，也提供了相當的助益[50]。甚至個別產業的發展亦然，例如 1950-67 年間，美國總計提供 2.3 億美元的原棉援助（佔美援物資的 20%左右）[51]，也是使臺灣棉紡織產業能在臺灣經濟發展中綻放亮麗貢獻的重要因素。

　　前述日人留下的近代基礎建設、國府注入的全國資源菁華及美國援助，不但使臺灣擁有經濟起飛的啓始條件，而且是高起點的啓始條件。上述臺灣於 1950 年初所擁有的經濟發展啓始條件，內地大陸當時是完全不俱備的。

十一、1950 年內地完全不俱備現代經濟發展之啓始條件

　　回顧歷史，1870 年代時清政府已在臺灣推動現代化的洋務建設，遠自英國購進開礦機器，創辦臺灣第一座西式煤廠、架設府城至安平的臺灣第一條電報線。但 1867-77 年間清軍在西北先後平定陝甘回亂與新疆獨立事件，戰事綿延十年。1876-79 年間，華北山西、陝西、河南、河北、山東等省大旱，死亡人數高達一千萬人以上，茫茫浩劫慘酷至極。1894 年日本發動侵華的甲午戰爭，日軍除在旅順屠殺六萬中國人民，並索賠白銀 2.3 億兩白銀（當時清政府每年歲入僅 0.89 億

[49] 林炳炎，保衛大台灣的美援，台北：台灣電力株式會社資料中心，2004 年 8 月，pp.102-111：137：155.

[50] 林鐘雄，台灣經濟發展 40 年，台北：自立晚報社文化出版部，1987 年 10 月，pp.40-41.

[51] 林邦充，「台灣棉紡織工業發展之研究」，台灣銀行季刊，20（2）：100.

兩白銀）。1900 年八國聯軍侵華焚燬圓明園，辛丑條約復又索賠 4.5
億兩白銀，分 39 年償清（即直至 1940 年），以關稅、厘金和鹽稅作
擔保[52]，使清政府財政破產，國家基本建設與工業投資停滯。1904 年，
英軍入我西藏拉薩，日俄戰爭更以我國東北為戰場。1911 年國民革命
雖推翻滿清王朝，卻無力凝聚全國力量從事建設。1915 年袁世凱稱帝
失敗，中央解體，祖國漸陷於大規模內戰，戰火蔓延省份從 1913 年的
6 省增至 1926-28 年間的 15 省，動員兵力最終高達 110 萬人。接著，
1931 年日本發動九一八事變，次年強佔我國東北。1933 年再奪山海
關，佔熱河進灤東。1937 年日本發動七七盧溝橋事件，開始在我國廣
大內地進行長達八年（1937-45）大肆屠殺掠奪與破壞的侵華戰爭，祖
國分崩離析，陷於空前災難，續經三年國共內戰，1941 年 10 月終告
統一。

　　然而，中國共產黨主政的共和國，其所面對的是歷經列強百年蹂
躪，戰火摧殘，經濟凋敝，「一窮二白」的社會。斯時（1930 年代），
整個廣大的西北地區，可說仍處於民生凋敝，餓殍載道，饑民成群逃
荒，苦力多嗜鴉片，丐童寒夜哀嚎的落後狀態，甚至有地方宗法豪強
自擁武裝力量抗官，為國家政令所不及[53]。西南地區亦然，1941 年時
雲南馬關縣內，「從縣境東端走到西端，看不到一條公路、一輛腳踏
車、一具電話、一個籃球場、一張新聞紙（報紙）和一間診病室」，
該縣後面的哀牢山村民，亦是一片赤貧[54]。文明似只至沿海及大城市
邊緣為止，廣大鄉村的苦難落後，不乏仍處於「近代前」社會，無警
察、無郵政、無學校、無稅吏的狀態[55]。

　　就統計數據而言，1950 年時龐大中國（不包括台、港、澳）的主
要工業年產量，原油 20 萬噸、原煤 0.43 億噸、鋼 61 萬噸、農用化肥

[52] 徐中約，中國近代史（上冊），香港：中文大學出版社，2002 年，pp.348：352：401.

[53] 范長江，中國的西北角，1983 年台灣戒嚴時代，出版者不詳。

[54] 黃仁宇，放寬歷史的視界，台北：允晨文化實業公司，1990 年 9 月 11 版，p.148.

[55] 汪彝定，走過關鍵年代，台北：商周文化公司，1991 年 10 月，pp.27-30.

1.5 萬噸[56]。工業上，無力自製手錶，更遑論汽車、船艦、飛機。此外，西北有通曉哈薩克語與蒙古語的美國駐我新疆迪化副領事馬克南（Douglas Mackiernan），煽動主導烏斯滿率 1.5 萬名哈薩克族等的武裝叛亂，社會則有現代政府政令所不及之偏區宗法豪強私人武裝力量，淪陷區日本及其所扶植的汪偽政權與偽滿政權所遺之仇怨權力關係，國民黨政權殘存勢力的破壞，及其在臺以政權機器時時海空武裝突擊東南沿岸，甚至支援「藏獨」。至於人民素質，則普遍低落，誠如毛澤東所言「識字的人只那麼一點點」[57]，以當時戰功赫赫的「人民解放軍」為例，大部份的幹部戰士是文盲[58]；相對臺灣而言，內地當時的落後的是難以想像。例如 1942-43 年日人初在臺灣征召陸海軍特別志願兵時，則是依年齡、體位、學歷等條件，嚴格挑選青少年，將其送往陸、海軍兵「志願者訓練所」訓練六個月，結業後方分發部隊當兵[59]。1944 年時，臺灣水泥產量達 30 萬噸、實際發電量計 10.5 億千瓦小時[60]，但面積遠較臺灣大的祖國大陸，1949 年時水泥產量僅 66 萬噸，發電量僅 43 億千瓦小時。又例如 1950-52 年的經濟恢復期，整個大陸所生產的農用化肥，平均每年僅 2.7 萬公噸[61]，但臺灣在 1936-40 年間化學肥料使用量平均每年已高達 48.3 萬公噸[62]。此外，1950 年時涵蓋臺灣全省的輸電網路、電話、公路、複線鐵路、港口等基礎建設，均已極具規模，遠非內地可比，當時基隆與高雄兩港口可直接

[56] 國家統計局編，1991 年中國統計年鑑，北京：中國統計出版社，pp.422-426.

[57] 薄一波，若干重大決策與事件的回顧（下卷），北京：中共中央黨校出版社，1993 年 6 月，p.717.

[58] 《聶榮臻》編寫組，聶榮臻傳，北京：當代中國出版社，1994 年 12 月，p.486.

[59] a.台灣總督府編纂，曾培堂、山本壽賀子譯，台灣統治概要，台北：台灣總督府，1954 年，pp.110-111.

　　b.鄭麗玲，「不沈的航空母艦-台灣的軍事動員」，台灣風物，44（3）：63-65.

[60] 張宗漢，光復前台灣之工業化，台北：聯經出版公司，1980 年 5 月，pp.166-171.

[61] 國家統計局編，「主要工業產品產量」，1991 年中國統計年鑑，北京：中國統計出版社，pp.425-426.

[62] 李登輝，台灣農工部門間之資本流通，台灣研究叢刊第 106 種，p.39.原引自 Shigeto Kawano，Rice Economy of Taiwan （Yuhikaku, Tokyo, 1941）, p.76. 表 27。

停泊兩萬噸以上的貨輪，遠勝上海或廣州[63]。因此，1950 年時內地可說完全不具備現代經濟發展的啓始條件。

十二、三十年奮鬥建立現代經濟發展啓始條件

1950-1979 年間三十年的艱苦奮鬥，包括人類史上從所未有的國防科技與重工業水平十年間成功跨躍半個世紀，及二十年間的三次大躍進。後者在追求現代化的道路上，摸索掙扎前進，失敗再起，跌倒再起。昔日西方列強，是以海外殖民掠奪資源或發動戰爭勒索賠款的方式，累積資本[64]。但今日中國，則是三十年間，舉國緊衣縮食，以一代人極低工資的苦行，累積國家資本。

歷經三十年的奮鬥，1980 年時中國大陸已在工農各領域略有初步基礎。當時大陸已有 200 多萬台機牀、年產煤炭超過六億噸、石油超過一億噸[65]、電力增至 3,006 億千瓦小時、農用化肥增至 1,232 萬噸、鋼產達 3,712 萬噸[66]。在工業質量方面，茲舉一、二實例，例如 1961 年開始能自製飛機使用的航空油料[67]，1965 年成功研製殲擊機發動機關鍵部件之空心高溫合金渦輪葉片[68]，次年成功自製性能遠遠超過前蘇聯同類設備之大型光學儀器「跟蹤電影經緯儀」[69]，1980 年進一步成功研製精度質量與著名英國斯貝發動機葉片相當之高精無餘量空心導向發動機葉片[70]；在人口素質方面，1965 年時小學學齡兒童入學率已達 84.7%、小學畢業生升初中之升學率亦達 82.5%、1970 年時初中畢業生升高中之升學率亦有 38.6%、1980 年時大學在校生已高達 114.3

---

63 高希均、李誠主編，台灣經驗四十年，台北：天下文化，1991，p.207.見汪一彝定，「貿易政策」。

64 黃宇仁，近代中國的出路，台北：聯經出版公司，1995 年 4 月，p.47.

65 中共中央文獻研究室，鄧小平文選（一卷本），北京：人民出版社，1996 年 7 月，p.120.

66 國家統計局編，1991 年中國統計年鑑，北京：中國統計出版社，pp.422-426.

67 余瑋、吳志菲，中國高端訪問，北京：經濟日報出版社，2007 年 9 月，pp.113-116.

68 余瑋、吳志菲，中國高端訪問，北京：經濟日報出版社，2007 年 9 月，pp.101-103.

69 余瑋、吳志菲，中國高端訪問，北京：經濟日報出版社，2007 年 9 月，pp.15-16.

70 余瑋、吳志菲，中國高端訪問，北京：經濟日報出版社，2007 年 9 月，pp.88-90.

萬人[71]。教育的進步，為 1980 年代經濟發展提供了所需識字的基層勞動人口與高階工程技術人力資源。更重要的是，中國共產黨建置了近代中國強有力的中央、省、自治區、縣市之各級黨政行政體系、較全面完整的重工業體系、鐵公路交通體系、教育體系、郵政體系、衛生體系與戶政地籍資料，中國大陸可說脫胎邁入近代社會。前述種種的起始條件，為上世紀 80 年代經濟改革提供了基礎。

　　前三十年的奮鬥犧牲，中國終於從無到有地建立了全面的規模宏大的現代重工業基礎，並建立了基本的核武力量。試想，二十一世紀初伊斯蘭世界的強者伊拉克，僅是被懷疑欲發展核武，即遭西方美國的致命打擊，遭滅頂之災，使伊拉克及所有的伊斯蘭世界，在可預見的未來，不得擁有核武。又東鄰驕橫不可一世的大和民族日本，即使對美俯首稱臣，亦步亦趨，但在美國的制約下，也不得擁有核武。故昔日「一窮二白」的中國，前三十年發展核武事業，是在「絕對機密」的情況下，集舉國能力所及資源，突破科技上的千萬道難關，一代人隱姓埋名奮鬥下完成的偉業。同時，在外交上則合縱連橫，游走於兩大超強之間，避過西方美國與前蘇聯先後的重重意欲致命打擊，終於輕舟已過萬重山，建立民族自衛武裝力量。

　　此外，前三十年歷經拒敵於國門之外的韓戰與越戰，暫時解除了美國的威脅。珍寶島事件，全國動員的臨戰之勢，力抗北方，解除了前蘇聯的威脅。因此，前三十年反帝反蘇鬥爭及核武力量的建立，為中國換得自鴉片戰爭以來百年所無的後三十年（1980-2010）和平發展機遇。「中美建交」的外交戰略佈局，使中國突破西方世界的經濟封鎖定，為後三十年經改創造與西方經濟接合的外部機遇。

十三、現代西方經濟發展策略

　　1950 年代，在美國專家的原創規劃下，國府實施符合當時臺灣社

---

[71] 國家統計局編，1991 年中國統計年鑑，北京：中國統計出版社，1991 年 8 月，pp.692：701.

會情勢的「進口替代」策略，發展進口替代品產業（Import substitution industries），例如紡織、肥料、水泥、化學品等進口替代品，尤其是大撤退自上海引進的整個紡織產業。1960 年代，則實行以出口帶動經濟快速成長的「出口擴張」策略，使臺灣的對外貿易持續大幅成長，外貿總額 1960 年時 4.6 億美元，1973 年時增至 82.8 億美元[72]。1970 年代則從事規模龐大的十項建設，建設臺灣。1980 年代更前瞻性的規劃並推動電子資訊高科技產業的發展，為臺灣的經濟奠下堅實基礎。

三十年（1979-2009）來大陸的經濟改革亦然，也就是實行了符合當時社會情勢的經濟發展策略，鄧小平以「實踐是檢驗真理的唯一標準」實事求是地推動經濟改革，例如放寬農業政策，在農村實行「包產到戶」，容許個體經濟，提出「辦好集體經濟，盡量發展個體經濟」的方針。改革價格制度，部份商品容許買賣雙方自由議價。改變經濟發展的優先次序，緊縮重工業，優先發展輕工業，並鼓勵興辦服務性行業[73]。除辦好 1979 年設立的經濟特區[74]外，並於 1984 年開放天津、上海、大連、秦皇島、煙台、青島、連雲港、南通、寧波、溫州、福州、廣州、湛江和北海等沿海十四個城市[75]。就整個大方向而言，大陸的經濟改革與臺灣經濟發展有下列四個共同之處：（1）經濟改革都是從農業部門出發。（2）對外開放鼓勵出口。（3）政府對於經濟的干預和計劃管理逐漸減少。（4）重視控制通貨膨脹[76]。

在工業發展策略上，無獨有偶，內地經改之初與臺灣經濟發展初始亦同，即重視紡織業與輕工業，1979-81 年間調整計劃的焦點即集

---

[72] Council for Economic Planning and Development， Taiwan Statistical Data Book 2001，Taipei： Council for Economic Planning and Development， ROC， June， 2001， p.212.

[73] 鄭竹園，台灣海峽兩岸的經濟發展，台北：聯經出版事業公司，1983 年 7 月，pp.143-154.

[74] 中共中央文獻研究室，鄧小平文選（一卷本），北京：人民出版社，1996 年 7 月，pp.255：519.

[75] 中共中央文獻研究室，鄧小平文選（一卷本），北京：人民出版社，1996 年 7 月，pp.266：520.

[76] 訪問者劉素芬、樊沁萍，中國現代經濟學的播種者鄧至莊先生訪問紀錄，台北：八方文化企業公司，1997 年 10 月，pp.30-31.

中在紡織業與輕工業[77]，亦即在投資優先及原料電力供應上，由重工業轉移至輕工業，故 1986 年時輕重工業總產值已大致相等[78]。此外，亦仿效臺灣重視外貿，從原來長期強調「自立更生」，轉為擴張輸出[79]，並仿照臺灣高雄及楠梓加工出口區，在廣東的深圳、珠海、汕頭和福建的廈門，設立四個「經貿特區」，作為吸引外資及技術的窗口[80]。

十四、增量改革與試點推廣

（一）先「增量改革」再「存量調整」

中國大陸的計劃經濟體系，歷經前三十年的建構，其意識型態與運作已非常嚴密與僵化。鄧小平推動經改之初，大體上並非自其舊體制內開展，而是透過各經濟部門新增部分，實施新政策和制度，這種方式稱為「增量改革」。由於此一溫和方式較少觸及舊有體制，不致遭受既得利益和保守派的激烈反對，使改革得以順利推動，同時維持了經濟運作的穩定。新制度不但激發群眾工作誘因，並激發強度競爭而提高效率，故其新增部分成長較快且具競爭力，使得舊體制所佔比例日漸減少。當改革進行一段時期後，舊體制已不再具重大影響時，然後再對舊體制改革，稱之「存量調整」。

1990 年代中期，資源的限制使「增量改革」發揮的效果漸漸減弱，舊體制開始束縛經濟的進一步發展，改革逐漸進入了「存量調整」階段，即深化對舊體制的轉型。以國有企業（簡稱國企）為例，雖然自

---

[77] 鄭竹園，「中共經濟發展策略總檢討」，台灣模式與大陸現代化，台北：聯經出版社，1986年8月，p.109.

[78] 鄭竹園，「以台灣經驗作為重建大陸藍圖」，台灣經驗與中國重建，台北：聯經出版社，1989年5月，p.459.原見龔俊，「十年來我國工業發展概況」，經濟管理月刊，北京，1986年12月，p.3.

[79] 鄭竹園，「以台灣經驗作為重建大陸藍圖」，台灣經驗與中國重建，台北：聯經出版社，1989年5月，p.459.原見李揚，「淺談外向型經濟」，經濟管理月刊，北京，1986年12月，pp.22-23.

[80] 鄭竹園，「以台灣經驗作為重建大陸藍圖」，台灣經驗與中國重建，台北：聯經出版社，1989年5月，p.458.原見鄭竹園，「中共開放政策的經濟效果」，見《台灣模式與大陸現代化》，pp.247-268.

1979 年國企改革就開始進行，但一直未能大力處理冗員和破產退出市場的問題。當時國企占有大部分產值，如果對國企大力改革，數量龐大的下崗工人和破產企業，必定造成社會動亂和經濟混亂。經改的辦法是開放非國有企業，按照比較利益法則進入競爭性的輕工業消費品市場，使非國有經濟迅速發展起來。從 1978 年至 2002 年，國有企業占工業總產值比重由 77.6%大幅降至 30%以下，國企的重要性被非國企取代後，經改才積極整頓國企冗員和破產問題。「九五計畫」期間，國有企業家數由 87,905 家大幅下降至 53,489 家[81]。

（二）先「試點」再「推廣」

中國大陸是社會主義陣營中，最先進行大規模經濟改革者，歷史上無前例可循，故改革的方向和路徑都是逐步自行探索出來。先「增量改革」再「存量調整」，本身就屬於漸進式的改革方法。中國大陸許多改革措施都是先在較小的範圍實施，即所謂的先行「試點」，如果發覺有問題或不完善的地方，即行修正，在取得成果後再逐步推廣到較大的範圍，最後方全面在全國推行。這種改革方式的優點是風險較小，讓經濟體有充分時間適應新的制度，成功機率較高。缺點是往往未能及時推出配套措施，新制度會與原來的舊制度發生衝突，但隨著改革的進一步深化，衝突的情況逐漸會改善。例如在推動價格改革期間，雙軌制的改革方式讓有權力者以官方低價取得產品後，再在市場上高價拋售取得暴利，引發貪污腐敗和「尋租現象」，不過隨著 1990 年代以後各種雙軌制陸續併軌，「尋租現象」已漸緩解[82]，甚至解除。此外，就廣義的「試點」而言，可說也包括臺灣地方的經濟發展經驗，尤其是有關通貨膨脹控制與中央地方分稅制的經驗，後者更是有助於建構國家經濟制度的一體化與稅制合理化。

---

[81] 李志強，「中國大陸的經濟體制與制度發展」，張五岳主編，中國大陸研究，台北：新文京開發出版公司，pp.338-339.

[82] 李志強，「中國大陸的經濟體制與制度發展」，張五岳主編，中國大陸研究，台北：新文京開發出版公司，p.339.

十五、結語：小平維新

　　1978 年，面對「文革」后的政經嚴峻局勢，及繼續肯定「文革」的「兩個凡是」[83]與「實踐是檢驗真理唯一標準」論戰的關鍵時刻，鄧小平挺身旗幟鮮明地批評了「兩個凡是」，並堅決支持「實踐是檢驗真理唯一標準」[84]。1978 年 12 月 18-22 日中共「十一屆三中全會」在北京順利召開。鄧小平在該會召開前的「中共中央工作會議」閉幕會上，提出「解放思想」「實是求是」，稱「一個黨，一個國家，一個民族，如果一切從本本出發，思想僵化，迷信盛行，那它就不能前進，它的生機就停止了，就要亡黨亡國」。鄧小平並睿智地指出「不講多勞多得，不重視物質利益，對少數先進分子可以，對廣大群眾不行，一段時間可以，長期不行。革命精神是非常寶貴的，沒有革命精神就沒有革命行動。但是，革命是在物質利益的基礎上產生的，如果只講犧牲精神，不講物質利益，那就是唯心論」。另並要求集中力量制定各種必要的法律，「國家和企業、企業和企業、企業和個人等等之間的關係，也要用法律的形式來確定；它們之間的矛盾，也有不少要通過法律來解決」[85]。鄧小平上述在「中共中央工作會議」的論述指引，使得「十一屆三中全會」實現了思想、政治與組織等路線上的撥亂反正，從根本上衝破了長期「左」傾錯誤的嚴重束縛[86]，使中國走上以經濟建設為中心的道路。

　　在接著的幾年，鄧小平除提出「社會主義是共產主義的初級階段」「社會主義階段的最根本任務就是要發展生產力」，及「建設有中國

---

[83] 「兩個凡是」：「凡是毛主席的決策，我們都堅決維護，凡是毛主席的指示，我們都始終不渝地遵循」。

[84] 《瞭望》文章：真理標準大討論來龍去脈，見 http：//news.hexun.com/2008-09-01/108490137.html Access：2008/9/6 pp.2-3.

[85] 中共中央文獻研究室，「解放思想，實事求是，團結一致向前看－1978 年 12 月 13 日」，鄧小平文選（一卷本），北京：人民出版社，1996 年 7 月，pp.75-82.

[86] 「中共十一屆三中全會（1978 年）」，http：//big5.xinhuanet.com/gate/big5/news.xinhuanet.com/ziliao/2003-01/20/content-697⋯ Access：2008/9/5.

特色的社會主義」[87]等與時俱進的政治論述，另並諄諄告誡，稱「十年的文化大革命，更使我們吃了很大的苦頭，造成很大的災難。現在要橫下心來，除了爆發大規模戰爭外，就要始終如一地，貫徹始終地搞這件事（實現四個現代化）」「就是爆發大規模戰爭，打仗以後也要繼續幹，或著重新幹」[88]、「現在說我們窮還不夠，是太窮，同自己的地位完全不相稱。所以，從去年（1979）起，我們就把工作著重點轉到了建設上。我們要把這條路線一直貫徹下去，決不動搖」[89]，將抓經濟視為和平年代國家最核心的大事，要求「一心一意搞建設」[90]。

　　國家領導人是希望的化身，必須擬定願景（vision），提出明確的國家目標，指引未來的國家方向，凝聚群眾願為共同願景努力奮鬥的信心[91]。然而，願景的體現依賴政治論述。因此，政治論述可說是一個政治領袖的靈魂。鄧小平復出實施經改，以其大無畏的氣魄，提出一系列為振興中華之磊落雄偉的政治論述，表達了斯時群眾期盼改變貧窮落後的民族心聲，為經濟大改革提供信心指引方向。但空有論述不足，還需有劍及履及的毅力與推動大規模經改的方法，鄧小平以其一生三起三落波瀾壯濶的政治聲望與睿智，平撫調和各派政治勢力，並以先「增量改革」再「存量調整」的方式，推行經改。也就是先將經濟的餅做大，對原有的餅暫予保存，改革增大的部份，待增大的部份漸大於或遠大於原有的經濟餅，此時受益者眾，則全面的經改，水到渠成。此外，鄧小平亦沿襲中共優良傳統，先行「試點」再「推廣」的方式，「摸著石頭過河」，將改革風險降至最低，終於成功推動此一規模空前劃時代經濟大改革的「小平維新」，功在當代中國。

87　中共中央文獻研究室，「建設有中國特色的社會主義－1984 年 6 月 30 日」，鄧小平文選（一卷本），北京：人民出版社，1996 年 7 月，pp.263-264.

88　中共中央文獻研究室，「實現四個現代化必須具備四個前提－1980 年 1 月 16 日」，鄧小平文選（一卷本），北京：人民出版社，1996 年 7 月，p.134.

89　中共中央文獻研究室，「社會主義首先要發展生產力－1980 年 4 月－5 月」，鄧小平文選（一卷本），北京：人民出版社，1996 年 7 月，p.176.

90　中共中央文獻研究室，「一心一意搞建設－1982 年 9 月 18 日」，鄧小平文選（一卷本），北京：人民出版社，1996 年 7 月，p.244.

91　胡忠信，新台灣新文化，台北：我識出版社，2005 年 11 月，pp.212-218.

中蘇和解、臺灣與中國崛起

一、中蘇關係正常化

1982 年 3 月 24 日，蘇聯領導人勃列日涅夫在蘇聯中亞地區的烏茲別克首府塔什干發表長篇話，其中雖然仍充滿了對中國的攻擊，但明確承認中國是社會主義國家，強調了中國對臺灣的主權，並表示願意改善對華關係，建議雙方磋商，採取一些兩國都可以接受的措施，以改善中蘇關係[1]。

鄧小平，曾云「我到過蘇聯七次」「對付蘇聯我的經驗也很豐富」[2]，立刻注意到勃列日涅夫在塔什干講話所傳遞的信息，乃電話外交部指示應立即對此做出反應，外交部旋於 3 月 26 日有所反應。是年夏，鄧小平提出爭取大幅改善中蘇關係的意見，其前提是要求蘇聯主動解決「三大障礙」，即從中蘇邊境地區和蒙古撤軍、從阿富汗撤軍、勸說越南從柬埔寨撤軍，也就是從中蘇兩國原來在抽象意識型態上的爭論，轉為現實問題的解決，從而開啓了「中蘇關係正常化」的征程[3]。

1989 年 5 月 15-18 日，歷經漫長的外交談判，蘇聯最高蘇維埃主席團主席戈爾巴喬夫（Mikhail Gorbachev）訪華，會晤鄧小平。雙方會晤，鄧小平提出思想深邃語言明晰的八個字「結束過去，開闢未來」，確立未來「中蘇關係正常化」的框架，並迅速建立超越意識型態的友好鄰邦關係[4]。鄧小平即時精準地抓住歷史機遇，完成「中蘇關係正常化」，這第三次外交大戰略的制定與實施，不但為中國解除了北方威脅，並為 1990 年代中國海空國防再次近代化埋下種籽，又一次地影響國運。

---

[1] 錢其琛，外交十記，香港：三聯書店（香港）有限公司，2004 年 1 月，p.1.

[2] 中國時報編輯，「鄧小平：解決台灣問題愈快愈好　但不急於一時」，中國時報，1999 年 1 月 16 日，第 3 版，原譯自《季辛吉秘錄》（Kissinger Transcripts）

[3] 錢其琛，外交十記，香港：三聯書店（香港）有限公司，2004 年 1 月，pp.2-5.

[4] 錢其琛，外交十記，香港：三聯書店（香港）有限公司，2004 年 1 月，pp.30-32.

二、美國寒盟背約 vs.出售臺灣大量先進武器

　　臺灣當局認為，由於中國大陸仍未放棄以武力作為解決臺灣問題的手段，故視中國大陸為最直接的威脅[5]，從而積極備戰。然而，由於臺灣經濟規模小，人口僅 2,300 萬，即使是一般常規先進武器如戰機、軍艦等也無能力完全自製，需向國外採購。由於現代先進武器的研發自製過程漫長，因此臺灣以大量向國外採購武器的方式，使臺灣軍隊能在很短的時間內，擁有非常先進的武器[6]。

　　臺灣武器採購的主要對象是美國。自 1950 年起，美國總是向臺灣提供或出售足以對抗中國大陸的那個時代的先進武器，以維持臺灣與中國大陸間的實質分離狀態。1979 年 1 月 1 日，美國與中國大陸建立正式外交關係。當時，美國雖然接受中方所提斷交、廢約、撤軍的三條件，但卻仍堅持其出售武器予臺灣的立場。後經再三談判，美國與中國大陸於 1982 年 8 月 17 日發表聯合公報（也稱八一七公報），內容中提及「美國政府聲明，它不尋求執行一項長期向臺灣出售武器的政策，它向臺灣出售的武器在性能和數量上將不超過中美建交後近幾年供應的水平，它準備逐步減少它對臺灣的武器出售，並經過一段時間導致最後的解決」[7]。往後整整十年，直至 1992 年，雖然臺灣一直要求購買先進的 F-16 戰機，但均遭拒絕[8]。也就是說，美國在這段期間，大體遵守八一七公報的承諾。

　　1989 年 6 月 4 日，中國大陸發生了天安門事件。美國制裁中國大

5　國防部編，中華民國九十一年國防報告書，台北：國防部，2002 年，p.59.

6　Bitzinger，Richard A. "Military Spending and Foreign Military Acquisitions by the PRC and Taiwan." In Lilley，J.R. & Down，C. eds.，Crisis in the Taiwan Strait. Washington，D.C.：The American Enterprise Institute & National Defense University Press. 1997，p.95.

7　中華人民共和國和美利堅合眾國聯合公報（1982 年 8 月 17 日）．Internet：//http：//usinfo.org/docs/basic/817-c.htm　Access： 30 June 2004. p.1.

8　Mann，J. 林添貴譯，轉向：從尼克森至柯林頓美中關係揭密（About Face：A History of America's Curious relationship with China，from Nixon to Clinton）．New York： Vintage Books. 1998 年．p.269.

陸，中止對中國大陸的軍售[9]。制裁結果的發展，不但中止了美國對中國大陸的軍售，並且中斷了美國與中國大陸間的軍事關係。接著，1991年蘇聯解體，俄羅斯成為獨立的國家，但經濟極度惡化，急欲出售武器以賺取外匯。中國大陸乃乘機向俄羅斯購買先進武器。1992 年 3 月，俄羅斯同意出售 24 架先進的蘇愷-27 型（Sukhoi-27）戰鬥機予中國大陸。當時，臺灣空軍主力戰機是較舊式的 F-5E 型與 F-104 型戰機。為反制中國大陸引入先進的戰機，美國反應強烈地立即準備售予臺灣150 架先進的 F-104 戰機。那時也正值美國總統大選期間，當時現任總統布希（George Bush）的選情陷於困境，為慮及航空業勞工的選票，布希總統於 1992 年 9 月同意出售約值 60 億美元的 F-16 戰機予臺灣。這對臺灣的李登輝政府而言，是一個非常好的消息。事實上，如果深入分析，某些美國官員就認為，由於中國大陸向俄羅斯購買蘇愷 Su-27戰機，故美國必將售予臺灣 F-16 戰機，總統選戰只是影響出售的時機，相信下一任美國政府也同樣會出售 F-16 戰機予臺灣[10]。關於美國售台 150 架 F-16 戰機乙事，是美國公然違反八一七公報，出售超過先前所訂標準的先進武器，但中國大陸不想在美國總統選舉期間造成布希總統的困擾，而未擴大反應[11]。

　　在臺灣方面，李登輝接任總統初期，也就是 1990 年代初期，臺灣軍購費用仍然如往常一樣穩定。1990 年為 5.1 億美元、1991 年為 4.7億美元、1992 年為 4.7 億美元，但 1993 年突增至 64.3 億美元（因為向美國購買 150 架 F-16 戰機及向法國購買 60 架幻象 2000 型戰機），1996 年仍高達 32.3 億美元[12]。然而，臺灣僅是一面積為 3.6 萬平方公

[9] Hoffman， D. & Dewer，H. "Bush Supends Military Sales to China." Washington Post，6 June 1989. p.A1.
[10] Mann， J. 林添貴譯，轉向：從尼克森至柯林頓美中關係揭密（About Face：A History of America's Curious relationship with China，from Nixon to Clinton）. New York：Vintage Books. 1998 年. pp.257-269.
[11] 李光耀，李光耀回憶錄（Memoirs of Lee Kuan Yew 1965-2000）. 台北：世界書局與新加坡聯合早報等合作出版. 2000 年，p.741.
[12] 台灣研究所編集，中華民國總覽. 東京：TI. 1998 年，pp.229-230.

里的小島，從北至南均為高山或台地，100 公尺以下平原僅佔臺灣全部面積的 31.0%，且其中大部份在西部[13]。2,300 萬人大部份住在西部平原，尤其是台北與高雄兩城市。由於臺灣是一個人口密集的島嶼，其西部地區人口稠密，地理上全無縱深可言，故很難從事一場獨立戰爭。相反地，中國大陸面積廣達 959.7 萬平方公里[14]、人口十二億五千萬人（1999 年）[15]。也就是說，中國大陸的縱深內陸與眾多人口，使得大陸相對地有能力承受戰爭的破壞，而從事一場統一戰爭。

　　臺灣另一致命的關鍵，就是人民對國家認同的分歧。臺灣國防部在其出版的「中華民國九十一年國防報告書」中即指出，臺灣的威脅來自中國大陸，然而除了中國大陸的軍事威脅外，「還包括內部的不穩定因素，例如少數國人敵我意識模糊，或對國家認同有所分歧，均會導致無法眾志齊心一致對外的後果」[16]。例如上節所提 2000 年的民意調查，居然 33.0%的人贊成接受中國的「一國兩制」而統一。更何況，還有許許多多的臺灣商人在中國大陸投資、經商、娶妻、生子，他們的利益與中國大陸相結合。試問他們如何會為臺灣獨立而從事一場需犧自己生命的戰爭。

　　既然，即使有先進的武器，臺灣也難以從事一場與中國大陸的分離戰爭，那李登輝為何仍向外國（尤其是美國）採購大量武器？合理地推論，李登輝的目地之一，就是希望經由購買大量武器的方式，加強與西方強權美國的間接軍事關係。美國著名智庫蘭德公司（Rand Corporation）在其一份相關研究報告中即指出，臺灣的武器採購通常是由總統李登輝決定，而許多向美國採購武器的決定，是政治考量大於軍事需求，他也支持臺灣加入計劃中的「戰區導彈防禦」系統。因為，李登輝視美國出售臺灣武器，是美國在軍事上支持臺灣的安全象

---

[13] The Republic of China Yearbook： Taiwan 2001. Taipei. p.11.
[14] 中華人民共和國國家統計局，中國統計年鑑 2002，北京： 中國統計出版社，2002 年，p.4.
[15] 中華人民共和國國家統計局，中國統計年鑑 2002，北京： 中國統計出版社，2002 年，p.23.
[16] 國防部編，中華民國九十一年國防報告書，台北： 國防部，2002 年，pp.59-61.

徵[17]。

實務上，就臺灣實行兩岸分離政策的立場而言，此一大量向美採購武器的舉措，是確保臺灣與美國軍事關係最有效的方法。臺灣雖與美國無正式的外交關係，但卻因向美國大規模採購武器，雙方於 2002 年時在美國佛羅里達州的 Pittsburgh 舉行「2002 年美台國防峰會（US-Taiwan Defense Summit 2002）」[18]。2003 年，美國與臺灣續於德州的 San Antonio 舉行「美台國防工業會議（US-Taiwan Defense Industry Conference）」[19]。也就是說，臺灣成功地與美國建立實質的軍事關係。因此，2003 年 6 月，臺灣擬以高價向美國採購性能並非最先進的紀德艦（Kidd-class destroyer）時，即有立法委員抨擊臺灣如此向美國採購軍備，有如「繳保護費」[20]。此一「繳保護費」的說法，似相當程度地反應了臺灣向美國大量採購武器的本質。

三、中國大陸的國防現代化

對中國大陸而言，其軍事現代化的主要目標有二，一是成為世界強國，一洗百年迭遭侵凌的恥辱，恢復民族的榮耀。另一是以武力為後盾，統一臺灣。關於前者，鄧小平（1988）就曾說過「如果六十年代以來中國沒有原子彈、氫彈，沒有發射衛星，中國就不能叫有重要影響的大國，就沒有現在這樣的國際地位」[21]。然而，中國大陸雖已擁有核子武器、洲際導彈與人造衛星，但總體來說，仍是貧窮的國家[22]。1975

---

[17] Rand Corporation. US Rand report on ROC's arms purchase criticised. Internet：//http：//www.taiwanheadlines.gov.tw/20000125/ 200001 25p2.html Access： 6 July 2003. p.1.

[18] Chen， J. & Wu，S. "U.S. Official Reaffirms 'Six Assurance' to Taiwan." 2002. Internet： //http：//www.taipei.org/teco/cicc/news/enligh/e-03-13-02/e-03-13-02-18.htm Access：14 June 2002. p.1.

[19] Wolf， J. "US Urges Taiwan to Speed Up Arms Purchase" （reuters，15 February 2003）Internet：//http：//taiwansecurity.org/Reu/2003/Reuters-021503. htm Access： 14 June 2003. p.1.

[20] 林河明，「立委談軍售 如繳保護費」，聯合報，2003 年 6 月 15 日，第 A4 版.

[21] 鄧小平，「中國必須在世界科技領域佔有一席之地.」鄧小平文選（一卷本）香港： 三聯書店有限公司. 1996 年，p.413.

[22] 鄧小平，「社會主義必須擺脫貧窮」鄧小平文選（一卷本）香港： 三聯書店有限公司. 1996

年 1 月 13 日，中共總理周恩來提出，要使中國在二十世紀末實現農業、工業、國防與科技的四個現代化²³。其中國防現代化，需花費大量經費，這對那時貧窮的中國大陸而言，顯然是有所困難。當時應集中資源，優先發展經濟方為上策。因此，1985 年 6 月 4 日，鄧小平指示軍方稱，「四化（四個現代化）總得有先有後。軍隊裝備真正現代化，只有國民經濟建立了比較好的基礎才有可能。所以，我們要忍耐幾年。我看，到本世紀末我們肯定會超過翻兩翻的目標，到那個時候我們經濟力量強了，就可以拿出比較多的錢來更新裝備」²⁴。

　　1990 年代中期，中國大陸的軍事力量較美國仍相當落後。因此，當 1996 年中國大陸於臺灣海峽舉行軍事演習時，美國派出二個航母戰鬥群進行干預，中國大陸只有不了了之。對於美國軍事干預大陸對台導彈演習的羞辱，中國大陸乃加速軍事現代化，希望他日能有力量抗阻美軍²⁵。二十一世紀初，中國大陸經過十餘年的經濟快速發展，經濟與科技實力大幅增加，使得鄧小平生前的期望成真，亦即中國大陸有能力從事國防現代化。

（一）中國大陸的空軍

　　1976 年，文化大革命結束。然而，中國大陸空軍的發展受創遲滯，中共乃企圖更新其落後的空軍。海軍及其他國防科技領域的情形也大體類似。1980 年代，中國大陸推動農業、工業、國防與科技的四個現代化。然而，由於國防現代化，涉及先進武器裝備的技術引進與武器採購，需鉅額經費。在全國資源有限的情況下，鄧小平（1985）下令將國家有限資源，優先用於發展經濟。因此，那時中國大陸空軍的進步有限。1980 年代，即使有引進外國技術，但就整體而言，中國大陸

　　年，p.375.
²³ 韓素音、張連康譯，周恩來現代中國. 台北：絲路出版社，1995 年，p.451.
²⁴ 鄧小平，「在軍委擴大會議上的講話」鄧小平文選（一卷本）香港：三聯書店有限公司. 1996 年，p.324.
²⁵ 王作榮，壯志未酬：王作榮自傳，台北：天下遠見出版公司，1999 年，p.523.

空軍裝備的更新，幾乎都是由中國自身航空工業所支撐[26]。

　　1989 年 5 月，蘇聯總統戈爾巴喬夫（Mikhail Gorbachev）訪問中國大陸。中蘇正式結束昔日敵對狀態，兩國關係實現正常化[27]。然而，如前所述，接著蘇聯解體，俄羅斯獨立。獨立後的俄羅斯，不但國土面積較前蘇聯大幅縮小，且經濟瀕臨崩潰，但其軍工產業複合體（military-industrial）的高科技水準仍在，祇是陷於資金極度匱乏的困境。俄羅斯乃積極尋求出售武器，以增加收入。那時，中國大陸正苦於遭受美國藉口天安門事件（1989）停止對其軍售的制裁，故中國大陸是當時唯一有亟度需求，又有能力向俄羅斯大規模採購武器的買主。在此供需切合的時機下，中國大陸方有機會自俄羅斯採購許多先進的武器與科技。除了前述，中國大陸於 1992 年 3 月向俄羅斯採購 24 架先進的蘇愷-27 戰機外，1996 年更進一步地與俄羅斯合作生產蘇愷-27 戰機。中國大陸除進口約九億美元的零件外，另並支付技術援助費六億五千萬美元[28]。接著，2002 年中國大陸又購得 40 架蘇愷-30MKK 戰鬥轟炸機[29]。蘇愷-30MKK 戰機是蘇愷-27 的改良型，擁有更先進的數字化航空電子與雷達，空對空與地對空導彈，精確引導精靈炸彈與全天候對地攻擊能力[30]。

　　在自製戰機方面，據報導，2002 年時，中國大陸可能在 2006 年開始量產先進的殲 10 戰機（J10A）[31]，該機最大速度為 2.0 馬赫、作戰半徑為 1,100 公里、最大航程為 2,500 公里，其雷達火力控制系統可

[26] Allen， Kenneth W. 「PLAAF （People's Liberation Army Airforce） Modernization： An Assessment.」 In Lilley， J.R. & Downs， C. ed. Crisis in the Taiwan Strait. Washington， D. C.： National Defense University Press. 1997. pp.219-220.

[27] 壽孝鶴與奚蘭，二十世紀中國大事觀，青島： 青島出版社，1992 年，p.733.

[28] 元樂義，「空海戰力補強 外購凌駕自製」，中國時報，2002 年 3 月 4 日，第 11 版。

[29] Pomfret， J. 「China to Buy 8 More Russian Submarines.」 Washington Post Foreign Service. 25 June 2002. p.A15. Internet：//http： //www.washingtonpost.com/ac2/wp-dyn?pagename=article&node=&contentId=A38496-…. Access： 11 May 2003. .p.1.

[30] Shambaugh， D. Modernizing China's Military. University of California Press. 2002. pp.263-264.

[31] KDR 多倫多專電，「J10B 進入生產階段」，漢和防務評論，2006 年 2 月，p.25.

同時跟蹤數個目標，加以鎖定摧毀。此一戰機的自製，大大地提升了中國大陸的自製戰機能力[32]。就整體而言，據估計 2006 年時，中國大陸將擁有 330 架左右先進的蘇愷系列與殲 10 等第殲三代戰機，且往後每年將以約 80 架的速度增加[33]。而第三代戰機 10 的自製，更是大大地縮短了中國大陸軍事航空工業與歐美的差距[34]，也標誌著中國大陸軍事航空工業的跨越式發展，也使得中國大陸的空軍作戰能力，從二十世紀中期的落後狀態，跨越式地躍升至二十世紀末的先進水平[35]。此外，中國大陸於 2004 年 11 月，自行研製空中預警機成功，並已進行試飛[36]，因該機是與殲 10、蘇愷 30 及蘇愷 27 建立數據鏈系統，故該機將為中國大陸海空軍聯合作戰奠定基礎[37]。2006 年 1 月，中國大陸自製的空警/KJ2000 預警指揮機和 KJ200 空中早期預警控制機正式列裝南京戰區空軍。KJ2000 的配屬至國大陸空軍，使中國大陸的數據鏈指揮作戰能力得到極大程度地提供[38]。

（二）中國大陸的海軍

在海軍方面，1990 年代中國大陸已向俄羅斯購進二艘先進的 956E 型現代級驅逐艦（Sovremenny Class destroyer）、四艘基洛級（Kilo-class）潛艇（其中二艘為俄方專供出口用的、另二艘為俄海軍使用較先進的 Project 636 型）。2002 年時，中國大陸再向俄羅斯增購二艘現代級驅逐艦及八艘基洛級潛艇[39]，後者是經改良更先進的 Kilo 636M，其中六

---

32 王綽中，「中共殲十戰鬥機量產 首批 50 架」，中國時報，2002 年 1 月 20 日，p.11.

33 平可夫，「以武促統與以武拒統」，亞洲週刊，18（15），2004 年 4 月，p.47.

34 王綽中，「中共殲十戰鬥機量產 首批 50 架」，中國時報，2002 年 1 月 20 日，p.11.

35 平可夫，「腐敗再襲解放軍 台諜奇案曝光」，亞洲週刊，18（18），2004 年 5 月，p.16.

36 董更生，「爭奪台海空優 中共預警機試飛」 聯合報，2004 年 11 月 14 日，第 A13 版.

37 盧德允，「我將領：建立戰力 還需時間」，聯合報，2004 年 11 月 14 日，第 A13 版。

38 平可夫，「兩岸預警機同時上陣對壘」，亞洲週刊，2006 年 5 月 28 日，p.14.

39 Pomfret，J.「China to Buy 8 More Russian Submarines.」 Washington Post Foreign Service. 25 June 2002. p.A15. Internet：//http：
//www.washingtonpost.com/ac2/wp-dyn?pagename=article&node=&contentId=A38496-….
Access： 11 May 2003. .p.1.

艘已於 2005 年交付中國大陸[40]。基洛級潛艇配備了射程達 300 公里的
Klub 反艦導彈、最大下潛深度達 300 公尺、水下速度達 20 節、並具
極佳的潛航靜音能力[41]，被譽為「大洋黑洞」，並可配備射程達 220
公里的 3M-54E 反艦超音速導彈[42]。至於續購的二艘現代級驅逐艦，其
中一艘已於 2005 年 12 月交付中國海軍[43]，該艦則是新式的 956EM 型、
配備更先進的「日炙（SS-N-22）」超音速 3M80MBE 型艦對艦導彈、
飛速 2.5 馬赫、射程超過 200 公里（幾乎是原日炙 3M80E 型的兩
倍）[44]。另一方面，2002 年 11 月，中國大陸也成功地自渤海（靠北京
的中國內海）上空，從一架殲轟 7 型戰鬥轟炸機試射自製新型的鷹擊
83 型超音速反艦巡航導彈、射程約 250 公里（155 海哩），為「視距
外反艦導彈（beyond-visual-range anti-ship missile）」。美方官員認為
鷹擊 83 型巡航導彈有攻擊美國航空母艦及其戰艦的超地平線能力[45]。
2004 年 9 月，中國大陸又成功試射新型紅鳥巡航導彈，其射程高達
4,000 公里[46]。此外，2005 年 8 月的中俄「和平使者二 00 五」實兵演
習中，中國大陸曾以轟 6H 發射兩枚鷹擊 63 電視制導空地導彈（即巡
航導彈），精確命 60 公里外預定的敵方指揮所，成功地完成斬首行動[47]。

　　在大力引購俄羅斯先進戰艦與潛艇的同時，中國大陸又積極研發
自製的武器。例如中國大陸官方公開的圖片顯示，2005 年春時中國大
陸至少已有六艘的 039、039A 型宋級潛艦處於服役中[48]。另中國大陸
在 2005 年時也已有兩艘自製更先進的 041 型元級柴電潛艇服役，元級

---

[40] KDR 上海特約報導，「KILO 潛水艦在中國」，漢和防務評論，2006 年，4 月，p.23.

[41] 杜朝平編譯，「基洛潛艇好在那裏?」，現代武器，295，2003 年 7 月，p.43.

[42] 平可夫，「中國核潛艦迷離旅程背後」，亞洲週刊，18（48），2004 年 11 月，p.54.

[43] 大陸新聞中心/台北報導，「俄再交中一現代艦」，中國時報，2005 年 9 月 30 日，第 A13
　　版。

[44] 元樂義，「中共續購現代級艦 戰力超乎預期」，中國時報，2003 年 7 月 21 日，第 A11 版。

[45] Gerts，B.「Chinese missile has twice the range U.S. anticipated.」The Washington Post. 2002，
　　Internet：//http：//www.washtimes.com/national/20021120- 2387.htm Access： 11 May 2003.
　　p.1.

[46] 黃東，「中國紅鳥巡航導彈試射成功」，黃角鏡，No.384. 2004 年 9 月，p.55.

[47] 黃東，「中國新型空地導彈」，黃角鏡，No.401. 2006 年 2 月，p.47.

[48] 平可夫，「兩岸潛艦競賽 北京佔上風」，亞洲週刊，19（14），2005 年 4 月 3 日，pp.29-30.

潛艇配備先進的 AIP 絕氣推進系統（Air Independent Propulsion），可延長潛航時間[49]，其噪音則降至接近「基洛 Kilo」的水平[50]。此外，2006年春時，中國大陸自製的兩艘 052B「中華現代」導彈驅逐艦，與兩艘裝備相控陣雷達的 052C「中華神盾」導彈驅逐艦均已配備於其海軍服役[51]，更新型的兩艘「中華俄式神盾」導彈驅逐艦，則已進入最後舾裝階段[52]；上述新型各式潛艇與驅逐艦的自製與服役，也標誌著中國大陸海軍國防製造工藝技術的跨越式提升與進步。

　　無論是基洛級潛艇射程達 300 公里的 Klub 潛射反艦導彈、或現代級驅逐艦射程超過 200 公里的日炙 3M80MBE 型超音速掠海巡弋反艦導彈、或鷹擊 83 型射程達 250 公里的超音速巡弋反艦導彈，都是長程的反艦導彈。然而，臺灣海峽最窄處僅 130 公里。如果中國大陸祇是為了封鎖臺灣海峽或臺灣，則使用其自製射程達 180 公里的「衛士」1B 型火箭炮[53]，即足以達成封鎖目的，不需花費龐大支出，採購如此先進的武器。例如，花費 14 億美元購買兩艘 956EM 型現代級驅逐艦[54]。此外，中國大陸花費鉅資，引進蘇愷 27 與蘇愷 30 戰機的生產線及其技術[55]，並同步發展自製武器的殲 10 戰機與鷹擊 63 型巡航導彈，及購入基洛級潛艇等。合理的推斷，中國大陸如此提升其長程打擊能力的目標，當然不會是韓國、菲律賓、越南、馬來西亞或印尼等國，其唯一的目標就是美國航母及其艦隊，從而希望能遏阻美國再次派出航母艦隊干預臺灣問題。

---

[49] 王世科、梅林，「中國核潛艇與柴電潛艇的實力」，全球防衛雜誌，42（5），2005 年 11 月，p.50.

[50] 仲一平，「中國海軍戰略正在發生變化」，鏡報，No.333. 2005 年 4 月，p.24.

[51] 漢和編輯部專電，「956EM 火災可能促使中國放慢購俄艦船速度」，漢和防務評論，2006年 4 月，p.27.

[52] KDR 香港專電，「「石家莊」號「中華俄式神盾」進行最後舾裝」，漢和防務評論，2006 年4 月，pp.24-25.

[53] 楊玉，「中國武器發展顯現新思路」，鏡報，No. 306. Jan 2003 年 1 月，p.45..

[54] 元樂義，「中共續購現代級艦 戰力超乎預期」，中國時報，2003 年 7 月 21 日，第 A11 版。

[55] 元樂義，「空海戰力補強 外購凌駕自製」，中國時報，2002 年 3 月 4 日，第 11 版。

（三）中國大陸的核武能力與洲際導彈

　　核子武器可說是一個國家的最終威懾武力，也是保證相互毀滅（Mutually Assured Destruction）的極終武器。就中國大陸而言，核子武器是中國大陸對抗美國欲分裂中國（無論是臺灣或西藏）的極終武器。對美國而言，美國是很難容忍世界上任何「不友好」國家擁有核子武器。例如，即使是在冷戰已結束的二十一世紀初，美國仍以防止大規模毀滅武器（Weapons of Mass Destruction）為主要理由，攻打並佔領伊拉克。故在二十世紀中期後，中美相互敵視的冷戰年代，美國為防止中國成為核武國家的強烈企圖是可想見的。1960年代初，美國甘迺迪政府（Kennedy administration、1961-1963）就曾計劃發動預防性軍事行動，以摧毀中國大陸尚在發展初期階段的核武設施。然而，1963年11月22日，美國總統甘迺迪（John F. Kennedy）遇刺身亡。續任的詹森（Lyndon B. Johnson）政府幾經研議，認為應避免與中國直接對抗，從而使該摧毀中國大陸核武設施的計劃作罷[56]。

　　1964年10月16日，中國大陸完成第一顆原子彈爆炸試驗。1967年6月17日，完成第一顆氫彈空爆試驗。1970年4月24日，發射第一顆人造衛星[57]。1970年12月24日，第一艘核潛艇下水[58]。1981年4月30日，第一艘導彈核潛艇下水[59]。1988年9月，核潛艇導彈試射成功。

　　中國大陸的核武及其投射工具洲際導彈，雖歷經約三十年的發展，但與美國相較，其核武能力仍有相當差距。例如中國大陸迄今在服役的五艘091型漢級攻擊核潛艇，除性能不穩，易故障外，其噪音頗大，估計約在160分貝上下，較美國洛杉磯級攻擊核潛艇可能高出

[56] Burr，William and Richelson，Jeffrey T.「Whether to Strangle the Baby in the Cradle.」International Security，25（3），2000，pp.54-99.

[57] 壽孝鶴與吳蘭，二十世紀中國大事觀，（青島，青島出版社），1992年，pp.587：598：608..

[58] 彭子強，奇鯨神龍. 北京：中共中央黨校出版社，1995年，p.237.

[59] 陳右銘，「中國第一代核潛艇誕生記」李莊主編，中國的記憶，北京：人民出版社，1994年，p.237.

40 分貝。092 型夏級戰略導彈核潛艇的噪音，估計更高達 165 分貝，其所攜巨浪I型戰略導彈的最大射程也僅 2,150 公里[60]，難以威懾西方國家。因此，1990 年最後一艘魚雷核潛艇下水後，中國大陸自 1994 年開始進行新一代核潛艇的研製工作[61]。換言之，就是啟動 093 型攻擊核潛艇（SSN）與 094 型戰略導彈核潛艇（SSBM）的研製。

　　1996 年，中國大陸在「高溫氣冷核反應堆」的研製取得重大突破，由於該反應堆能提供強力動力，故從而帶動上述新一代核潛艇的研製[62]。093 型攻擊核潛艇於 2001 年下水試航，2003 年初步形成戰力。094 型戰略導彈核潛艇則於 2004 年建成下水，2005 年春已頻繁進行海試。據悉，093 型攻擊核潛艇配備 16 枚射程達 1,000 公里以上的潛射超音速反艦巡航導彈，因其採用「高溫氣冷核反應堆」的技術，故該潛艦水下最高航速可能突破 50 節，靜音程度約在 105-110 分貝之間，下潛深度可能達 400 公尺[63]。另據析，中國大陸現已有兩艘 093 型攻擊核潛艇，並正準備建造第三艘[64]；至於 094 型戰略導彈核潛艇，中國大陸曾於 2004 年 6 月在黃海發射一枚巨浪II型潛射彈道導彈，成功擊中新疆內陸的沙漠目標。美國「華盛頓時報」稱該巨浪II型導彈是從中國自行研製的 094 型戰略導彈核潛艇發射[65]。據悉，094 型戰略導彈核潛艇配備 16 枚射程達 12,000 公里的戰略核導彈，每枚導彈裝六個彈頭，其水下航速高達 50 節以上，水下靜音推測可能低於 120 分貝，可

[60] 王世科、梅林，「中國核潛艇與柴電潛艇的實力」，全球防衛雜誌，42（5），2005 年 11 月，pp.45-47.

[61] 劉華清，「劉華清談中國核潛艇」，船艦知識，No.306. 2005 年 3 月，p.11.

[62] 江夏，「中國高溫氣冷堆全球領先」，廣角鏡，No.400，2006 年 1 月，p.13.

[63] a.作者不詳，「祖國自製 093 與 094 核潛艇況上」，2005 年，Internet//：http：// kevinkao.idv.tw/mt/archives/000607.php. Access： 28 January 2006. pp.1-10.

　　b.王世科、梅林，「中國核潛艇與柴電潛艇的實力」，全球防衛雜誌，42（5），2005 年 11 月，pp.47-48.

　　c.平可夫，「北京出手 兩岸內緊外鬆」，亞洲週刊，19（15），2005 年 4 月 10 日，p.21.

[64] KDR 香港專電，「再看中國潛艦的建造過程」，漢和防務評論，2006 年 5 月，p.27.

[65] 作者不詳，「我國 094 核潛艇成功潛射戰略導彈美日望而卻步」2005 年，Internet//：http：//news.qq.com/a/20050627/001149.htm. Access： 28 January 2006. pp.1-10.

無需浮出水面連續巡航 12,000 公里[66]。很明顯地，094 型戰略導彈核潛艇將大幅提升中國大陸對美國的第二次報復性核打擊能力。

2002 年夏，中國大陸試射東風 21 型中程導彈，該導彈除主彈頭外，另有六、七個假彈頭（dummies），即所謂的「穿透助器（penetration aids）」，用以干擾攔截導彈，從而穿透美國的「戰區導彈防禦」系統[67]。接著的 8 月，中國大陸分別完成陸基與海基洲際彈道導彈（ICBM）的試射，其中陸上兩枚洲際彈道導彈成功擊中目標。據中國大陸「中央電視台」的報導，中共二砲部隊（ICBM 部隊）在近乎實戰的環境下，48 小時內可調動至千里以外地方，執行任務。在海上，中國大陸一艘核動力彈道導彈潛艇在南中國海海域，發射一枚潛射式洲際彈道導彈，擊中 6,000 公里外新疆塔克拉瑪干沙漠的預定目標。據美方分析，該型導彈實際射程可達 14,500 公里，相信是巨浪 II 型的改良型（美國國防部原先估計，中國大陸最快要到 2008 年才有能力發射巨浪 II 改良型導彈）[68]。同（2002）年 12 月，中國大陸以東風 21 型中程導彈（射程 1,800 公里）試射多彈頭導彈成功，此次試射相信是採用多彈頭獨立重返大氣層（MIRV）技術[69]。

另據學者專家分析，目前中國大陸正大力發展兩項陸基核武力量，一是東風 31 型（CSS-X-9、DF31）洲際彈道飛彈（ICBM），另一種是東風 41 型（CSS-X-1-、DF41） 洲際彈道飛彈。前者最大射程約 8,000 公里、多彈頭、可同時攻擊多個不同目標、攻擊圓周誤差（CEF）只 00 有公尺，使用固體燃料，可在陸上以運輸車輛發射，且發射時間

---

[66] a.作者不詳，「祖國自製 093 與 094 核潛艇況下」，2005 年，Internet//：http：//kevinkao.idv.tw/mt/archives/000608.php. Access： 28 January 2006. pp.1-2.
　　b. 王世科、梅林，「中國核潛艇與柴電潛艇的實力」，全球防衛雜誌，42（5），2005 年 11 月，p.48.
[67] Gerts， B. 2002a. 「China tests missile.」 Internet：//http：//www.washtimes.com/ national/ 20020723-368019. htm Access： 11 May 2003. pp.1-3.
[68] 香港訊，「中共南海試射潛射飛彈」，聯合報，2002 年 8 月 18 日，p.13.
[69] Sugiyama， H.，「China successfully tests multi-warhead missiles.」（Daily Yomiuri On-line， 19 February 2003） Internet：//http：//www.cndyorks.gn.ape. org/yspace/ articles/bmd/chinamultiwarheadtest.htm Access： 24 July 2003. p.13.

只需 10 至 15 分鐘，據瞭解中國大陸現已成立了東風 31 型長程機動戰略飛彈旅；後者也是使用固體燃料，可在陸上以鐵路或車輛運輸發射，最大射程高達 12,000 公里，是採多彈頭獨立重返大氣層（MIRV）技術[70]。2006 年 2 月，中國大陸中央電視台公開報導第二炮兵的導彈火車[71]。這種可視為「陸上戰略核潛艇」部隊的成軍，顯示中國大陸在核戰時，其核武活存率又大大增加，亦即又大幅提升中國大陸對美國的第二次報復性核打擊能力。

（四）中國大陸的太空武力

　　二十一世紀初，隨著太空科技的發展，使得人類的軍事領域也發生改變，其中之一的重大改變，就是建立太空領域的武力。中國大陸也瞭解太空武力的重要性。因此，2003 年 3 月，中國國家主席兼軍事委員會主席江澤民，簽署了一項研製國防高科技裝備的「一二六」計劃。該計劃包括航天航空技術系統、電子訊息技術系統、戰略防禦技術系統、深層反擊技術系統、光學激光技術系統、非常規及常規材料技術系統等六大項。江澤民並指出，中國大陸應建立一個高防禦戰略系統，以期能有效的反擊來襲與侵略的國家[72]。

　　然而，試問當今世界上有那個國家有能力侵略或襲擊中國？昔日曾侵略中國的列強，如英國、日本、法國與德國，現今綜合國力都已無此力量。至於俄羅斯，則因蘇聯的解體而國力衰退，現與中國大陸形成友好合作關係，也不會侵略或襲擊中國大陸。因此，當今有能力且有意圖侵略或襲擊中國大陸的國家只有美國。其理由非常簡單，就是遏阻中國大陸統一臺灣，遏阻中國大陸的民族振興，以維持其全球霸權。這也就是為什麼美國支持臺灣分離運動與西藏分離運動不遺餘力，五十年不改其志。因此，中國大陸發展太空武力，其目標之一就

---

[70] 廖文中、林宗達，「中共核武戰略現代化」，全球防衛雜誌，41（5），2005 年 5 月，pp.83-84.

[71] KDR 香港專電，「中國公開導彈火車」，漢和防務評論，2006 年 5 月，p.38.

[72] 中央社/香港訊，「中共研製航天科技武器」，中央日報，2000 年 3 月 22 日，p.10.

是為未來有能力反擊美國以軍事干預臺灣作準備。

　　二十一世紀初，中國大陸在太空領域的重要成就之一，就是發射神舟號載人太空船。2003 年 10 月 15 日，中國大陸終於成功發射神舟五號首艘載人太空船[73]。中國大陸是美、俄除外，世界上第三個有能力發射載人太空船的國家，而此次成功發射載人太空船，標誌著中國大陸已克服許多太空高科技的難關，例如航天員生命保障、空間應用、太空船、運載火箭、發射場、測控通信和著陸場等七大系統的高科技技術[74]。兩年後的 2005 年 10 月 12-17 日，中國大陸又再次成功地發射雙人多天的神舟六號太空船。據美國和西方專家的分析，由於神舟六號在其航行中的變軌能力，故認定中國大陸已掌握了小推量的空間火箭變軌技術。換言之，就是可使洲際導彈在太空改變彈道[75]。

　　1970 年 4 月 24 日，中國大陸發射第一顆人造衛星[76]。迄今，中國大陸已發射許多各類型的人造衛星，例如氣象衛星、科學實驗衛星、通訊衛星、偵察衛星及導航衛星。2003 年 10 月，中國大陸並成功發射其自製的第一顆質量在 100 公斤以下的微型衛星（microsatellite），它標誌著中國大陸已攻克低軌擴頻通信技術、微型衛星自主控制等一系列關鍵技術[77]。另外也值得特別一提的就是導航衛星。導航衛星可於任何時間，即時地確定使用者的三度空間位置（經度、緯度與高度）。以往世界上正在運行的全球衛星導航系統，只有美國的全球定位系統（Global Positioning System、GPS）與俄羅斯的 GLONASS 系統。GLONASS 系統是使用一種碼，但美國 GPS 系統則有 C/A（Coarse Acquisition）碼（粗碼）與 P（Precise）碼（精碼）兩種。C/A 碼定位精度較 P 碼差，是供民用。P 碼定位精度較高，是專供美軍使用[78]）。

---

[73] Beech， H. 「The Great Leap Skyward.」 Time. 27 October 2003. p.23.
[74] 天宇，「神舟」作為龍頭帶動中國科技整體提升」，鏡報，No. 307，2003 年 2 月，pp.34-36.
[75] 仲一平，「中國在爭奪太空制高點時快步趕上」，鏡報，No.341. 2005 年 12 月，p.56.
[76] 壽孝鶴與吳蘭，二十世紀中國大事觀，青島： 青島出版社，1992 年，p.608.
[77] 大陸新聞中心/綜合報，「中巴合作一箭雙星升空」，聯合報，2003 年 10 月 22 日，Internet：//http：//www.tvro.com.tw/TXT/satnews/2003/0310/1021.htm Access： 26 July 2004，p.2.
[78] Cooksey，Diana.「Understanding the Global Positioning System.」 2003， Internet：// http：

中國大陸的許多先進武器，如中遠程導彈、蘇愷系列戰機等，都是使用 GPS 的 C/A 碼，精度較差。此外，在戰時，美國可能干擾甚至截斷 C/A 碼。為避免受制於人，中國大陸乃發展自已的衛星導航系統。2000 年底，中國大陸發射兩顆自製的「北斗一號」導航定位衛星，2003 年 5 月再發射第三顆導航定位衛星，作為前兩顆的備份衛星。北斗導航系統雖可於任何時間與地點確定航行物的經度、緯度與海拔高度，但它是一個區域衛星導航系統（祇能用於中國大陸及其周邊地區）及兩維導航系統。因此，中國大陸現正研發建立下一代六顆星組成的導航衛星定位系統[79]。無疑地，導航定位衛星的佈署，實際標誌著中國大陸在軍事科技領域的又一跨越式成就。

此外，中國大陸現已佈署或正在發展的相關太空武器主要有電磁武器（Electromagnetic Weapons）與雷射武器（Laser Weapons）。電磁武器有電磁槍、電磁脈衝彈（Electromagnetic Pulse Bombs）與微波武器（Microwave Weapon），其中電磁脈衝彈可癱瘓或摧毀數公里範圍內航母及其戰艦的電子裝備與電達系統，也可癱瘓大區域內的電腦與電力設備。雷射武器則有近距離野戰雷射槍、反導彈雷射武器與反衛星雷射武器，其中反導彈與反衛星雷射武器發射的能量，將有能力破壞巡弋導彈與低軌道衛星[80]。

回顧李登輝執政十二年來的兩岸軍事政策，有兩大特點，一為政治決定軍事、二為美國軍事介入。就臺灣而言，臺灣不但是一人口密集的小島，且人口集中於臺灣西部，不具戰略縱深，民眾又有統獨認同的分歧。因此，就單以臺灣的力量，是難以對抗中國大陸發動的統一戰爭，這對臺灣菁英而言，是一般性的常識。然而李登輝政府仍以大量金錢向美國採購先進武器，除了嚇阻中國大陸發動統一戰爭外，其另外主要目的之一，就是藉對美龐大軍購，建立與美國間的實質軍

//www.Montana.edu/places/gps/understd.html Access： 1 August 2003. pp.1-3.

[79] 天星，「北斗」定位衛星提升中國軍力」，鏡報，No. 312. July 2003 年 7 月，pp.38-40.

[80] Nemets， A. 「Message from Beijing， Part 3」 2002， Internet：//http：//www.news max.com/archives/articles/2002/3/21/15629.shtml Access： 31 July 2003. pp.1-5.

事關係。就美國而言，作為一個美國人，在美國社會的基本生活價值觀就是「誠信」。然而，作為一個世界的超級強權，卻不惜違反自己簽署的文件「中美八一七公報」，寒盟背約，於 1992 年 9 月同意向臺灣出售先進的 F-16 戰機，其目的就是在阻撓中國大陸統一臺灣，遏阻中國大陸的崛起。對美國願供應臺灣先進戰機，就臺灣分離的兩岸政策立場，因可藉此先進武器力抗中國大陸統一戰爭的壓力，李登輝政府不但是樂觀其成，實際上是喜出望外喜形於色。就中國大陸而言，面對美國即使背信也要遏阻中國大陸統一的壓力，及 1996 年台海危機出動航母戰鬥群以壓制中共的羞辱，中國大陸只有加速發展其軍事力量。經過十年的努力，2003 年時，中國大陸無論是在空軍、海軍、核子武力及太空武力方面，都有大幅的提升，這是 1992 年美國向臺灣出售先進戰機時，所未能預料的。

四、小結

由於臺灣在美國的實質保護下，或至少是準實質保護下，中國大陸無法經由武力完成統一。此外，臺灣當局在島內有完全的自主行政能力，中國大陸無法改變李登輝的兩岸分離政策。李登輝也充份利用其在島內的完全自主行政能力，實行他的分離政策。如前所述，為了人為地創造出下一代臺灣福佬人的分離意識，李登輝實行了一系列的文化分離政策，例如修改歷史教科書、推動母語教學、不承認中國大陸的大學學歷。同樣地，為了遏阻兩岸日益緊密的經貿關係，李登輝在兩岸經貿關係上，實行南向政策與戒急用忍。

面對李登輝強力的文化、經貿分離政策，中國大陸也僅能在大陸採取相應的反制舉措。回首過去，在大清朝統治臺灣的二百多年間，北京政府是全國（包括臺灣地方）的中央政府。現在，中國大陸面積廣達 960 平方公里、人口達 12.5 億、北京是首都。相對地，臺灣面積僅 3.6 萬平方公里、人口也僅 2.2 千萬。展望未來，當兩岸完成統一，

合理的邏輯與現實，北京政府肯定將是中央政府。事實上，就中國大陸而言，中國大陸在處理兩岸事務上的態度，就是從中央政府的角度，展現了中央政府的氣魄。例如，自 1980 年起，中國大陸即對臺灣同胞，在政治上打開大門，歡迎台胞參訪大陸，不論當事人以前反共反華與否，一律來去自如。換言之，無論當事人是否曾有過任何的反共、甚至屠殺中國共產黨人的紀錄，政治上一概既往不究。又早在 1980 年代末，中國大陸尚不富裕時，就給予臺灣同胞各種優惠待遇。例如予台商以經濟優惠、予臺灣學子以教育優惠。在 1990 年代，中國大陸更進一步地對臺灣同胞制定許多優惠政策。這些優惠舉措也吸引了更多臺灣的商人、學生、觀光客、記者、學者、影藝人士與政治人物參訪中國大陸，也使得他們能更深入地瞭解中國大陸。結果，更多的臺灣福佬人與大陸人士交流，甚至有四千名臺灣學生在中國大陸的大學求學。這種現象，在以前是無法想像的。當然，這種現象對分離主義者是不利的。從李登輝的觀點來看，這是對臺灣認同的打擊。2002 年初，李登輝就稱，1996 年中國大陸舉行飛彈演習時，臺灣的臺灣人意識很高，但最近卻淡了很多。若長此下去，臺灣將十分危險（Chen, S.C. 2002:4）。也就是說，假如這種現象持續下去，則欲達成臺灣獨立是不可能的。

在 1990 年代以前，臺灣是實行「一個中國」政策，雖然也從美國採購武器，但因無獨立傾向，故對中國大陸而言，並無統一的迫切感。然而，李登輝政府驟增經費，大量採購武器，則是為了能與中國大陸分離。而李登輝 1995 年在美國康乃爾大學的演說更是一個轉折點。就中國大陸的立場而言，則視該演說近似宣佈臺灣獨立，因此中國大陸分別於 1995 年 7 月與 1996 年 3 月發動導彈演習，以表明臺灣一旦獨立，將不惜一切代價發動統一戰爭的決心。然而，美國卻於 1996 年 3 月派遣兩個航母戰鬥群介入，中國大陸遭此美國差辱，乃於發展經濟的同時，也大力加速軍隊現代化。適值此時已經過十五年的經濟改革，中國大陸的經濟實力已大幅提升，有能力大量外購武器。且當時中國

大陸已與北方鄰國俄羅斯修好，適逢俄羅斯瀕臨經濟潰潰邊緣，極欲出售先進武器以增加財政收入。故中國大陸乃有機會自俄羅斯引進先進武器及其技術。與此同時，隨著經濟實力的飛騰，科技也大幅躍升。例如，台海危機前一年的 1995 年，中國大陸研製的曙光 1000 超級電腦，排名世界超級電腦的第 600 位。但 2004 年 6 月，中國大陸攻克大規模機群計算的關鍵技術，其自行研製的曙光 4000A 超級電腦，每秒峰值運算速度達 11 萬億次，已是排名全球第十，是繼美、日之後第三個跨越 10 萬億次計算機研發與應用的國家[81]（昔日、美國動輒即以禁運高科技超級電腦的方式，制裁中國大陸）。隨著高科技力量的提升，中國大陸可自製第三代殲 10 戰機、空中預警機、相控陣雷達（神盾級）戰艦、041 型元級柴電潛艇、093 型攻擊型核潛艇、094 型戰略導彈核潛艇、鷹擊 83 型超音速巡弋反艦導彈、多彈頭獨立重返大氣層導彈、潛射式洲際彈道導彈、北斗衛星導航定位系統、雙人多天載人太空船、微型衛星，同時購進基洛級潛艇、現代級驅逐艦及蘇愷系列戰機。中國大陸這些國防力量的迅速提升，在十年前（1996-2006）是難以想像的。中國大陸十年鑄劍，其目標之一，無疑地就是為下次台海危機時美國的軍事介入作準備。

---

[81] 新華社，「我國研製的曙光 4000A 超級服務器位列全球第十」，2002，Internet：//http：//www.people.com.cn/GB/it/1070/2605708.html Access： 30 June 2004. p.1.

臺獨與藏獨

對於西藏，中國解放西藏農奴，打破西藏千年政教合一，人分幾等世代為奴的世間不平慘事。筆者於 2008 年 4 月在《海峽評論》撰文提出中國「解放藏奴」是與美國「解放黑奴」相互輝映的偉大功業，但美國透過其超級強國柔性國力（soft power）的宣傳，居然使遠在天邊的臺灣認知「解放黑奴」是正義偉業，其治理黑人並非壓迫黑人。故筆者主張大力宣導中國「解放藏奴」是與美國「解放黑奴」併舉之正義偉業，及北京對西藏的援助[1]。

一、臺獨聲援藏獨

2009 年 3 月 14 日台北市熱鬧繁華的東區街頭，民進黨與藏獨「圖博團體」等聯合舉辦遊行，隊伍高舉雪山獅子旗及達賴喇嘛的巨幅照片，民進黨主席蔡英文和該黨行政院前院長蘇貞昌也在其中[2]。3 月 11 日，臺灣暢銷反華的《蘋果日報》則以 A19 版整版的篇幅大肆歪曲報導西藏，巨大標題為「達賴：中國把西藏變『煉獄』」。3 月 10 日，臺灣極端反華的《自由時報》當然也是以整版篇幅大肆歪曲報導西藏[3]，同日民進黨臺南市市長許添財宣佈將每年此日訂為臺南市的「圖博日」（The Day of Tibet）[4]。3 月 9 日，達賴喇嘛在印度達蘭薩拉接受臺灣媒體專訪時，強調臺灣未來的政治發展要由臺灣人民自己決定[5]。這存純粹是挑撥離煽動臺獨唯恐不及的說法。試問達賴訪問歐美時，為何不敢對法國境內七百萬阿拉伯裔與非洲裔、西班牙的巴斯克 Basque 分離主義者、加拿大的魁北克 Quebec 分離主義者、土耳其境

1 林明成（本名戚嘉林），「藏獨與臺獨」，海峽評論，208 期，2008 年 4 月 1 日，pp.53-54. 因本期海峽評論筆者有三篇文章，故本文用筆名林明成發表。

2 蘋果日報，2009 年 3 月 15 日，第 A10 版。

3 蘋果日報，2009 年 3 月 11 日，第 A19 版。

4 自由時報，2009 年 3 月 10 日，第 A5 版。

5 鄒景雯，「達賴喇嘛：盼來台會證嚴法師」，自由時報，2009 年 3 月 10 日，第 A5 版。

內的庫德 Kurdish 分離主義者、德國境內的土耳其族裔等，講同樣的話呢？

2008 年 3 月 14 日，西藏拉薩發生暴民對無辜民眾打砸燒殺搶的事件。當時民進黨無視暴民對無辜民眾的殘忍，而是迫不及待地藉機將大陸妖魔化。「總統」陳水扁立即稱，中國壓制西藏追求民主和平是要殺雞儆猴，接下來就要打臺灣，臺灣人民不可悶不出聲，否則「以後怎麼死的，都不知道」。民進黨「總統」謝長廷旋於 21 日在報紙上大刊廣告稱「1959 年中國血腥鎮壓西藏」，聲援西藏自決。執政的民進黨行政院則動支第二預備金一千七百萬元用於平面和電視的文宣廣告，以聲援西藏。「財團法人臺灣西藏交流基金會」（在陳水扁政府鼓勵與支持下於 2002 年成立）立即與達賴喇嘛西藏宗教基金會（西藏流亡政府駐台辦事處）於 20 日舉行記者會，睜眼說瞎話地向臺灣民眾宣傳不實資訊，稱此次事件是抗暴，參與事件者都採和平路線，且手無寸鐵。二十年前六四天安門前搞民主自由人權的王丹等 17 名民運份子，也於 20 日齊聚臺灣台北臺灣大學校友會館，對在拉薩遭毆傷與被殺害的無辜群眾，無隻言片語的哀慟之心，而是喪心病狂的聲援拉薩暴動，撕裂中國，其中美籍民運份子哈佛大學政治學博士楊建利（1990年代初即接受臺灣間諜組識資助）甚至惡毒地揚言，在北京奧運前「會用一切的行動動搖中國的政權」[6]。一時間，臺灣媒體似均聲援西藏，好似造反有理，對遭活活被殺死燒死的十三名漢藏回民眾及數百名受傷的無辜民眾人權，無同情之語，且幾乎是眾口鑠金地抨擊中共公安武警的平亂為血腥鎮壓，及北京對西的施政為「暴政」。

2007 年 9 月 8 日，執政的民進黨行政院蒙藏委員會召開「西藏人權國際研討會」。大會開始，首先由陳水扁致詞，大會第一節討論主題為「中國文化霸權下的西藏人權」，主持人就講明了要從關注西藏人權，響應西藏獨立，轉而促成臺灣獨立[7]。因此，臺獨與藏獨合流之

---

[6] a.《聯合報》，2008 年 3 月 21 日，第 A21 版。

　　b.王綽生，「被捕兩年 楊建利遭判刑五年」，中國時報，2004 年 5 月 14 日，第 A12 版。

[7] 謝劍，「盎格魯撒克遜民族的霸權」，信報，2007 年 10 月 17 日。

勢，與日俱增，中華兒女不可不查。

二、西藏政教合一農奴黑暗真相

在每年 3 月或西藏有事時，臺灣媒體諸多對西藏偏頗的報導中，其中固然有臺獨政治人物的操弄，但亦不乏媒體從業者對西藏的缺乏瞭解。因六十年來，前四十年是國府的反共宣傳教育，解嚴後二十年是李、扁政府的「去中國化」教化，以及西方美國媒體的強勢滲透，外加藏獨團體在臺灣的片面論述等因素，臺灣民眾對西藏政教合一農奴黑暗歷史真相可說相當茫然，更遑論對中共在西藏施政及美國對西藏顛覆有較客觀的認識。故一遇西藏有事，媒體記者們的報導就相當偏頗，充斥西方媒體觀點。至於民進黨，因係蓄意與藏獨合流，藉勢對內地抹黑則是不遺餘力。

歷史的真相是，二十世紀中葉，占西藏總人口不足 5%之官家、貴族、寺院上層僧侶三大領主的農奴主，占有西藏的全部耕地、牧場、森林、山川以及大部分牲畜。據清初的統計，當時西藏有耕地 20 多萬公頃，其中官家佔 30.9%、貴族佔 29.6%、寺院上層僧侶佔 39.5%。但占西藏總人口 95%以上的農奴，則沒有土地，沒有人身自由。農奴主佔有農奴的人身，將農奴當作自己的私有財產隨意支配，可以買賣、轉讓、贈送、抵債和交換。西藏檔案史料清楚地記錄著，舊西藏通行了幾百年的《十三法典》和《十六法典》，西藏人分為三等九級，明確規定西藏人在法律上的不平等。農奴主依成文法或習慣法，可設立監獄或私牢。地方政府設有法庭和監獄，大寺廟也設有法庭和監獄。刑罰極為野蠻殘酷，如剜目、割耳、斷手、剁腳、抽筋、投水等。在西藏最大寺廟之一甘丹寺就有許多手銬、腳鐐、棍棒和用來剜目、抽筋等的殘酷刑具[8]。

---

[8] 張雲、旦增倫珠，「西藏政教合一封建農奴制與中世紀西歐農奴制」，http：//www.cns.hk：89/gn/news/2008/04-15/1221573.shtml Access：2009 April 7 pp.2-3. 來源：光明日報

1904 年到過拉薩的英國隨軍記者坎德勒（Edwund Candler），在其所著《拉薩真面目》（The Unveiling of Lhasa）一書中描述道「喇嘛是太上皇，農民是他們的奴隸。……毫無疑問，喇嘛採用了精神恐怖手法維持他們的影響和政權繼續控制在他們手中。……他們那些愚昧無知的農奴將逐漸接觸到生活的真實面貌，將會開始懷疑若干世紀以來存在於他們與其統治者之間的關係是否公正。但是目前，人民還是停留在中世紀的年代，不僅僅是在他們的政體、宗教方面，在他們的嚴厲懲罰、巫術、靈童轉世以及經受烈火與沸油的折磨方面是如此，而且在他們日常生活的所有方面也都不例外」[9]。

農奴不僅沒有人身自由，還要受到農奴主以差役和高利貸形式強加的殘酷剝削。西藏封建農奴制社會中的「差」是一種包括徭役、賦稅、地租等在內含義十份廣泛的差稅總稱，通稱為「烏拉差役」。「烏拉差役」名目繁多，十分沉重，通常有二三十種以上。農奴成年累月地辛勤勞動，卻連溫飽也得不到保障，經常要靠借高利貸勉強糊口；法國著名東方學家 Alexandra David-Neel，曾於 1916-1924 年間先後五次到西藏及其周邊地區考察，她記錄西藏農奴的沉重差役和高利貸剝削下悽慘的情況稱「在西藏，所有農民都是終身負債的農奴，在他們中間很難找到一個已經還清了債務的人」。為了生活，農奴不得借錢、借糧、借牲畜、支付高額利息。然而，來年的收穫永遠還不完膨脹的利息。「在毫無辦法的情況下，他們只好再借，借口糧、借糧籽。……如此下去，年復一年，永無完結，直至完結，直至臨死的時候也不能從債務中解脫出來，而這些債務就落到了他兒子的身上」[10]。

二十世紀初到過拉薩的俄國人崔比科夫（Gombojab Tsebekovitch Tsybikoff），在其所著《佛教香客在聖地西藏》一書中寫道「在拉薩，

9　牛銳，「西方人筆下的西藏封建農奴制」，見中國民族報，p.2. http://big5.chinanews.com.cn：89/gate/big5/bbs.chinanews.com.cn/thread-849396-1-1.html Access：2009 April 7

10　牛銳，「西方人筆下的西藏封建農奴制」，見中國民族報，pp.3-4. http://big5.chinanews.com.cn：89/gate/big5/bbs.chinanews.com.cn/thread-849396-1-1.html Access：2009 April 7

每天都可以看到因貪圖別人的財產而受到懲罰的人，他們被割掉了手指和鼻子，更多的是弄瞎了眼睛的、從事乞討的盲人。其次，西藏還習慣於讓罪犯終生脖套圓形小木枷，腳戴鐐銬，流放到邊遠地區和送給貴族或各宗長官為奴。最重的處罰自然是死刑，辦法是將人沉入河中淹死（在拉薩如此）或從懸崖上拋下去（在日喀則如此）」[11]。1920年代，曾作為英國商務代表留駐拉薩多年的貝爾（Charles Bell）則記錄道，無論是農奴對其莊園主的人身依附關係，還是西藏社會階級身份和地位的維持，乃至平民百姓承擔名目繁多的差役供奉等經濟負擔，都是通過嚴酷的刑罰及其所造成的社會恐懼來固化的。「貴族對於佃農，可以行使官府權力。……沒收牲口、罰款、笞杖、短期拘禁以及其他一切處罰，貴族皆得隨時行之」「西藏的刑罰是嚴厲的。除了罰款和監禁外，鞭笞也是常事。在審判過程中，受到鞭打的不僅是被判有罪的人，而且還有被告甚至見證人。對嚴重違法者，既使用頸枷也使用手銬。對殺人犯和慣偷慣盜，則使用鐵制腳鐐。對很嚴重的罪，諸如謀殺、暴力搶劫、慣偷或嚴重的偽造罪等，則要剁手（齊手腕）、割鼻、甚至挖眼睛。而挖眼睛又多半用於政治上的滔天大罪。往昔那些犯有謀殺罪的人被裝進皮口袋，縫起來，扔進河裏」[12]。1950年時拉薩城區只有 2 萬人，而露宿街頭的貧民和乞丐則達 1,000 多人[13]。1955 年新聞記者奧夫欽尼科夫則描述道「在拉薩街頭，你會與沒有鼻孔、少了耳朵、缺了胳膊的人擦肩而過。這在中國其他地方並無這樣的刑罰，這是西藏所獨有的」。因此，舊西藏可說當時世界上人權最惡劣的地區之一，因政教合一森嚴的等級制度、人身的奴役、殘酷的嚴峻刑罰，沉重的賦稅壓榨，驚人的高利盤剝，……構成了舊西藏的

---

[11] 任仲平，「世界人權史上的光輝篇章—寫在『西藏百萬農奴解放紀念日』之際」，深圳特區報，2009 年 3 月 27 日，第 A11 版。

[12] 牛銳，「西方人筆下的西藏封建農奴制」，見中國民族報，pp.3-4. http://big5.chinanews.com.cn：89/gate/big5/bbs.chinanews.com.cn/thread-849396-1-1.html Access：2009 April 7

[13] 多吉占堆等，「從農奴到國家的主人-黨中央關懷下西藏人民命運的偉大歷史變遷」，深圳特區報，2009 年 3 月 27 日，第 A10 版。

黑暗社會情境[14]。因此，1908 到 1951 年間就發生了上百次的農奴暴動。

三、軍紀嚴明尊重藏俗

1951 年西藏和平解放，為增進漢藏團結，鄧小平曾言簡意賅地向進藏部隊提出了具體要求，例如為了防止進藏部隊帶著階級鬥爭的框框，看不慣西藏農奴主對農奴的壓迫剝削，犯急性病，違犯政策，他提出遇到這類問題，要睜一隻眼閉一隻眼。這樣就使幹部戰士很易理解，減少了抵觸情緒，提高了遵守和執行政策的自覺性；斯時，毛澤東主席明確指示「進軍西藏，不吃地方」。西南局、西南軍區對此指示極為重視。部隊進至拉薩和其他國防要地後，在供應補給極端困難的情況下，仍堅持從內地運輸和就地開荒生產，補之以必要的採購等辦法解決。就是斷糧斷頓，也堅持不向西藏地方政府、貴族、寺廟索取。即使在冰天雪地的進軍途中，部隊也始終堅持住帳篷而不進寺廟。進藏官兵的嚴明軍紀，在西藏廣大人民群眾中引起強烈反響，稱讚進藏部隊是「新漢人」[15]。

西藏和平解放，為廢除西藏封建農奴制帶來了曙光。但由於當時西藏上層人士對民主改革還心存疑慮，不少僧侶群眾有沉重歷史形成的心理負擔，對民主改革需要一個了解和認識的過程；西藏上層中的親美集團利用民族和宗教作招牌，欺騙群眾，挑撥漢藏關係，造成民族誤解（君不見二十一世紀初臺灣「民進黨」上層陳水扁、謝長廷等不是就西藏議題活生生地挑撥欺騙臺灣），一時還難以消除。在中央政府和西藏地方政府簽訂的「十七條協議」規定：「有關各項改革事宜，中央不加強迫。西藏地方政府應自動進行改革，人民提出改革要求時，得採取與西藏領導人員協商的辦法解決之」，故中央對民主改

---

[14] 任仲平，「世界人權史上的光輝篇章—『寫在西藏百萬農奴解放紀念日』之際」，深圳特區報，2009 年 3 月 27 日，第 A11 版。

[15] 陰法唐，「鄧小平與和平解放西藏」，08 年西藏事件的經緯，台北，2008 年 5 月 31 日，pp.21-22. 摘自《共和國重大決策出台前後》一書，經濟日報出版。

革採取了「慎重穩進」的方針。同時，中央對西藏地區投入大量財力、物力支援，僅 1952-1958 年間北京就給予西藏地方的財政補助就高達 3.57 億元[16]。

對西藏的改革，中央採取特別溫和的辦法。經濟上實行贖買政策，政治上進行安排，改革由西藏人民自己決定，中央不強迫。一些進步、愛國的西藏上層人士，如阿沛、班禪、帕巴拉等，認為大勢所趨，都贊成了。但是以達賴為首的藏族上層則擔心農奴制度不保，西藏不再是其天下，出於維護封建農奴制度的目的，開始搞叛亂。首先是在西康地區（甘孜藏族自治州）叛亂，慢慢向西藏蔓延。1957-1958 年間，西藏叛亂越搞越大[17]。1957 年，四川藏區一些土司、頭人為反對民主改革而組織叛亂武裝，在當地遭到打擊後逃竄到西藏，在拉薩成立了「四水六崗」組織，以統一指揮叛亂武裝各派之間的行動[18]。最後，因企圖永遠保持農奴制度，維護既得利益，西藏上層統治集團的一些人乃於 1959 年 3 月發動武裝叛亂[19]。

四、美國對西藏的顛覆

除了本書第一章所提美國在西藏的顛覆外，美國中情局（CIA）早在 1956 年時已啟動第二波的鼓勵藏獨攻勢，例如代訓游擊隊員，然後將他們送回空投西藏發展游擊組織。第一批 CIA 訓練的西藏游擊幹部有六人，是由達賴兄弟嘉樂頓珠和塔克斯特仁波切二人親自共同挑選，然後由西藏秘密接運出境，1956 年 12 月以飛機送到塞班島受訓。中情局情報員教授他們通訊、情報蒐集與報告寫作、游擊戰術、使用

---

[16] 張雲、旦增倫珠，「西藏政教合一封建農奴制與中世紀西歐農奴制」，http：//www.cns.hk：89/gn/news/2008/04-15/1221573.shtml Access：2009 April 7 p.3. 來源：光明日報

[17] 勞動前線編譯部編，「剖析藏獨始末—訪軍事科學院原研究員王貴剖析藏獨始末」，08 年西藏事件的經緯，台北，2008 年 5 月 31 日，p.37. 摘自《解放軍報》2008 年 5 月 6 日。

[18] 「達賴喇嘛的謊言和用心」，中國新聞網 http：//www.chinanews.com.cn/gn/news/2009/04-07/1635568.shtml　Access：2009 April 8

[19] 張雲、旦增倫珠，「西藏政教合一封建農奴制與中世紀西歐農奴制」，http：//www.cns.hk：89/gn/news/2008/04-15/1221573.shtml Access：2009 April 7 p.3. 來源：光明日報

六〇厘米迫擊砲和五七厘米無後座力來福槍等小型武器。中情局訓練
西藏游擊隊骨幹的最初地點雖然是在塞班島,但自 1958 年起則改到美
國本土科羅拉多州(Colorado)的海爾營地(Camp Hale),該地是二
次大戰時美軍山地師的訓練基地,海拔一萬英呎以上,地形和氣溫與
西藏頗為相近,藏語稱它為 Duma(花園)[20]。

　　據美國國家檔案館的解密檔案資料,中情局從 1959 年開始在美國
科羅拉多州,有 250 名西藏康巴族(Khambas)份子接受爆破、破壞
和通訊的秘密訓練,他們從印度飛到科羅拉多,飛機機窗被塗上黑色,
訓練結束後又以同樣方式送回印度,故他們完全不知道已去了美國一
趟,訓練營嚴禁閒人闖入,否則格殺勿論[21]。運送這些西藏游擊隊員和
武器配備的則是由臺灣的民航空運公司(CAT)擔任,CAT 的後台老
板就是中情局,最初使用的飛機是老式的 C-118,後經美空軍協助,
撥給 C-130 巨型運輸機擔任此一任務,但把美國空軍的標誌全部塗
去。這些美機從 1957 到 1961 年的四年期間,空投運補給西藏游擊隊
的武器彈藥和物資等超卨 250 公噸,空投中情局訓練的特工幹部 49
人[22]。

　　1959 年 3 月 18 日,達賴喇嘛率眾逃亡計劃,是由中情局局長杜
勒斯(Allen Dulles)親自指揮。當時達賴喇嘛逃亡的一行人中,就有
一位 CIA 幹員,攜帶一台發報機,在連夜趕抵拉薩山谷與昌波山谷後,
發出了第一份有關達賴逃亡的秘密電訊。此一電訊被美國設在琉球的
監聽站收到後,旋轉給華盛頓的杜勒斯。26 日杜勒斯立即報告美國總
統艾森豪,……3 月 31 日達賴跨過中印邊界(達賴隨後在國際上公開
譴責。美國雖不公開表示支特,但中情局仍助達賴在世界各地建立西
藏人權組織)[23]。

　　1961 年春,康巴族游擊隊成功襲擊一解放軍運輸隊,擄獲逾 1,600

---

[20] 傅建中,「冷戰孤兒─西藏的悲劇」,中國時報,1999 年 5 月 11 日,第 14 版。
[21] 鍾竹屏,「中情局在台灣和西藏的秘密活動」,自立早報,1995 年 10 月 15 日,第 3 版。
[22] 傅建中,「冷戰孤兒─西藏的悲劇」,中國時報,1999 年 5 月 11 日,第 14 版。
[23] 中國時報紐約 17 日報導,「美中情局助達賴出亡揭秘」,中國時報,1997 年 9 月 18 日。

頁的機密文件，中情局從文件中始了解中蘇分裂是真的，另外也認識了解放軍的兵力和戰備情況。主管遠東秘密行動的中情局資深特務 Desmond Fitz Gerald 高興極了，其屬下李潔明（James Lilley 后曾任美國駐北京大使）稱「那批沾滿血跡的文件對 Desmond 來說，簡直是一輩子沒有見過的好東西」[24]。

　　據美國國務院外交文件 1964 年 1 月 9 日特別小組（Special Group）的備忘錄記載，那個會計年度支付給達賴的津貼是 18 萬美元（每月 15,000 萬元）、支援尼泊爾境內的 2,100 名西藏游擊隊隊員（其中 800 名武裝）是 50 萬美元、科羅拉多訓練營的費用是 40 萬美元、加上康乃爾大學訓練藏族青年幹部的教育費等在內，用於西藏的全年預算高達 173.5 萬美元[25]。以上是美方自己所揭露的機密史料，其對我西藏的顛覆，令人觸目驚心。惟此一顛覆，直至 1970 年代初期，美國基辛格（Henry Kissinger）訪華后，中美關係改善，此一明目張膽訓練特務提供武器的顛覆方式才告停止，但往後則以人權為名，以藕斷絲連的方式不時暗搞。2001 年地位僅次於達賴和班禪的年輕活佛噶瑪巴的偷渡出走，就是美國中情局的另一傑作，似欲為達賴預立一儲君。此外，自 1981 年迄今二十多年來，達賴一方與北京會談達六次之多，但每次會談前後，達賴都會前往華府和美國總統「不期而遇」[26]。六十年來，美國支解中國大陸之心不死。對此，兩岸中國人宜百倍警惕。

五、建設新西藏

　　因國府前四十年的反共宣傳及解嚴後二十年的「去中國化」教化，及受西方媒體的影響，臺灣民眾對中共在西藏施政的瞭解頗為片面。

---

[24] 鍾竹屏，「中情局在台灣和西藏的秘密活動」，自立早報，1995 年 10 月 15 日，第 3 版。

[25] a.傅建中，「冷戰孤兒-西藏的悲劇」，中國時報，1999 年 5 月 11 日，第 14 版。
　b.「40 年前 中情局在西藏秘密作戰」，聯合報，1999 年 4 月 14 日，第 13 版。

[26] a.謝劍，「京藏談判的癥結何在？」，信報，香港，2008 年 4 月 3 日。
　b.謝劍，「共藏談判─對台啟示」，聯合報，2008 年 11 月 25 日。

例如臺灣民眾就不知道，相對於漢族，北京施政許多是向邊疆少數民族傾斜，予邊疆少數民族許多優惠政策。對西藏，五十年來（1951-2008）中央累計以千億資金「援藏」，建設大西藏。1959-2008 年間，中央財政向西藏的財政轉移支付累計達 2,019 億元，平均增長近 12%[27]。此外，1994-2000 年間，甚至實施全國各省市對口支援西藏的優惠政策，共包括六十二個大型援藏工程與五百七十六個援藏項目，範圍涉及農林、牧業、工業、市政、文化、教育、醫療、衛生、廣播、電視等各個領域，造福西藏。「十五期間（2001-2005）」，不含國債和中央基建專款在內，中央財政對西藏一般轉移支付、體制補助、專項補助等各類補助財力累計達四百七十五億人民幣（約 67 億美元），中央財政累計補助西藏的資金，占西藏財政總支出的比重高達 92%[28]。

　　就現代化建設而言，西藏於 1952 年有了電話、電報和銀行，1956年北京至拉薩航線開通[29]。發電量 1956 年時僅 3 萬千瓦小時（kwh）、2004 年時增至 116,469 萬千瓦小時。有效灌溉面積 1972 年時為 8.4 萬公頃，2004 年時增至 15.4 萬公頃[30]。2007 年固定電話用戶 70.57 萬戶，移動電話用戶 13.20 萬戶，電話普及率達到每百人 52 部。氣象方面，2007 年時共有氣象台站 48 個，氣象雷達觀測站點 6 個，衛星雲圖接收站點 7 個[31]。交通方面，1954 年時公路里程僅 1,988 公里[32]，2006 年底西藏公路通車總里程達 44,813 公里，其中四級以上公路 12,467公里[33]。

---

27 多吉占堆等，「從農奴到國家的主人-黨中央關懷下西藏人民命運的偉大歷史變遷」，深圳特區報，2009 年 3 月 27 日，第 A10 版。

28 亞洲週刊，22（12）：34。

29 多吉占堆等，「從農奴到國家的主人-黨中央關懷下西藏人民命運的偉大歷史變遷」，深圳特區報，2009 年 3 月 27 日，第 A10 版。

30 國家統計局國民經濟綜合統計司主編，新中國五十五年統計資料匯編，北京：中國統計出版社，2005 年 12 月，pp.957：961.

31 中華人民共和國年鑒編輯部，中華人民共和國年鑒 2008，總第 28 期，北京：中華人民共和國年鑒社，2008 年 12 月，p.898.

32 國家統計局經濟綜合統計司編，新中國五十五年統計資料匯編，北京：中國統計出版社，2005 年 12 月，p.963.

33 西藏年鑒編輯委員會，西藏年鑒 2007，西藏：西藏人民出版社，2008 年 4 月，pp.114：117.

在人民福祉方面，以免費醫療為基礎的農牧民醫療制度全面建立[34]。
換言之，西藏地方的農民和畜牧民，看病不必付醫療費，且西藏是全
中國最早將全體都市市民做為保險制度的對象地區。在中國大陸其他
地區，政府將西藏人的年度醫療補助費提昇為每人一千元[35]。舊西藏
僅有 3 所藏醫機構和少量私人診所，主要為貴族和官員服務，但 2007
年時西藏已有衛生機構 1,343 個[36]。舊西藏總人口 1959 年時僅 122.8
萬人，2008 年時已增至 287 萬人，其中藏族和其他少數民族人口佔 95%
以上，人均預期壽命由 35.5 歲增至 67 歲[37]。舊西藏適齡兒童入學率不
足 2%，文盲率高達 95%[38]。1951 年西藏有了第一所現代小學校[39]。2007
年時，西藏有普通高等教育學院 6 所（在校生 2.7 萬人）、各類中等
職業教育學校 7 所（在校生 1.9 萬人）、普通中學 117 所（其間高中
招生 1.6 萬人，初中招生 5.07 萬人）、普通小學 884 所（在校學生 32.1
萬人、畢業生 5.2 萬人）。西藏小學學齡兒童入學率達 98.2%[40]，中學
入學率 90.7%，西藏境內無論地方或都市，均實施九年無償義務教育
制度，並不向學生徵收餐費及其他設備的使用費[41]；西藏城鎮居民家
庭人均可支配收入 1978 年時為 565 元，2007 年時增至 11,131 元。農
牧民人均純收入 1978 年時為 175 元，2007 年時增至 2,788 元[42]。西藏

---

[34] 中華人民共和國年鑑編輯部，中華人民共和國年鑑 2008，總第 28 期，北京： 中華人民共
和國年鑑社，2008 年 12 月，p.899。

[35] 向巴平措撰，林書揚譯，「西藏的發展是巨大的前進」，《勞動前線》編譯部編，08 年西藏
事件的經緯，台北：《勞動前線》雜誌，2008 年 5 月，p.45.

[36] 多吉占堆等，「從農奴到國家的主人-黨中央關懷下西藏人民命運的偉大歷史變遷」，深圳特
區報，2009 年 3 月 27 日，第 A10 版。

[37] 任仲平，「世界人權史上的光輝篇章—寫在『西藏百萬農奴解放紀念日』之際」，深圳特區
報，2009 年 3 月 27 日，第 A11 版。

[38] 任仲平，「世界人權史上的光輝篇章—寫在『西藏百萬農奴解放紀念日』之際」，深圳特區
報，2009 年 3 月 27 日，第 A11 版。

[39] 多吉占堆等，「從農奴到國家的主人-黨中央關懷下西藏人民命運的偉大歷史變遷」，深圳特
區報，2009 年 3 月 27 日，第 A10 版。

[40] 中華人民共和國年鑑編輯部，中華人民共和國年鑑 2008，總第 28 期，北京： 中華人民共
和國年鑑社，2008 年 12 月，p.898.

[41] 向巴平措撰，林書揚譯，「西藏的發展是巨大的前進」，《勞動前線》編譯部編，08 年西藏
事件的經緯，台北：《勞動前線》雜誌，2008 年 5 月，p.45.

[42] a.國家統計局經濟綜合統計司編，新中國五十五年統計資料匯編，北京：中國統計出版社，

是全中國最早訂立最低生活補助制度的自治區，在西藏凡是年收入未滿 800 元的貧窮農牧畜民約有二、三萬人接受此制度的適用。此外，西藏自 2006 年開始推動提供農牧民 22 萬戶新住宅的計劃，該計劃至 2008 年初已使 11 萬戶超 59 萬人的農牧民住進新住宅[43]。在參政方面，西藏自治區內各級人大代表中，藏族和其他少數民族所占比例達 80%以上，公務員隊伍中 78%以上為藏族[44]。

六、現代化 vs 文化滅絕

　　因長期在海外生活，達賴喇嘛深諳西方欲顛覆中國的政治運作與國際政治語言，動輒以低姿態的方式，控訴中國在西藏實施「文化滅絕」。達賴喇嘛不愧政治高手，「文化滅絕」此一政治語言可真抽真相，定義可無限上綱，任由他定義，以引發國際間不明真相者的同情，或提供西方論述，使「修理中國」（China-bashing）敵對勢力憑以打擊中國。關於「滅絕文化」之說，總理溫家寶稱「滅絕文化說法是一派胡言」，真是簡潔有力，鏗然有聲。試問現今藏人是經照唸、佛照拜，香照燒、藏語照講、藏服照穿，且中央專案撥發鉅款修繕重要古建築及廟宇，何「文化滅絕」之有？

　　關於敏感的語言議題，無論是藏人或美國印地安人，小孩出生跟著父母，肯定是先學藏語與印第安語。在地方教育方面，北京實施漢藏雙語教學，西藏絕大多數小學都使用藏語授課，即使在內地開辦的西藏中學也甚至堅持開設藏文課。為不斷完善西藏雙語教學體系，自 1989 年起西藏大學還連續開辦初中藏語授課師資班，至 2007 年共培

2005 年 12 月，p.973.

　b.中華人民共和國年鑒編輯部，中華人民共和國年鑒 2008，總第 28 期，北京：中華人民共和國年鑒社，2008 年 12 月，p.899.

43　向巴平措撰，林書揚譯，「西藏的發展是巨大的前進」，《勞動前線》編譯部編，08 年西藏事件的經緯，台北：《勞動前線》雜誌，2008 年 5 月，p.45.

44　任仲平，「世界人權史上的光輝篇章—寫在『西藏百萬農奴解放紀念日』之際」，深圳特區報，2009 年 3 月 27 日，第 A11 版。

養 1,438 名初中藏語文授課教師[45]。在全國範圍方面，國家總要有一種通用語言嘛！中國是漢語，美國是英語，在美國印第安語不也是方言嗎？美國全國文化不也較印第安文化強勢嗎？在說尊重少數民族的程度，中國宏揚「藏醫」，美國有宏揚印第安人千百年賴以為生繁殖的印第安醫術嗎？

　　此外，經由外電電視畫面，那些在歐洲法國、美國紐約等地示威的藏人，尤其是年輕藏人，許多不乏身著美式牛仔服飾，那有藏人傳統文化影子。達賴喇嘛為何不抨擊那些生活在歐美的藏人，文化遭西方滅絕。又西方國家擅長似是而非的抽象論述，修理中國不保存少數民族文化，分化中國，打擊中國。試問美國的印地安人並無都穿著傳統的服裝走在紐約、洛杉磯嗎？在巴黎的阿拉伯裔與非洲裔居民也沒穿阿拉伯人與非洲土人的服裝走在街上嗎？日本東京街上芸芸眾生，百分之九十九都未穿著古代和服走在街上，內地各大城市居民漢人也沒人穿著明清服裝在大街上晃嗎！因為現代化的生活方式，例如時尚服飾、中西電影、流行音樂、卡拉 OK、電腦、手機、速食店等，是現代人類的共同生活方式，不能將現代化的生活方式，扭曲成「文化滅絕」。

　　事實上，上述的淺顯道理，常年在世界各地行走博見多聞又聰明的達賴喇嘛當然也懂。在臺灣發行之暢銷刊物《天下雜誌》第 392 期，登載 2007 年 2 月 13 日，達賴喇嘛在北印度達蘭薩拉接受該雜誌記者專訪，達賴就明白指出，現代因為全球資訊與交通的方便，使得人們現在的飲食習慣和服裝都改變了，「像美國、澳洲或其他地方的原住民文化，他們的文化傳統在某種程度上是式微了」。可見，達賴喇嘛是完全瞭解現代生活方式對人類的影響[46]。

　　達賴喇嘛在提及美國、澳洲之於原住民時，為何如此寬容的評論，只是「式微了」，但提及中國之於西藏，卻是「文化滅絕」。達賴喇

---

[45] 中國民族年鑑社，中國民族年鑑 2008，北京： 中國民族年鑑社編輯出版，2008 年 12 月，p.189.

[46] 天下雜誌，第 392 期，pp.150-151：156.

嘛以其出家教宗領袖的地位，怎能以如此雙重標準的方式，惡毒地挑動藏人對內地漢人的敵視。這次專訪內容，鐵證如山，達賴喇嘛以其所熟諳的西方政治語言，藉西方之手打擊中國。此外，筆者也注意到，在這篇《天下文化》的專訪中，達賴喇嘛強調要爭取中國境內「有意義的自治（meaningful autonomy）」，這學問可大的不得了，何謂「有意義的自治」，如何定義？其與時俱變的定義為何？是由誰說了算？

國家圖書館出版品預行編目資料

戚嘉林臺灣史研究名家論集 / 戚嘉林 著者. -- 初版. -
臺北市：蘭臺, 2021.06
面 ； 公分. -- (臺灣史研究名家論集 ; 3)
ISBN 978-986-06430-4-6(全套：精裝)

1.臺灣研究 2.臺灣史 3.文集

733.09   110007832

臺灣史研究名家論集 3

戚嘉林臺灣史研究名家論集

著　　者：戚嘉林

主　　編：卓克華

編　　輯：沈彥伶、陳嬿竹

封面設計：塗宇樵

出 版 者：蘭臺出版社

發　　行：蘭臺出版社

地　　址：台北市中正區重慶南路 1 段 121 號 8 樓之 14

電　　話：(02)2331-1675 或(02)2331-1691

傳　　真：(02)2382-6225

E—MAIL：books5w@gmail.com 或 books5w@yahoo.com.tw

網路書店：http://5w.com.tw/、https://www.pcstore.com.tw/yesbooks/
　　　　　https://shopee.tw/books5w
　　　　　博客來網路書店、博客思網路書店
　　　　　三民書局、金石堂書店

經　　銷：聯合發行股份有限公司

電　　話：(02) 2917-8022　　　傳 真：(02) 2915-7212

劃撥戶名：蘭臺出版社　　　帳號：18995335

香港代理：香港聯合零售有限公司

電　　話：(852)2150-2100　　　傳真：(852)2356-0735

出版日期：2021 年 6 月 初版

定　　價：新臺幣 30000 元整（套書，不零售）

ISBN：978-986-06430-4-6

《臺灣史研究名家論集》

這套叢書是研究台灣史的必備文獻！

　　這套叢書是兩岸台灣史的權威歷史名家的著述精華，精采可期，將是臺灣史研究的一座豐功碑及里程碑，可以藏諸名山，垂範後世，開啟門徑，臺灣史的未來新方向即孕育在這套叢書中。展視書稿，披卷流連，略綴數語以說明叢刊的成書經過，及對臺灣史的一些想法，期待與焦慮。

三編

尹章義、林滿紅、林翠鳳、武之璋、孟祥瀚、洪健榮、
張崑振、張勝彥、戚嘉林、許世融、連心豪、葉乃齊、
趙祐志、賴志彰、闞正宗

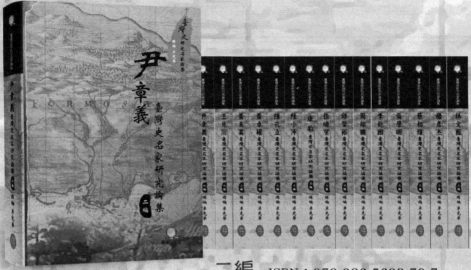

二編　ISBN：978-986-5633-70-7

9789865633707　30000
臺灣史名家研究論集二編（精裝）NT$：30000

尹章義、李乾朗、吳學明、
周翔鶴、林文龍、邱榮裕、
徐曉望、康　豹、陳小沖、
陳孔立、黃卓權、黃美英、
楊彥杰、蔡相輝、王見川

一編　ISBN：978-986-5633-47-9

9789865633479　28000
臺灣史研究名家論集（套書）定價：28000

王志宇、汪毅夫、卓克華、
周宗賢、林仁川、林國平、
韋煙灶、徐亞湘、陳支平、
陳哲三、陳進傳、鄭喜夫、
鄧孔昭、戴文鋒

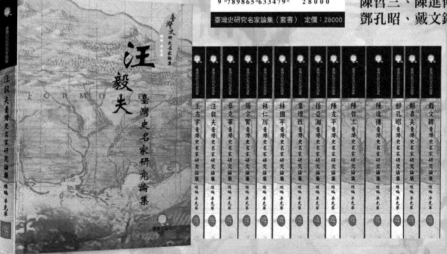

100台北市重慶南路一段121號8樓之14　　E-mail：books5w@gmail.com
TEL：(8862)2331 1675　FAX：(8862)2382 6225　網址：http://5w.com.tw/